从零开始学
房地产会计

伍刚 ◎ 编著

电子工业出版社
Publishing House of Electronics Industry
北京·BEIJING

内 容 简 介

本书从房地产财务管理基础知识讲起，逐步深入到房地产资本运营管理、财务运营，重点介绍了房地产税收、核算、预算、财务分析和财务运营等高阶财务管理知识，让读者不仅可以系统地学习房地产财务管理的相关知识，还能对财务管理在房地产开发企业经营中的核心作用有更为深入的理解。

本书分为 10 章，涵盖的主要内容有房地产财务管理概述、房地产收入核算、房地产成本核算、房地产税收基础、房地产项目预算管理、房地产项目全周期管理、房地产项目财务分析、房地产税收管理进阶、房地产资本运营管理、房地产财务运营。

本书的内容通俗易懂，案例丰富，实用性强，适合房地产财务管理的入门读者和进阶读者阅读，也适合房地产从业人员、企业管理人员等其他对财务管理知识感兴趣的读者阅读。

未经许可，不得以任何方式复制或抄袭本书之部分或全部内容。
版权所有，侵权必究。

图书在版编目（CIP）数据

从零开始学房地产会计／伍刚编著.—北京：电子工业出版社，2021.8
ISBN 978-7-121-41594-4
Ⅰ.①从… Ⅱ.①伍… Ⅲ.①房地产企业－会计－中国 Ⅳ.①F299.233.3
中国版本图书馆 CIP 数据核字（2021）第 139642 号

责任编辑：王陶然　　　　　特约编辑：田学清
印　　刷：三河市鑫金马印装有限公司
装　　订：三河市鑫金马印装有限公司
出版发行：电子工业出版社
　　　　　北京市海淀区万寿路 173 信箱　　邮编：100036
开　　本：720×1000　1/16　印张：15.75　字数：274.2 千字
版　　次：2021 年 8 月第 1 版
印　　次：2021 年 8 月第 1 次印刷
定　　价：55.00 元

凡所购买电子工业出版社图书有缺损问题，请向购买书店调换。若书店售缺，请与本社发行部联系，联系及邮购电话：（010）88254888，88258888。
质量投诉请发邮件至 zlts@phei.com.cn，盗版侵权举报请发邮件至 dbqq@phei.com.cn。
本书咨询联系方式：（010）57565890，meidipub@phei.com.cn。

前言

这个技术有什么前途

2020年8月20日，中华人民共和国住房和城乡建设部及中国人民银行召开重点房地产开发企业座谈会，会议提出了房地产开发企业有息债务管控的"三条红线"：剔除预收款后的资产负债率大于70%、净负债率大于100%和现金短债比小于1倍。三条红线全超限的房地产开发企业，其有息负债不得增加；两条红线超限的房地产开发企业，其有息负债规模年增速不得超过5%；一条红线超限的房地产开发企业，其有息负债规模年增速不得超过10%；三条红线都未超限的房地产开发企业，其有息负债规模年增速不得超过15%。可见，国家加强了对房地产开发企业有息债务的管控。

2020年12月31日，中国人民银行及中国银行保险监督管理委员会发布了《关于建立银行业金融机构房地产贷款集中度管理制度的通知》，对各类银行业金融机构的房地产贷款和个人住房贷款占比上限设置了"两道红线"。也就是说，国家加强了对银行给房地产行业贷款的限制。

2021年2月，中华人民共和国自然资源部发布消息，全国22个城市住宅用地需集中出让，出让次数全年不超过3次。

随着国家对房地产行业长效管控机制的逐步建立，房地产行业面对政策面的不断压缩、资金面的不断收紧及市场竞争的不断加剧，从政策红利阶段、规模红利阶段走向管理红利阶段。房地产开发企业的管理能力将是房地产开发企业未来发展的决定因素。

财务管理是房地产开发企业管理的核心内容之一，财务成果反映房地产开发企业的经营状况，从财务成果出发反推经营动作，铺排经营工作，形成"从经营到结果，从结果促经营"的管理循环。在管理红利阶段，房地产财务管理必将成为房地产开发企业经营的核心职能，财务管理人才也必将走到"聚光灯"下，成为房地产开发企业渴求的管理人才。

本书的特色

本书力求在讲解房地产财务管理知识的同时，着重为读者搭建房地产财务管理的知识框架，阐述从房地产财务管理"小白"进阶为高手的方法论。

本书先搭建房地产财务管理知识结构的"铁三角"，再从房地产财务管理基础知识到财务运营管理等高阶知识由浅入深地讲解，使读者系统且全面地了解、掌握房地产财务管理知识，逐步建立起房地产管理知识体系，快速掌握房地产财务管理的核心与要领。

本书的内容

第1章"房地产财务管理概述"讲解了房地产财务管理的特点、房地产财务管理的框架，以及如何从房地产财务管理"小白"进阶为高手。

第2章"房地产收入核算"讲解了房地产收入的确认原则、销售收款的会计核算和销售收入结转的核算。

第3章"房地产成本核算"讲解了房地产成本对象的确认、房地产成本项目、房地产开发成本的核算、房地产开发成本的分配与结转、房地产开发企业的费用核算。

第4章"房地产税收基础"讲解了房地产税收管理概述、房地产开发企业三大税种（增值税、土地增值税、企业所得税）的计缴与核算，以及房地产开发各阶段的税收管理。

第5章"房地产项目预算管理"讲解了房地产开发企业的预算管理框架、房地产项目资金管理和房地产项目预算管理全流程。

第6章"房地产项目全周期管理"讲解了房地产项目全周期管理体系及房地产项目全周期管理工具。

第 7 章"房地产项目财务分析"讲解了财务分析的逻辑框架和房地产项目财务分析体系。

第 8 章"房地产税收管理进阶"讲解了房地产税收管理体系、房地产项目的税收管理，以及房地产重点、难点问题解析。

第 9 章"房地产资本运营管理"讲解了房地产投资、房地产融资和财务部门的角色定位。

第 10 章"房地产财务运营"讲解了房地产运营管理、房地产财务运营管理和财务运营的运用。

作者介绍

伍刚，中国注册会计师，有 20 多年的财务从业经验，十几年的财务总监管理经验。于 2002 年进入房地产行业，先后在多家知名外资房地产开发企业、知名房地产集团任职，具有丰富的财务总监职业经验和扎实的财务运营管理实战经验，专精于房地产财务运营管理、税收管理，曾在多个刊物、公众媒体上发表财税文章。

本书的读者对象

- 会计初学者
- 各财经、非财经专业的大、中专院校实习学生
- 各经济组织中想要提升财务管理能力的会计人员
- 需要财务管理入门工具书的人员
- 房地产及相关行业从业者
- 房地产管理人员
- 其他对会计感兴趣的人员

目录

第1章 房地产财务管理概述 001

1.1 房地产财务管理的特点 002
1.1.1 以企业战略为依据 002
1.1.2 以经营计划为主线 003
1.1.3 以资金管理为核心 004
1.1.4 以税收管理为重点 005
1.1.5 以会计核算为基础 006

1.2 房地产财务管理的框架 007
1.2.1 房地产财务管理的3个阶段 008
1.2.2 财务运营思维 010

1.3 如何从房地产财务管理"小白"进阶为高手 011
1.3.1 学习学习再学习 012
1.3.2 备考CPA的"三大法宝" 013
1.3.3 备考CPA的方法 014
1.3.4 成为高手的方法 017

第2章 房地产收入核算 021

2.1 房地产收入的确认原则 022
2.1.1 现行收入的确认原则 022
2.1.2 新收入准则 023

2.2 销售收款的会计核算 024
2.2.1 诚意金的核算 024
2.2.2 定金的核算 025
2.2.3 预售款的核算 027

  2.2.4 销售收款管理 028
 2.3 销售收入结转的核算 033
  2.3.1 收入结转的核算 033
  2.3.2 收入结转台账的编制 035
  2.3.3 现房销售收入的核算 037

第3章 房地产成本核算 039

 3.1 房地产成本对象的确认 040
 3.2 房地产成本项目 042
  3.2.1 土地成本 043
  3.2.2 前期工程费 043
  3.2.3 基础设施费 044
  3.2.4 建筑安装工程费 045
  3.2.5 公共配套设施费 046
  3.2.6 开发间接费 046
 3.3 房地产开发成本的核算 047
  3.3.1 成本分摊方法 047
  3.3.2 土地成本的核算 049
  3.3.3 前期工程费的核算 050
  3.3.4 建筑安装工程费的核算 052
  3.3.5 基础设施费与开发间接费的核算 055
  3.3.6 公共配套设施费的核算 056
 3.4 房地产开发成本的分配与结转 059
  3.4.1 成本台账 059
  3.4.2 成本预提与分配 063
  3.4.3 成本结转 066
 3.5 房地产开发企业的费用核算 072
  3.5.1 管理费用 072
  3.5.2 营销费用 073

第4章 房地产税收基础 075

 4.1 房地产税收管理概述 076
 4.2 增值税的计缴与核算 078
  4.2.1 增值税预缴 079
  4.2.2 销项税额 080

  4.2.3 进项税额 081
  4.2.4 增值税的核算 082
 4.3 土地增值税的计缴与核算 089
  4.3.1 土地增值税的征税范围 089
  4.3.2 土地增值税的扣除项目 091
  4.3.3 土地增值税的计算 095
  4.3.4 土地增值税的核算 096
 4.4 企业所得税的计缴与核算 098
  4.4.1 收入确认 099
  4.4.2 成本费用 100
  4.4.3 毛利率 102
 4.5 房地产开发各阶段的税收管理 103
  4.5.1 土地获取阶段的税收管理 103
  4.5.2 开发经营阶段的税收管理 105
  4.5.3 税收清算阶段的税收管理 106

第5章 房地产项目预算管理 108

 5.1 房地产开发企业的预算管理框架 109
  5.1.1 预算组织维度 109
  5.1.2 企业运营维度 110
  5.1.3 项目开发维度 112
 5.2 房地产项目资金管理 113
  5.2.1 回款管理 113
  5.2.2 支付管理 118
 5.3 房地产项目预算管理全流程 122
  5.3.1 货值盘点 122
  5.3.2 收入预算编制 125
  5.3.3 开发成本预算编制 129
  5.3.4 费用预算编制 132
  5.3.5 预算调整 137
  5.3.6 预算考核 138

第6章 房地产项目全周期管理 139

 6.1 房地产项目全周期管理体系 140
  6.1.1 开发报建 140

- 6.1.2 生产建设 142
- 6.1.3 销售财务 144
- 6.1.4 全周期管理机制 145
- 6.2 房地产项目全周期管理工具 147
  - 6.2.1 规划指标表 147
  - 6.2.2 节点计划表 149
  - 6.2.3 销售及回款计划表 150
  - 6.2.4 成本及支付计划表 152
  - 6.2.5 费用及支付节奏表 155
  - 6.2.6 税金及支付节奏表 156
  - 6.2.7 现金流量表及业态利润表 157

第7章 房地产项目财务分析 160

- 7.1 财务分析的逻辑框架 161
  - 7.1.1 现金流循环 161
  - 7.1.2 财务报表的计量问题 163
  - 7.1.3 财务指标的经营含义 164
- 7.2 房地产项目财务分析体系 171
  - 7.2.1 非财务指标体系 172
  - 7.2.2 财务指标体系 174
  - 7.2.3 财务分析报告的运用 176

第8章 房地产税收管理进阶 179

- 8.1 房地产税收管理体系 180
  - 8.1.1 企业层面的税收管理 180
  - 8.1.2 项目层面的税收管理 183
- 8.2 房地产项目的税收管理 184
  - 8.2.1 项目税收规划 184
  - 8.2.2 成本对象化 187
- 8.3 房地产重点、难点问题解析 189
  - 8.3.1 增值税关于土地成本抵减收入的问题 189
  - 8.3.2 土地作价投资的增值税处理问题 191
  - 8.3.3 地下车位 193
  - 8.3.4 资产重组 195

第 9 章　房地产资本运营管理 ... 198

9.1　房地产投资 ... 199
9.1.1　企业投资分析框架 ... 199
9.1.2　房地产项目"收并购" ... 202
9.1.3　股权架构设计 ... 206

9.2　房地产融资 ... 208
9.2.1　房地产融资的主要形式 ... 209
9.2.2　项目不同阶段融资的重点 ... 216

9.3　财务部门的角色定位 ... 217
9.3.1　投融资的税收规划 ... 217
9.3.2　合作项目的管理模式 ... 220

第 10 章　房地产财务运营 ... 222

10.1　房地产运营管理 ... 223
10.1.1　房地产运营管理概况 ... 223
10.1.2　企业运营管理 ... 224

10.2　房地产财务运营管理 ... 227
10.2.1　业财融合 ... 227
10.2.2　平衡计分卡 ... 231
10.2.3　财务运营体系 ... 233

10.3　财务运营的应用 ... 236
10.3.1　销售管理 ... 236
10.3.2　回款管理 ... 237

第 1 章
房地产财务管理概述

对财务有一定了解或者从事财务工作的人对财务管理都不陌生，而很多刚从事财务工作的新手对财务管理应该怎么做、从哪里入手，对于每个财务模块应该关注哪些关键点，如何实现自身的职业成长等问题总感觉是雾里看花，无从下手。本书从房地产财务管理的基础知识入手，带你开启从"小白"到高手的成长之路。

本章主要涉及的知识点：

- 房地产财务管理的特点。
- 房地产财务管理的框架。
- 如何从房地产财务管理"小白"进阶为高手。

1.1 房地产财务管理的特点

我国的房地产开发起始于20世纪80年代在广东的商品房开发试点。在十一届三中全会之前,我国处于计划经济阶段,实行的是实物分配制度——所有的企事业单位都自己造房子分配给内部职工,它们有自己的基建部门,负责本单位的职工住房建设,没有市场化的房地产开发。

1992年,广东房地产开发的成功实践在全国范围内被推广。之后,我国的房地产开发进入井喷阶段。国有企事业单位将住宅实物分配变为货币化分配,全国的房地产市场逐渐形成。

1998年,由于受亚洲金融危机的影响,我国将发展房地产行业作为应对经济风险的重要措施。1998年7月,我国发布了《国务院关于进一步深化城镇住房制度改革加快住房建设的通知》,明确提出住房分配货币化,建立多层次的住房供应体系,由此开启了房地产开发的"黄金十年"。

随着房地产行业的发展,行业竞争越演越烈,国家将房地产视为支柱行业,当作经济稳定器,利用财政、金融、税收、行政等多种手段对房地产市场进行调控,客观上要求房地产开发企业加强管理,以应对市场与经济形势的变化。由于房地产行业具有资金密集、生产周期长的特点,其资源投入大、经营风险大,因此房地产开发企业要高度重视财务管理,建立资金保障的经营管理体系。

随着房地产行业多年的发展,房地产财务管理不断成熟,呈现出以下特点。

1.1.1 以企业战略为依据

钱德勒说,商业战略是对企业基础性长期目标所做的预设,以及为实现这些目标所制定的行动方针和资源分配方案。企业通过回顾行业及企业自身的发展脉络,分析当前面临的市场情况,评估影响客户、竞争对手、技术等因素的重要趋势,给出战略方案,从而使企业拥有持续的竞争优势。

我们可以把战略视作企业参与市场竞争的商业计划,商业计划是企业适应市场环境的行动总纲。企业需要找到合格的经营管理者,使其充分理解商业计划,将商业计划转化为经营动作，依照商业计划搭建组织、协调资源、创造经济活动、适应市场环境，从而使企业在竞争环境中生存并成长。

复杂经济学将经济视作一个进化系统——一个生产、分配和消费商品与服务的系统。无论是生物体还是社会组织，在适应环境变化的过程中，构成其体系的某些基本要素都会发生变化，实现整体的进化。而这些基本要素的变化是基于整体适用于某种目的与复杂性的结合而被设计的，大自然设计了多种多样的生物体，市场环境设计了多种多样的商业组织。

经济进化的元素是设计进化，设计是所有商业基本模块的排列组合，这些排列组合形成了设计空间。我们可以把设计空间形象地看作一个个色块杂乱的魔方，色块就是魔方的基本模块，色块排列组合的方式有多种，色块有序排列是有效的设计。有效的设计（模式）占设计空间的比例很小，但商业设计一旦被证实有效（色块有序排列），就将被复制（色块按现有序列继续排列），其表现形式就是规模的扩张或相同模式数量的增加。

因此，战略是商业计划，商业计划是否有效需要得到市场的检验。一旦经检验被证明有效，商业计划就会被复制，外在表现就是企业规模扩张或企业在不同区域市场上取得成功。

因此，企业战略是企业的商业计划选择，是一切经营活动的依据。企业财务管理属于企业战略中的财务模块，同样是在充分解读企业商业计划后，对企业的人、财、物、信息等经济资源进行分配管理。企业战略改变，财务管理也随之改变。

1.1.2 以经营计划为主线

经营计划是基于房地产项目开发经营时间跨越多个会计期间的情况，为正确评价项目经营成果、保障项目经营成功，而编制的从土地获取直到项目清算的项目整体经营管理计划，是由房地产项目基本信息、经营目标、经营策略、项目资源、节点计划、开复工计划、销售计划、成本计划、税金测算、整体现金流与融资计划等各类计划组成的项目全周期计划体系。

项目开发是房地产开发企业经营的基本要素，房地产开发企业的成功源于一个个项目开发经营的成功。一个房地产项目的开发经营从价值链纵向来看，涉及土地储备、开工建设、供货管理、销售进度、存货状态、融资管理、回款管理及交付结转八大节点；从功能模块横向看，涉及投资、营销、设计、工程、成本、客服、运营及财务八大模块，这"八纵八横"形成了项目经营的 64 个节点，涵盖了项目从立项到取地、策划、方案、开工、开盘、竣工、交付及决算的全部关键节点。

对于如此错综复杂的项目经营管理，房地产开发企业需要用经营计划串连起项目开发的所有链条，协同不同功能模块的工作进度与信息共享，达到项目开发计划的要求，所以经营计划是项目管理的基础工具。

房地产开发企业的财务管理同样依托于项目，无论是资金管理、税收管理还是运营管理，均内嵌于项目经营计划中。房地产开发企业通过跟踪经营计划数据，测算项目经营绩效，找到绩效偏差，铺排经营工作，最终实现经营目标。

1.1.3　以资金管理为核心

房地产行业的资金密集、长周期特征决定了房地产开发企业面对的财政金融政策、行业政策、市场价格变动等风险大。房地产开发企业只有控制好现金流量，才能保证自身持续、健康地发展。

企业要做好经营管理，需运用好两个杠杆：一个是经营杠杆，另一个是财务杠杆。杠杆就是负债，就是用他人的资金来发展自己，杠杆用得好，可以实现跨越式发展；杠杆运用得太"极致"，会导致经营失败，如某企业曾被称为房地产行业的黑马，前几年在全国市场开疆拓土，但遇到房地产调控，市场变化，其资金无法快速周转而导致被迫退出房地产市场。

现金流如同企业的血液，血液运行不畅，体重越大越容易毙命。房地产是资金非常密集的行业，房地产开发企业动辄有几亿元、几十亿元的资金流出，一旦资金不到位，就很容易被快速的发展拖垮。因此，现金流管理始终是房地产开发企业经营管理的核心。

房地产行业的现金流管理可以从企业和项目两个层面来看。从企业层面看，房地产开发企业必须整体考虑企业资金的排布。房地产投资是龙头，要投资取地就必须有强大的资金后盾，所以房地产开发企业必须有详细的投资计划，是投资于一线、二线城市还是三线、四线城市，是投资于核心区域还是郊区，是投资于住宅楼还是商业楼，计划何时取得多大规模的土地等，将投资研判清楚，就能得到大致的资金需求规模与节奏。

房地产开发企业还要考虑已有项目的供货计划、回款计划，形成企业级经营性现金流计划。结合投资需求及企业融资资源，房地产开发企业必须制订详细的融资计划，解决好资金从哪来、何时来、来多少的问题。企业层面的现金流管理是房地产开发企业经营管理的核心。

从项目层面看，项目的销售回款与开发经营支出是现金流管理的基础。项目销售首先要保证供货，供货情况涉及工程进度及商品房预售许可证的取证条件。项目需根据销售计划、商品房预售许可证取证条件安排施工进度；需要根据工程建设进度制订每份合同的付款计划，根据不同的支付方式排布现金支出计划；需要根据销售情况、银行按揭政策制订每个客户的回款计划，盯紧每个客户的回款情况，保证应收尽收、应收快收。项目层面的现金流管理是资金管理的基础。

资金管理既是财务管理的传统内容，又是房地产财务管理的重点之一。

1.1.4　以税收管理为重点

税收管理一直是房地产财务管理的重中之重，原因之一在于政府从房地产行业收取很多税费，地价和税费就占到房价的60%以上。一般来说，房地产三大税种（增值税、土地增值税、企业所得税）占房价的10%~20%，一个房地产项目的货值（可以理解为总销售额）少说几亿元，多则几十亿元、上百亿元，在税费上的一点节约就可以给房地产开发企业带来巨大的收益。

另外，房地产三大税种的政策层出不穷，各主管税务机关的征税标准不一，造成税收管理负担重、任务重、责任重的情况，客观上使税收管理成为房地产财务管理的重点。

自"营改增"（营业税改征增值税）后，增值税的税收政策不断调整。由于新型冠状病毒肺炎疫情（以下简称新冠肺炎疫情）的影响，2020年年初国家出台了"减费降税"的政策。而房地产开发企业是否适用该项政策，各地的规定不一致，甚至有的税务局明确规定房地产行业不在国家鼓励投资的名单内，不适用该项政策。

土地增值税可能是政策文件最多、执行标准差异最大的税种。房地产是以土地为载体的行业，房地产开发企业从事的是土地开发的工作，在税负中，土地增值税的占比很大。国家对土地增值税管理的基础文件是1993年颁布的《中华人民共和国土地增值税暂行条例》（以下简称《土地增值税暂行条例》）。由于《土地增值税暂行条例》颁布时间早、法律层级低、条文约定简略，而实务中的房地产开发形式多样，因此《土地增值税暂行条例》无法满足业务需要，造成土地增值税各类政策层出不穷。而土地增值税作为地方税的主要税种之一（在国地税合并前），是地方税的主要来源，各地主管税务机关对税收条文的解释和执行标准千差万别，甚至同一城市不同行政区的主管税务机关的执行标准都不统一。

企业所得税相对较稳定，各主管税务机关以国税发〔2009〕31号《国家税务总局关于印发〈房地产开发经营业务企业所得税处理办法〉的通知》为政策依据进行企业所得税管理。但此文件也存在部分条款失效的情况。

这些情况要求房地产开发企业必须因地制宜，深入研究税收政策与执法标准，加强与主管税务机关的沟通和协调，结合项目实际情况调整经营动作，使企业效益最大化。

从企业层面看，整体税负平衡是房地产开发企业税收管理的重点。房地产开发企业的项目情况不一、税负不一，其税务动作安排需要体现在经营计划中，通过财务管理动作落实。

从项目层面看，项目三大税种的管理是重点。增值税税负、土地增值税规划、企业所得税的汇算清缴都必须体现房地产开发企业整体的税收管理思路，以房地产开发企业整体税负最优而非项目税收最优来进行管理。

1.1.5 以会计核算为基础

会计是商业活动记录的语言，会计结果是商业决策的依据之一。会计核算通过对企业经营环境的一系列会计假设，搭建会计要素体系，对企业财务信息进行采集、分类、披露和分析。

会计核算通过科目体系为企业搭建了经营信息的基础分类，使得企业信息可以按会计准则的要求实现标准化，为企业信息公开披露创造了条件。

会计核算的产出是财务报表。资产负债表是核心，反映企业整体的经营状况；利润表是资产负债表的留存收益，反映所有影响留存收益的业务活动；现金流量表对资产负债表的现金科目进行了扩充、细化，将现金流划分为经营、投资、筹资 3 类，记录了资产负债表现金科目期初与期末差异变动的全部明细。

房地产开发企业通过财务报表数据的前后会计期间对比，以及与行业内先进企业的横向对比，可以看到自己过去和当前的经营轨迹，找到自己与行业先进企业的差距，以便反思自己的战略规划、经营动作，从而做出改进，实现经营提效。

因此，会计核算既是企业经营管理的基础，又是财务管理的基础。

从房地产财务管理的特点中可以看出，房地产财务管理是从企业和项目两个维度出发，以资金管理为核心、以税收管理为重点、以会计核算为基础的。资金管理、税收管理和会计核算构成了房地产财务管理知识结构的"铁三角"，本书将由浅入深地对这 3 个方面进行重点讲解。房地产财务管理知识结构的"铁三角"如图 1-1 所示。

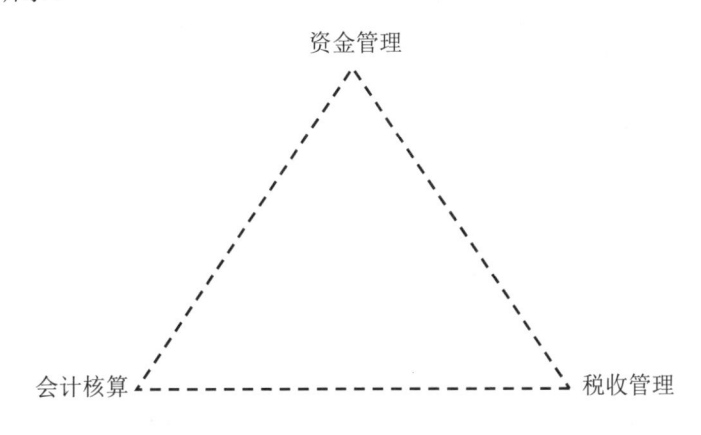

图 1-1 房地产财务管理知识结构的"铁三角"

1.2 房地产财务管理的框架

房地产财务管理的框架可以划分为 3 个维度：第一个维度是专业职能维度，从房地产财务管理"小白"做起，再到财务会计、管理会计、财务管理等；第二个维度是财务组织维度，从财务专员到财务主管、财务经理、财务总监，直至财务副总；第三个维度是专业知识维度，从财务核算到管理会计，再到战略财务。

1.2.1　房地产财务管理的 3 个阶段

不论从哪个维度来看，财务人员从房地产财务管理"小白"到高手，都要经历 3 个阶段。

1. 会计核算与报表

这个阶段属于财务的基础阶段，是打基础的关键阶段。财务人员在这个阶段主要的工作内容是出纳、收入核算、费用核算、成本核算、编制财务报表、稽核等。在这个阶段，财务人员需要熟悉并掌握会计准则在房地产行业的运用，熟悉房地产行业的会计基本假设与原则、特殊会计交易事项与财务报表，了解业务链条的概况，为下一步打下坚实的基础。财务人员需要做到：审核严、核算准、出表快，财务人员的主要工作职责是严格执行制度。

关于这一阶段的学习，我想多说两句，希望引起初学者的注意。我每年都会带教管理培训生，让他们在实际工作中了解、学习、体会真正的财务工作。我发现大多数管理培训生思维活跃、敢想敢干，但比较浮躁，总是这山望着那山高，不想做或不愿做基础工作。

例如，有些管理培训生认为出纳就是做收钱、付钱这样简单而机械的工作，做几天就失去热情了，觉得大材小用了，而我问他们从出纳这个岗位中了解到或感受到的房地产行业的特色是什么，大多数人都答不上来。事实上，在房地产行业的出纳岗位上，如果你是有心人，就会了解房地产收入端的流程，清楚房地产收入的种类、房地产回款的方式，更进一步，还能了解银行按揭的政策、房地产开发企业的销售政策，甚至项目营销的策略。退一步来讲，通过在出纳岗位上的学习，你能练就仔细、认真、小心、谨慎的工作作风。而这些都是财务人员在未来的工作中需要具备的基本职业素养。

因此，财务人员千万不要小看这个阶段的积累与学习。

2. 财务管理与服务

这个阶段与会计核算与报表阶段相比，财务人员的工作职责有了较大的跨越。财务人员在这个阶段的主要学习内容是管理会计、预算管理、税务管理、资金管理、财务分析等。在这个阶段，财务人员需承担一定的管理职责，专业职责更多的是审核、管控，管理职责是初步参与企业的运营，开始与业务部门打交道，职责体现在服务上。

很多时候业务处理需要在原则性与灵活性之间保持平衡，这时财务人员需要有自己的底线思维——哪些是红线，绝对不能碰的，哪些是可以视实际情况灵活变通的，平衡很重要。

财务人员在经历了会计核算与报表阶段的学习后，在财务管理与服务阶段很容易陷入"制度就是一切"的思维定式中，一切从制度出发，严格地执行制度，甚至与业务部门在工作上针锋相对。

例如，营销部门为了刺激置业顾问完成销售目标，要求从企业借支备用金10万元，用于现场奖励。假如你是财务审批人，你应该怎么办？财务制度对现金使用有以下明确的规定。

（1）给职工个人的工资、各项工资性补贴。

（2）支付给个人的劳务报酬。

（3）支付各种抚恤金、学生奖学金、丧葬补助费。

（4）支付出差人员必须随身携带的差旅费。

（5）根据国家规定颁发给个人的科学、技术、文化、教育、卫生、体育等各种奖金。

（6）各种劳保、福利费用，以及国家规定对个人的其他支出。

（7）结算起点以下的零星支出，现行规定的结算起点为1 000元。

（8）中国人民银行确定需要支付现金的其他支出。

如果严格按制度执行，你的选择就是不同意借支，但这样就不能刺激置业顾问完成销售目标，可能使企业利益受损。如果你选择同意借支，就既有违反制度之嫌，又要面临现金管理风险的问题。财务的独立性、专业性体现在哪？监督与服务，如何选择？这是财务人员在这个阶段经常会碰到的问题。

3. 财务决策与运营

这个阶段的财务人员属于企业经营管理的核心成员，财务总监、财务副总都属于这个阶段的财务人员。财务人员在这个阶段的主要学习内容是股权架构、组织设计、企业估值、投融资决策、投资回报率、企业增长、企业税收规划等。财务人员的职责更多地体现在如何在承担一定风险的情况下保证企业的运营,实现企业的目标上。在这个阶段,财务人员需要考虑企业的顶层架构、业务规划与安排、资源与企业战略的匹配等问题,这时财务运营的思维很重要。

1.2.2　财务运营思维

所谓财务运营思维,简单地说,就是以财务视角管理企业的运营,实现企业的目标。财务运营有3个维度。

第一个维度是财务知识框架。所谓知识框架,就是结构的主骨干,所有知识都结合在这个基础上。知识框架是知识的全景概览,它就是一棵知识树,所有知识都是这棵树上的枝叶。有了这个框架,我们就能有效地组织知识;没有这个框架,知识在我们的头脑中就是一盘散沙,我们无法有效地组织知识,也很难记忆和运用知识。

斯科特·佩奇将知识划分为3个层次:数据、信息、知识。他认为数据是原始的、未编码的事项,缺乏意义、组织或结构。信息用来给数据命名并将数据归入相应的类别,信息是对数据的初步加工——定义数据、给数据分类。而知识是对相关关系、因果关系和逻辑关系的理解,知识在信息的基础上去找规律、找关系,将信息串成结构。因此,知识本身就是有结构的,而框架是将知识组织成概览,形成知识树。

财务知识框架由财务会计、管理会计、财务管理及分析、战略财务四大模块组成。本书也将从基础的财务会计讲起,由浅入深,帮助初学者建立自己的财务知识框架。

第二个维度是多模型思维。巴菲特的亲密伙伴与合伙人查理·芒格非常推崇并实践多模型思维,他表示:要理解世界,需要将事物放在一个理论框架中相互联系地理解;必须拥有一些思维模型,依靠由这些模型组成的框架来安排你的直接的、间接的经验。

模型是人们在生产和生活中总结出来的应对某些情景的套路、方法。我们在工作中遇到的问题是复杂的，模型可以协助我们理解、解决问题。但每个模型都是基于一定的假设或特定的环境应用的，这是模型的最大缺陷。因此，我们需要多模型思维，对复杂问题应用不同学科的不同模型去分析它、理解它，最终找到有效的方法去解决它，这就是多模型思维的魔力。

例如，对企业增长的预测与资源匹配就有多种模型。我们在学习财务管理知识时，知道企业增长有内含增长、可持续增长，我们建立模型去预测支撑企业增长的资源投入，并讨论相应的财务影响。但这类模型的重大缺陷即它是线性的模型，而事实上所有企业的增长都不是线性的，而是非线性的。对于非线性增长，我们可以用柯布-道格拉斯生产函数模型、索洛经济增长模型等进行预测。

关于人力管理，有麦肯锡 7S 模型；关于竞争研究，有波特五力模型……熟练掌握并运用这些模型，不仅对我们解决问题有很大的帮助，还能让我们在面对复杂环境时很快找到应对方法。

第三个维度是财务逻辑。财务运营的基础逻辑：企业经营体现为财务成果，以财务结果反推经营动作。在财务运营管理中，我们需要设置一套指标体系及指标值来监测、评价企业经营情况。通过各类指标的变化，我们可以评价经营动作是否适应市场、经营成果是否达标（如果不达标，那么我们应该从哪些方面着手改进）。从这个角度看，财务绝不是传统意义上的账房、后台部门或服务部门，而是企业运营管理的核心。经过几十年的发展，越来越多的企业从过去的重规模过渡到重效益，这也越来越体现出财务管理的重要性与核心作用。财务运营是企业经营之轮的核心，财务运营应推动经营之轮顺畅而快速地转动起来，财务人员的发展需要适应这个趋势。

1.3 如何从房地产财务管理"小白"进阶为高手

从房地产财务管理"小白"进阶为高手的方法：首先，构建完整的房地产财务知识体系（这也是本书的初衷）；其次，使用正确的学习方法迅速成材；最后，刻意练习，成为高手。本节重点讲述后两点。

1.3.1 学习学习再学习

我们常说"学习学习再学习",似乎学习就是刻苦用功,学习学习再学习=努力努力再努力。而这样思考却是对这句话的误解。"学习学习再学习",这3个"学习"之间并不是递进关系,而是并列关系,应读为"学习学习——再学习"。第一个"学习"是动词;第二个"学习"是名词,是指方法;第三个"学习"是动词。这句话的意思是,先学会如何学习的方法,再去学习。

那么学习的方法是什么?是看书、听课、做笔记、背诵吗?还是对解决问题的经验进行总结、提炼、简化、模型化呢?

我们的知识分为两类:一类是先天就有的,称为本性、本能;另一类是在与环境的互动中,通过学习得来的,这个学习既包括对课本上的内容的学习,又包括对解决实际问题的学习。

布莱恩·阿瑟对人的学习过程进行了模拟。所有人都是工作和生活在某个特定环境中的,人们为了适应环境,在无法穷尽环境信息的情况下,会对周边环境的情况提出许多假说,这些假说可以是天生的,也可以是后天形成的,最初的假说是从"行动-反馈"中形成的。

当我们遇到问题时,我们首先对这个问题提出假说,依据假说在已有的知识中搜索相应的模式来简化问题,并构造临时的模型,再据此进行逻辑推演并采取行动,最后以行动结果反馈假说是否正确、模型是否适用,对不正确的假说、模型予以抛弃,保留适用的假说、模型。

当我们收到来自环境的反馈后,我们会强化适用的模型。如果这个模型总是适用的,它就会被我们记忆下来,作为知识储备起来。

知识来源于学习,学习的根本在于创建模型。模型的通用性越强,据此形成的知识在与环境的互动中就越有用。例如,会计是商业的语言,我们学会了会计的基本模型"有借必有贷,借贷必相等",就能看懂企业的财务报表;我们学会了全面预算管理,就能懂得如何将它运用于经营提效。

学习的方法就是建立模型、测试模型、不断迭代、不断演化。学习的过程就是进化的过程，进化无止境，所以我们要终身学习。下面以备考 CPA（Certified Practising Accountant，注册会计师）为例来看如何学习。

1.3.2 备考 CPA 的"三大法宝"

CPA 证书是财务行业的"硬通货"，也是无数财务人员孜孜以求的证书。备考 CPA 有"三大法宝"：初心、信心、体系方法。

1. 初心：不忘初心，方得始终

我们需要弄清楚为什么要考取 CPA 证书。很多人对 CPA 证书有这样的认知：持有 CPA 证书的职工的待遇比没有 CPA 证书的好；取得 CPA 证书就能升职加薪；持有 CPA 证书，月薪过万元不是梦。

其实，这些认知都以果为因，本末倒置了。那么，我们为什么要考取 CPA 证书呢？因为考取 CPA 证书至少有以下几个方面的好处。

（1）多了一块有分量的"敲门砖"。

（2）可以完善自己的专业知识体系。

（3）可以培养目标导向的习惯：自己树立目标，通过艰苦努力，最终实现目标，这是成功的关键。

（4）可以培养注意力与自控力：在追求目标的过程中，把注意力集中起来，专心备考，抵制住各种诱惑，最终达到目标。人的精力是一种资源，我们必须将有限的资源集中起来，才能完成我们的目标；而要将精力集中于备考，对注意力的控制有着很高的要求。通过考取 CPA 证书，我们的注意力与自控力得到锻炼，而注意力与自控力正是我们成功所必需的能力。

（5）可以形成让自己受益终身的方法论：在考取 CPA 证书的过程中，我们需要克服很多困难，需要想方设法实现目标，需要在数年的时间里，一直保持自控的状态。在这个过程中，我们会逐渐找到做事的方法、窍门，形成让自己受益终身的方法论。

2. 信心：信心比金子珍贵

确立了考取 CPA 证书这个目标，就意味着我们走上了一条充满荆棘的道路，

也意味着我们走上了自我成长之路。在这条道路上,最后胜利的都是勇敢坚持下来的人,有信心战胜一切困难的人。

3. 体系方法:方法很重要

"行动-反馈"体系是学习的基本方法。在备考过程中,建立这样的体系是备考成功的关键。如何建立这样的体系呢?

1.3.3 备考 CPA 的方法

要建立"行动-反馈"体系,我们首先要找到反馈源。

1. 找到老师

我们在工作后参加考试与在学校中参加考试相比,最大的困难不是时间分散,而是缺少老师的指导。缺少老师的指导,我们就无法评价自己的备考水平是否达标;当我们有疑问而又无法得到解答时,就会产生很强的挫折感;挫折感累积到一定程度,就会打击我们的自信心;自信心越受打击,我们的压力就越大,就越容易放弃,这是典型的负向反馈循环。

打破这个负向反馈循环的关键就是找到老师。方法是参加面授课、网课、网站社区、学习小组等,从外部找到老师,或者以书为师,"读书百遍,其义自见",反复研读教材、反复做题,从答题中找到自己的薄弱点。

2. 建立正向反馈,自我激励

很多人在备考过程中会遇到以下情况。

(1)今天工作了一天很累,先休息一下吧,看会儿电视或者打会儿游戏再看书。结果看完电视或者打完游戏就没时间看书了。

(2)今天要和朋友聚会,先去聚会再看书。结果聚会完很晚才到家,没时间看书了。

(3)今天加班到很晚,回家就睡了,没时间看书了。

(4)今天周末,很久没出去逛街了,先去逛街,逛完街回来再看书。结果逛完街太累了,不想看书了。

（5）正在追一部很好看的电视剧，等追完再看书。结果电视剧追完了，书还没开始看。

....

以上这些情况都是我们备考 CPA 道路上的拦路虎，就像游戏里的关卡一样，我们必须打败它才能过关。我们应该怎么做呢？

方法就是建立正向反馈，自我激励。

（1）从易到难，确定考试科目。第一次报考 CPA 的人可以先从经济法、税法、财务管理开始准备。先从容易的开始，可以逐步建立学习兴趣，树立自信心，提高放弃成本。

（2）大量练习。边看书边做题，看完一个章节就做一个章节的题目。通过做题了解自己的不足，针对错题，查漏补缺，记忆要点。在做完每一章的题目后都要给自己打分，以分数评估自己的学习成果，不断给自己反馈。

从第一次得分开始（不管第一次得分多低），每次都给自己制定下一次得分的上涨梯度。例如，第一次的得分是 50 分，那么第二次的得分要达到 55 分，第三次的得分要达到 60 分，直到得分在 80 分以上（80 分是合格线，代表对此章内容的掌握程度达标）。通过上述方法，建立正向反馈。

（3）建立奖励体系，达到目标就奖励自己。我们可以把备考 CPA 设计成一个游戏，一个章节就是一个关卡，每科的模拟测试就是大 Boss（某一阶段性的强力敌人）。过关的条件就是测试得分达到 80 分，过关就有奖励。打赢大 Boss，就有大奖励。我们最好将这个奖励体系画出来，贴在墙上，并适时记录自己的进度，看看自己与奖励目标的差距，不断努力，最终达到目标。

例如，我在刚开始跑步时，为了坚持下来，不断给自己设置奖励：跑到 5 千米，买一块运动手表；跑到 8 千米，买一套压缩服；跑到 15 千米，买一双上千元的跑鞋；跑到半程马拉松（约 21 千米），要出去游玩一次。这样，每跑到一个点，就给自己一个奖励，每实现一个目标，都还有下一个目标在等着，从而使自己不断追求更高的目标，不断在自我激励中前进。

3. **制订计划**

做事的通用方法：目标—策略—计划—执行—检验—调整。

（1）目标。取得 CPA 证书。

（2）策略。一年考过 3 个科目，从最简单的科目开始；方法是看书+做题+面授课+网课+学习小组。

（3）计划。根据自己的工作、生活情况，先按周排出可用的时间段，明确自己效率最高的时间段；然后，根据考试任务，将课程按章节分配到每个时间段，分配原则是将效率最高的时间段用于学习最难的内容，将效率较低的时间段用于做题。

世事皆有变，计划需灵活。如果因特殊情况无法执行当天的计划，那么也不必给自己太大压力，可以接着执行下一天的计划，因为 CPA 书本各章节的内容相对独立，不一定非得学完第一章才能学第二章。在学完整本书后，再去学习之前漏掉的章节，这样既可以保证完成整个计划，又可以保证学习效果。

每完成一个计划，就在计划表上做出相应的进度条，代表自己已经完成的成果，以促使自己继续努力。

例如，每年考 3 个科目，从 5 月拿书到 9 月考试，一共 4 个月，扣除 1 个月总复习的时间，每门课的学习时间就是 1 个月。在这 1 个月内，我们需要做到把书粗读一遍、精读一遍、查漏补缺再读一遍，至少做一套习题集。按这个进度安排，每天至少看多少页书、做多少题，就是固定任务，除非有特殊情况，否则必须完成任务。摒除一切无意义的应酬、玩耍，看书累了，可适当运动（跑步是我推荐的运动，既可减肥，又可锻炼自己的毅力）。

（4）执行、检验、调整。这些动作其实和计划是合为整体的。我们应每周回顾计划的执行情况，一方面确定计划的可行性，并根据实际情况做出必要的调整；另一方面检查自己的执行情况，总结计划执行偏差的原因，找到改进措施，并在之后的计划中加强控制，专心备考。

4. 立即行动：从今天开始

在生活中，我们经常会遇到这样的情况：本来想做一件事，如看书，但又想去做其他事，想着把其他事做完了再看书，但结果往往是没有看书。

人都有惰性，因此我们要培养自控力，把"做完××，我再看书"变为"既然要考试，我就要看书"。从强调客观条件的"如果……，那么……"思维变为强调自我能动的"既然……，就……"思维，变被动为主动，一切从当下开始，从现在开始，没有理由，没有条件，想到就做，这很重要！

5. 充分利用碎片时间

我们在工作后参加考试，面临的最大的不确定因素就是时间。我们要利用一切可以利用的时间，如果没有大块的时间可用，就要利用碎片时间，如工作间隙、上下班的交通时间、午休时间等。

1.3.4 成为高手的方法

备考 CPA 的过程告诉我们，从准备考试到最终取得 CPA 证书，需要付出艰苦的努力，而我们要从房地产财务管理"小白"进阶为高手，也需要付出艰苦的努力。

从房地产财务管理"小白"进阶为高手，需要经历 3 个阶段：入门者、模块专家、高手。

（1）入门者。

对入门者来说，掌握行业的基础知识是必要的。入门者需要大量而广泛地阅读行业专业书籍、期刊，收集各类资料，迅速地完成行业知识的原始积累。这个过程就像备考 CPA 过程中的粗读，迅速完成对书本的通读，对相关知识有一个总体的了解。

在储备知识的同时，我们需要在工作中找到可以模仿的对象，这个对象可以是带教人或部门负责人。入门者对工作事项不熟悉，可以在模仿带教人的过程中，迅速掌握工作技能。这时，入门者需要做到"不求甚解"，先学会如何工作，再理解为何要这样做，对于带教人安排的工作，跟着做即可，多做几遍，就学会了。

从模仿开始，不断练习，直到自己熟练为止。就如马尔科姆·格拉德威尔在《异类》中所说的 10 000 小时定律，一个人在学习的过程中，要完美掌握某项复杂的技能，就要一遍又一遍地刻苦练习，而练习的时长必须达到一个最小临界量：10 000 小时。对于一项工作技能，我们只有刻苦、反复地练习，才能真正掌握。

(2) 模块专家。

财务管理的模块专家就是对前面所说的财务管理四大模块中的某一个或几个模块非常熟悉，甚至精通的人，他们通常是预算经理、税务经理、资金经理、会计经理等。

模块专家需要精心打磨本专业的基本技能，其知识储备在精而不在广。例如，税务经理要精心打磨的基本技能是本行业涉及的主要税种的各级政府的政策解读与应用、企业税收管理的体系与改进、企业税负管理与平衡、涉税风险预警与对策等。

模块专家的作用在于解决企业经营中涉及本专业的各类问题，而这基于其精心打磨的专业技能。

(3) 高手。

高手是在具有扎实的基本功的基础上，掌握了很多实用的技术、战术模型的复合型专家。高手可以随意组合技能，形成套路，有效地解决问题。

在企业经营中会产生很多亟待解决的问题，高手在遇到这些问题时，会从5个方面来分析。

① 定义问题。定义问题即解构问题，先将问题细分为基本点，再将基本点归类，将问题结构化。

② 工作分工。将结构化的问题分配给模块专家，以利用模块专家的精细技能。

③ 数据收集。针对每类问题在实际工作中的情况进行数据收集，找到问题产生的关键点及影响。

④ 分析解释。对收集的数据、了解到的情况进行分析，依靠模型、套路，提出解决方案。

⑤ 实施反馈。对解决方案的实施情况进行跟踪，及时反馈问题，再次重复上述4个步骤，调整解决方案，循环往复，直至解决问题。

高手在解决问题的过程中除了依靠数据,还依靠直觉。直觉来源于其在多年的训练与实践中形成的习惯和反应。

我们应该如何成为高手呢?

入门者可以遵循 10 000 小时定律,而要成为高阶者(模块专家、高手),我们就需要刻意练习,刻意练习就是有目的地练习。艾利克森的刻意练习的核心观点是,处于中上水平的人们,拥有一种长时工作记忆能力,而精进循环正是形成这种能力的诀窍。

(1)建立自我实现的正向反馈。

人们喜欢做自己喜欢的事,因为这能给自己带来快乐。快乐的本质是需求被满足,而自我实现的需求是人类最高级的需求,这样的需求被满足能带来最大的快乐,能实现自我的事情也是人们最愿意做的事情。因此,我们需要建立自我实现的正向反馈。

① 我们要实现自我认可,要看到自我的成长。在备考 CPA 的过程中,我们给完成的计划做进度条、给完成的题目打分,就是在做自我认可的事。

② 我们需要他人的认可。如果我们做的事得到别人的鼓励、赞赏,我们就会更愿意去做。因此,我们要找老师、找同伴,力求得到老师的表扬、同伴的赞赏。

(2)设定目标,找到现状与目标的差距。

如果将我们现有的能力作为舒适圈,将我们当前无法企及、只能想象的事作为梦想圈,那么介于二者之间的,就是学习圈。舒适圈中的事情对我们来说很容易,梦想圈中的事情对我们来说太难,而学习圈中的事情对我们来说,是通过努力可以做到的。学习圈中的成长靠刻意练习取得。

(3)刻意练习,增加有效训练,提高专业技能水平。

10 000 小时定律备受质疑的是,如果一个人一直在低水平上重复练习,即使练习了 10 000 小时,那么也成不了高手,因为他的技能并没有一直得到提升。当他的训练使其技能达到某一水平后,如果没有向更高水平进步,那么他之后所有的练习都是无效训练,只是简单的重复。

因此，有效训练很重要。在我们的技能达到某一水平后，我们必须设定更高的目标，进行更有效的训练，不断提高专业技能水平。如何得知我们的专业技能水平是否提高了？考试有分数反馈，在工作中我们需要自己去找反馈源，建立自己的反馈体系。反馈源可以是工作更得心应手的状态、上级的评价、同事的反馈、职级的提升等。

总之，不断反馈，不断精进，日日循环，天天进步，我们就能从房地产财务管理"小白"进阶为高手。

第2章
房地产收入核算

从本章开始，我们进入房地产财务管理基础知识的学习。我们首先从房地产的会计核算开始，这是一切财务工作的基础。

本章主要涉及的知识点：

- 房地产收入的确认原则。
- 销售收款的会计核算。
- 销售收入结转的核算。

2.1 房地产收入的确认原则

我国于 1994 年颁布了《中华人民共和国城市房地产管理法》(以下简称《城市房地产管理法》),规定商品房预售应该符合以下条件:①已交付全部土地使用权出让金,取得土地使用权证书[①];②持有建设工程规划许可证;③按提供预售的商品房计算,投入开发建设的资金达到工程建设总投资的 25%以上,并已经确定施工进度和竣工交付日期;④向县级以上人民政府房产管理部门办理预售登记,取得商品房预售许可证明。

房地产行业与其他行业最大的区别在于预售制。一般行业在交付商品的同时收取销售款并确认收入,而房地产开发企业在商品建造过程中实现销售收款。这就产生销售收款与销售收入的确认不在一个时点的问题。因此,对房地产开发企业来讲,销售收款的核算与销售收入的核算是两个不同的概念,核算的方法也不尽相同。

在我国,商品房预售是行业的主要业务形式,故本节主要讲解预售制下的收入核算。现房销售的收入核算相对简单,本书简要叙述。

2.1.1 现行收入的确认原则

房地产销售收入的确认原则需满足一般商品的收入确认条件,根据 2006 年版《企业会计准则第 14 号——收入》(财政部于 2017 年修订发布新《企业会计准则第 14 号——收入》,境内上市企业于 2020 年 1 月 1 日起执行新《企业会计准则第 14 号——收入》,非上市企业于 2021 年 1 月 1 日起执行新《企业会计准则第 14 号——收入》,目前非上市房地产开发企业仍按 2006 年版《企业会计准则第 14 号——收入》的要求确认收入,后期将趋向于按新《企业会计准则第 14 号——收入》的要求确认收入),销售收入的确认条件如下。

(1)企业已将商品所有权上的主要风险和报酬转移给购货方。

(2)企业既没有保留通常与所有权相联系的继续管理权,也没有对已售出的商品实施有效控制。

---

① 现国家已停发土地使用权证书,颁发不动产权证书。

（3）收入的金额能够可靠地计量。

（4）相关的经济利益很可能流入企业。

（5）相关的已发生或将发生的成本能够可靠地计量。

由于房地产行业存在预售制，房地产开发企业在销售房产时，房产未达到可使用状态，此时无法确认收入。按会计准则的规定，房地产开发企业要确认收入，需具备如下条件。

（1）商品房达到交付条件并通知客户交房，支持文件：入住通知书、入住通知书邮寄或发出证明、房屋验收单、交房验收流转单及物品交接单（如钥匙、交付礼品等）。

（2）客户已经签订了商品房销售合同且在交付时点已交齐销售价款（含银行按揭款），支持文件：商品房销售合同、商品房预售许可证、销售收款台账（销售人员与财务人员核对一致并签字确认）。

（3）商品房达到交付条件，项目完成备案验收合格手续，支持文件：建设工程竣工验收备案证、商品房面积测绘报告。

2.1.2　新收入准则

2017年7月，财务部发布了关于修订印发《企业会计准则第14号——收入》的通知，执行会计准则的非上市企业于2021年1月1日起执行新《企业会计准则第14号——收入》。新《企业会计准则第14号——收入》变更了收入确认条件。新《企业会计准则第14号——收入》第五条规定，当企业与客户之间的合同同时满足下列条件时，企业应当在客户取得相关商品控制权时确认收入。

（1）合同各方已批准该合同并承诺履行各自义务。

（2）该合同明确了合同各方与所转让商品或提供劳务（以下简称转让商品）相关的权利和义务。

（3）该合同有明确的与所转让商品相关的支付条款。

（4）该合同具有商业实质，即履行该合同将改变企业未来现金流量的风险、时间分布或金额。

（5）企业因向客户转让商品而有权取得的对价很可能收回。

根据新《企业会计准则第 14 号——收入》的规定，收入确认有以下 5 个步骤。

第一步：企业需识别与客户订立的销售合同是哪种类型，是正常的销售合同，还是售后回购合同，或者售后租回的合同等。

第二步：企业需识别合同中约定的各项履约义务，即企业是否需按约定的计划节点履行某个单项的义务，也就是将整个合同约定的交易事项按一定标准进行划分，区分出企业的单项义务。

第三步：确定房屋的销售价格。

第四步：将房屋的销售价格按一定方法分摊至第二步确定的企业应履行的各单项义务中，确定各单项义务对应的销售金额。

第五步：当企业履行了约定的单项义务时，企业需按第四步分摊的各单项收入金额确认收入。

2006 年版《企业会计准则第 14 号——收入》以风险报酬的转移为标准，新《企业会计准则第 14 号——收入》以控制权转移为标准。对于正常的房地产预售及收入确认，企业仍可按现行方法执行，但对于一些特殊的交易方式，如房屋定制、精装房销售、融资性销售等，收入确认将发生较大变化。

2.2 销售收款的会计核算

房地产开发企业的销售收款包括以下内容：诚意金、定金及预售款。

2.2.1 诚意金的核算

诚意金是房地产开发企业为确认客户购房意向，在取得商品房预售许可证正式开盘前，向客户收取的款项。无论客户是否购买商品房，此款项都会被退还给客户或转作购房款。

诚意金对客户没有约束性，其实质是客户存入企业的预备金，不能作为购房款处理，应作为暂收款处理。

诚意金在"其他应付款"账户中核算，房地产开发企业可根据实际情况设置客户明细账户进行辅助核算。由于该部分款项金额小、数量大且收取和退回操作频繁,在实务中,房地产开发企业通过第三方业务系统进行客户收款管理,不在财务账套中设置客户明细账户。该账户的贷方核算收到的上述款项,借方核算退还的款项或转入"预收账款"等账户的款项。

【例2-1】川哲房地产公司开发的川哲府项目预计在2018年7月取得商品房预售许可证,并计划取证后开盘销售。川哲房地产公司为了做好开盘前的准备,了解客户购房意向,决定于2018年6月15日开始收取诚意金(诚意金为每套商品房1万元),共收取诚意金100万元。川哲房地产公司根据银行的POS单、收款收据等原始凭证编制的会计分录如下:

借:银行存款　　　　　　　　　　　　　　　　　　　　1 000 000
　　贷:其他应付款——诚意金　　　　　　　　　　　　　　1 000 000

川哲房地产公司于2018年7月10日取得商品房预售许可证,于7月11日正式开盘销售,当日有20个客户确定不购买川哲府商品房,申请退还诚意金,营销部门已完成退还手续。川哲房地产公司根据营销部门的退还手续、客户退回的收据等原始凭证编制的会计分录如下:

借:其他应付款——诚意金　　　　　　　　　　　　　　　200 000
　　贷:银行存款　　　　　　　　　　　　　　　　　　　　200 000

其他交纳了诚意金的客户选购了商品房,签订了商品房认购协议,这部分客户已交的80万元诚意金转为定金。川哲房地产公司在凭商品房认购协议换开定金收据后,编制的会计分录如下:

借:其他应付款——诚意金　　　　　　　　　　　　　　　800 000
　　贷:预收账款——定金　　　　　　　　　　　　　　　　800 000

2.2.2　定金的核算

房地产开发企业在集中开盘时,为了营造火热的交易氛围,挤压客户成交,会通知所有客户到场选房。由于客户量大,为了减少客户在销售现场的滞留时间,房地产开发企业会要求客户签订商品房认购协议,并交纳认购定金,以确定认购房源。

因此，定金是房地产开发企业在客户签订商品房认购协议后、签订商品房销售合同前，向客户收取的商品房认购协议上确定的款项。如客户后期签订了商品房销售合同，则定金转为购房款；如客户未在商品房认购协议规定的期限内签订商品房销售合同，则在一般情况下，定金不被退还给客户，房地产开发企业做挞定处理，扣缴客户的定金。

在账务处理上，因为定金是在房地产开发企业已取得商品房预售许可证并与客户签订商品房认购协议的基础上收取的款项，其实质是销售款的一部分，所以收取定金应被视为收取部分购房款，定金在"预收账款"账户中核算。

房地产开发企业在收到定金时，借记"银行存款"账户，贷记"预收账款——定金"账户。房地产开发企业在与客户签订商品房销售合同时，按转出定金的金额，借记"预收账款——定金"账户，贷记"预收账款——房款"账户。如果客户违反商品房认购协议的规定，未签订商品房销售合同，经房地产开发企业多次催促，甚至发送律师函后仍不签订商品房销售合同，那么房地产开发企业不再退还定金（挞定），以没收的定金金额，借记"预收账款——定金"账户，贷记"营业外收入"账户。

【例2-2】川哲房地产公司于2018年7月11日按每户2万元的标准收取定金160万元，按照商品房认购协议的规定，客户需于签订商品房认购协议之后的一周内签订商品房销售合同。7月18日，川哲房地产公司与部分客户签订了商品房销售合同，此部分客户已交的定金为150万元。剩余的客户在经川哲房地产公司多次催促后也未签订商品房销售合同，川哲房地产公司对此做挞定处理。川哲房地产公司编制的会计分录如下。

（1）在收取定金时：凭商品房认购协议、POS单及收款收据列账。

借：银行存款　　　　　　　　　　　　　　　　　　　　1 600 000

　　贷：预收账款——定金　　　　　　　　　　　　　　　1 600 000

（2）在签订商品房销售合同时：凭商品房销售合同、换开的收据（将定金收据换开为购房款收据/发票）列账。

借：预收账款——定金　　　　　　　　　　　　　　　　1 500 000

　　贷：预收账款——房款　　　　　　　　　　　　　　　1 500 000

(3) 在做挞定处理时：凭商品房认购协议、挞定手续列账。

借：预收账款——定金　　　　　　　　　　　　　　　100 000

　　贷：营业外收入　　　　　　　　　　　　　　　　　100 000

2.2.3 预售款的核算

我国房地产行业的预售制使房地产开发企业在销售商品房时，商品房并未达到可使用状态，房地产预售收取的款项属于预收性质，因此在会计核算上，预售款需作为"预收账款"核算。如果在商品房竣工后销售，即所谓的现房销售，那么此时房地产开发企业收取的售房款属于商品房销售收入，可在"主营业务收入"账户中核算。在实务中，现房销售的款项也在"预收账款"账户中过账，使"预收账款"账户能整体反映项目的收款情况，在后续的收入结转时也便于对账及进行账务处理。对于预售的商品房，在交付后，在核算上需将在"预收账款"账户中核算的销售款结转至"主营业务收入"账户。此步骤是房地产开发企业收入核算的主要特点，后面的章节会专门阐述。

"预收账款"账户核算的是房地产开发企业按商品房销售合同约定实际收到的售房款，包括首付款、分期款、按揭款等。该账户可按照项目、分期、业态、楼栋、房号等设置辅助核算，在实务中，房地产开发企业采用第三方软件进行明细核算。该账户的贷方核算实际收到的售房款、工程款抵房款等；借方核算结转的销售收入；销售退款、更名等以贷方红字核算。

【例 2-3】川哲房地产公司于 2018 年 8 月 30 日与认购客户正式签约，定金转预售款 30 万元，另外收取售房款 800 万元。川哲房地产公司根据收回的定金收据、开具的预售款收据、商品房销售合同、POS 单等编制的会计分录如下。

(1) 定金转预售款：

借：预收账款——定金　　　　　　　　　　　　　　　300 000

　　贷：预收账款——房款　　　　　　　　　　　　　　300 000

(2) 收取预售款：

借：银行存款　　　　　　　　　　　　　　　　　　8 000 000

　　贷：预收账款——房款　　　　　　　　　　　　　8 000 000

2018年9月15日，客户张三将合同更名为李四，已交购房款40万元。川哲房地产公司根据更名审批文件、换开的收据编制的会计分录如下：

  贷：预收账款——房款（张三）   400 000（红字）

    预收账款——房款（李四）   400 000

说明

在正常情况下，房地产开发企业对已签订正式合同的客户是不允许更名的，一方面是禁止内部人员炒房，损害房地产开发企业的利益；另一方面，正式合同需按政府要求进行网上签订并备案，已备案合同要更名涉及的手续较多，影响较大。如果房地产开发企业同意更名，并收取了更名费，那么在账务上需将收取的款项在"营业外收入"账户中核算。

2018年9月30日，客户王五申请退房，已交房款30万元。川哲房地产公司根据审批的退房申请、退回的收据及银行付款凭证编制的会计分录如下：

  贷：预收账款——房款（王五）   300 000（红字）

    银行存款   300 000

说明

在办理销售退房业务时，房地产开发企业要认真审核房号、姓名、身份证号、实收款等信息是否与账务记录一致，是否收取违约金，是否将客户手中的合同、协议、发票等全部收回等。商品房销售合同已经备案的，应在完成撤销备案手续后才可办理退房手续。

2.2.4 销售收款管理

1. 销售台账

销售收款管理的关键在于维护好销售台账。销售台账是对每套房源的销售情况进行的全面登记，包括楼栋号、房号、业态、客户姓名、销售价格、签约价格、销售状态、收款情况等。销售台账是房地产开发企业销售收款管理的基础，非常重要。

为了及时反映销售情况，房地产开发企业应于每日营业结束后，根据当日成交情况、收款情况更新销售台账数据。财务部门与营销部门必须每月至少核对一次销售台账数据，以保证销售台账数据的完整性、准确性和有效性。

销售台账可分为 3 个部分：房屋信息、销售信息及收款信息，下面以川哲府项目的销售台账为例，分别进行说明。

1）房屋信息

川哲府销售明细台账之房屋信息如图 2-1 所示。

川哲府销售明细台账

房屋信息										
序号	房号	业态	楼栋号	批次	户型	预售取证日期	标准总价	建筑面积	套内面积	货值底价	房间状态

图 2-1　川哲府销售明细台账之房屋信息

房号：房地产开发企业对每套房屋的销售编号，此编号与每套房屋一一对应，是每套房屋的识别标识。

业态：不同类型的可售商品，如住宅、公寓、商铺、车位等。各类业态还可以根据房地产开发企业管理的颗粒度细分，如住宅可细分为普通住宅、洋房、别墅等。

楼栋号：房地产开发企业对项目所有楼栋的编号，一般按一定的顺序将项目所有楼栋从 1 号开始编号。

批次：可以按项目的分期编号（如一期、二期），也可以按销售的批次编号。

户型：对项目不同户型的编号，如 A 户型、B 户型。

预售证取证日期：各楼栋取得商品房预售许可证的日期。

标准总价：又称面价，是房地产开发企业在销售每套房屋时向购房者展示的价格，一般以房屋总价列示。

建筑面积、套内面积：在取得商品房预售许可证时，每套房屋测绘的面积，是计算标准总价的基准。标准总价=建筑面积×建筑面积单价（或套内面积×套内面积单价）。

货值底价：每套房屋可销售的最低价。底价是项目货值管理的红线，销售人员若要破底价销售，则需得到房地产开发企业相关领导的同意。

房间状态：房屋目前的销售情况，如认购、签约、未售及预留等。

2）销售信息

川哲府销售明细台账之销售信息如图2-2所示。

川哲府销售明细台账

销售信息												
认购日期	认购金额	签约日期	签约金额	折扣点	折扣明细	客户姓名	代理公司	置业顾问	成交途径	渠道公司	购买车位号	特批折扣/额外优惠/物管费题送备注	关键人/分销/老带新/行销成交费用

图2-2　川哲府销售明细台账之销售信息

认购日期：客户签订商品房认购协议的日期。

认购金额：商品房认购协议上注明的房屋总价。

签约日期：客户签订商品房销售合同的日期。

签约金额：商品房销售合同上注明的房屋总价。

折扣点：签约金额与标准总价的差异率，是客户实际享受的折扣。

折扣明细：客户实际享受的折扣政策。在项目销售中，房地产开发企业会制定多种优惠措施，以适应不同客户的需求。此栏列明每个客户实际享受的优惠政策明细。

客户姓名：商品房销售合同的签约人姓名。

代理公司：完成此客户销售的销售代理公司的名称，用以统计各代理公司的销售业绩。

置业顾问：与客户对接的置业顾问的姓名。

成交途径：用以统计客户成交的途径，如自然成交、关键人成交、渠道成交等。

渠道公司：为项目带客的渠道公司的名称。在项目销售中，房地产开发企业会使用两三个渠道公司，为项目带客。此栏用以统计不同渠道公司的带客成交情况。

购买车位号：注明客户在购买住房的同时意向或认购的车位号，非必要栏次。一般来说，在销售住房时，车位还未取得商品房预售许可证，无法销售。房地产开发企业为提前锁定客户，销售车位，会采用一定的销售措施让客户在图纸上选定车位。

特批折扣/额外优惠/物管费赠送备注：在正常销售优惠政策外，经房地产开发企业领导审批同意给予客户的额外优惠政策。

关键人/分销/老带新/行销成交费用：用于不同成交途径的费用，便于后期复盘时分析费效比。

3）收款信息

川哲府销售明细台账之收款信息如图2-3所示。

川哲府销售明细台账

收款信息														
付款方式	总房款回款比例	应收总房款	实收总房款	未收总房款	销售款回款比例	应收销售款	实收销售款	未收销售款	按揭款回款比例	应收按揭款	实收按揭款	未收按揭款	贷款银行	贷款年限	放款日期	全款到账时间

图2-3 川哲府销售明细台账之收款信息

付款方式：客户支付房款的方式，有一次性、分期、银行按揭、公积金贷款、组合贷款等。

总房款回款比例：由实收总房款除以应收总房款计算而来，以百分数列示。

应收总房款：商品房销售合同上注明的总房款，是应收销售款与应收按揭款的合计数。

实收总房款：房地产开发企业收到的首付款、分期款、按揭款、"工抵房"等，为实收销售款与实收按揭款的合计数。

未收总房款：客户尚未交清的房款，是应收总房款与实收总房款的差额。

销售款回款比例：反映客户在签约时应交的首付款或分期款的交款进度，是实收销售款与应收销售款的比值，以百分数列示。

应收销售款：房地产开发企业按商品房销售合同的规定应收的首付款、分期款等。

实收销售款：房地产开发企业实际收到的首付款、分期款等。

未收销售款：客户尚未交清的首付款、分期款等。

按揭款回款比例：反映办理银行按揭或组合贷款的客户应收的银行按揭款的收款进度，是实收按揭款与应收按揭款的比值，以百分数列示。

应收按揭款：商品房销售合同及按揭贷款合同确定的房地产开发企业应收的银行按揭款。

实收按揭款：房地产开发企业实际收到的银行按揭款。

未收按揭款：房地产开发企业尚未收到的银行按揭款。

贷款银行：客户办理按揭贷款的银行，由客户在房地产开发企业指定的银行中选择。

贷款年限：按揭贷款合同上列明的贷款年限。

放款日期：银行将客户的按揭贷款打入房地产开发企业银行账户的日期。

全款到账时间：总房款全部收齐的日期，此日期是评价营销、财务回款工作的基准。

2. 销售现场的收款工作

销售现场的收款工作也是销售收款管理的重点，其注意事项如下。

（1）现场出纳专门负责收款和开票工作。在一般情况下，房地产开发企业禁止现场出纳收取现金。如遇特殊情况，则现场出纳需在征得财务负责人同意后收取现金，并及时将现金存入银行；或请客户将款项存入房地产开发企业指定的账户。

（2）现场出纳收款必须有依据，不能仅以销售人员口述为凭。在收款时，现场出纳必须查看客户签订的商品房认购协议或商品房销售（预售）合同，按收款金额开具收据。

（3）对于诚意金转为定金，定金转为房款的业务，现场出纳需收回原收据，再换开新收据，不得重复开具收据。如客户将收据遗失，则现场出纳应要求客户出具遗失说明，签字并加盖手印。

（4）对于客户以网上银行转账支付的款项，现场出纳应在财务部门确认款项到账后，再开具收据。

2.3 销售收入结转的核算

由于房地产行业预售制的存在，房地产开发企业收取的购房款在"预收账款"账户中核算，当交付商品房时，再根据会计准则的要求，在取得相关证照资料后确认收入。

2.3.1 收入结转的核算

房地产开发企业在确认销售收入时，应借记"预收账款"账户，贷记"主营业务收入"账户。对于体量大的项目，商品房交付会多批次交付，存在收入多次结转的情况，为了方便账务核对，我们在"预收账款"账户的借方只核算结转收入的金额，其他业务（如换房、退房等）发生的金额均在"预收账款"账户的贷方以红字记账。

【例 2-4】川哲房地产公司自 2018 年 7 月开始预售川哲府项目的商品房，到 2020 年 12 月交付川哲府项目的商品房时，共收得销售回款 5 亿元，其中 4.5 亿元房款客户已全部结清。2020 年 12 月，川哲房地产公司根据交付通知书、房屋验收单、财务营销核对一致的收款台账等结转销售收入，编制了如下会计分录：

借：预收账款	450 000 000
贷：主营业务收入	450 000 000

说　明

客户的房款全部结清是风险报酬转移的要件之一，结转收入仅对客户结清房款的部分结转，是谨慎性原则的体现。

对于分期销售的商品房，房地产开发企业给予的分期政策一般是客户需在交付前结清房款，因此分期销售的商品房的收入结转与正常销售的一样。如因市场下行、特殊客户等原因，房地产开发企业给予了较长的分期政策，造成在交付商品房时仍有部分款项未结清，则将在交付商品房时应收未收的房款在"应收账款"账户中核算，原因是分期销售是一种特殊的销售政策，客户享受这个政策，在交付商品房时，房地产开发企业可以合理确认风险报酬已转移至客户。

【例2-5】 川哲房地产公司自2018年7月开始预售川哲府项目的商品房，到2020年12月交付川哲府项目的商品房时，共收得销售回款5亿元，尚有3 000万元的销售回款未取得，按合同约定，此部分款项应于2021年12月前取得。2020年12月，川哲房地产公司根据有关原始凭证对分期收款结转销售收入，编制了如下会计分录：

借：应收账款	30 000 000
贷：主营业务收入	30 000 000

在预售时，商品房以预测绘的面积进行销售，而在交付时，商品房以实测面积交付，预测面积与实测面积之间存在一定的差异。对于面积差的核算，房地产开发企业需根据商品房销售合同中的约定来确定。

对于面积差，房地产开发企业的处理方式如下。

（1）如面积差异率在[-3%，3%]区间内，则合同结算价格以"原销售单价×实际面积"结算价款，多退少补。

（2）如面积差异率小于-3%或大于3%，则客户既可以选择退房，由房地产开发企业退还客户已交纳的购房款，又可以选择继续履行合同，合同结算价格以

"原销售单价×实际面积"结算价款,多退少补。

如客户选择退房,则房地产开发企业应按实际退还的金额,借记"预收账款"账户,贷记"银行存款"等账户。如客户需补交房款,则房地产开发企业应按收取的客户交纳的面积补差款,借记"银行存款"等账户,贷记"预收账款"账户;在交付商品房时,将其从"预收账款"账户转入"主营业务收入"账户。

【例2-6】川哲房地产公司在2020年12月交付川哲府项目的商品房时,共收取面积补差款200万元。2020年12月,川哲房地产公司根据面积差计算表、POS单、发票等结转销售收入,编制了如下会计分录。

(1) 在收到面积补差款时:

借:银行存款　　　　　　　　　　　　　　　　　　2 000 000
　　贷:预收账款　　　　　　　　　　　　　　　　　2 000 000

(2) 在结转收入时:

借:预收账款　　　　　　　　　　　　　　　　　　2 000 000
　　贷:主营业务收入　　　　　　　　　　　　　　　2 000 000

2.3.2　收入结转台账的编制

收入结转是根据每套商品房的收款、交付验收等情况确定的,因此收入结转台账需按每户记录相关信息,以确定是否达到结转条件。收入结转台账是收入结转的核心文件,经财务部门与营销部门核对一致并签字确认后,作为收入结转的凭据。

下面以川哲府收入结转台账为例进行说明,如图2-4和图2-5所示。

客户楼栋:该栏的条目与销售台账一样,据实填写。

合同金额:商品房销售合同上列明的金额。

补差款:面积差异造成的客户应补或应退客户的房款。

补差金额:按面积差异计算的应补合同价款,等于实测面积减去预测面积的差,乘以销售单价。

川哲府收入结转台账

客户楼栋					合同		补面积差款			
序号	房号	业态	楼栋号	客户姓名	合同金额	补差款	补差金额	预测面积	实测面积	销售单价

图 2-4　川哲府收入结转台账 1

川哲府收入结转台账

收房款			结转		条件选项			
应收总房款	实收总房款	回款比例	结转收入额	结转批次	是否结转主营业务成本	竣备批次	是否结转库存商品

图 2-5　川哲府收入结转台账 2

预测面积：商品房销售合同上列明的预售面积。

实测面积：实测报告上列明的每套商品房的面积，可以是建筑面积或套内面积，以商品房销售合同上计算总房款的面积为准。

销售单价：商品房销售合同上列明的商品房销售单价。

应收总房款：商品房销售合同上列明的总房款。

实收总房款：房地产开发企业实际收到的客户购房款，包括首付款、按揭款、分期款等。

回款比例：实收总房款与应收总房款的比值，以百分数列示。一般来说，当回款比例达到100%时，才能结转收入。

结转收入额：属于本结转批次的商品房所收取的全部购房款。

结转批次：对于分批结转的项目，按实际结转批次填列，可以按顺序编号，也可以按结转日期编号。

是否结转主营业务成本：按收支配比的原则，在收入结转的同时会结转成本。但在一些特殊情况下，如车位收入结转，可能存在只结转收入的情况，具体的成本核算方法第3章会详解。

竣备批次：如项目分为几个批次竣工备案，则按实际竣工备案批次填列。

是否结转库存商品：此栏涉及现房销售的情况。一个项目在被交付时，所有可售业态均全部售完的情况很少，一般都存在未售完的尾盘。对于已交付未售的商品房，在核算上，我们将在"开发成本"账户中核算的成本按一定方法分摊至此部分业态上，从"开发成本"账户转入"存货"账户。对于现房销售，在结转收入的同时，需将存货结转至主营业务成本。具体情形第3章会详解。

2.3.3 现房销售收入的核算

现房是指已竣备交付的项目中尚未售出的可售商品，一般由车位、商铺及零星住宅构成。

对现房销售来说，商品房已实体呈现，不存在预售的情形。因此，在销售现房时，房地产开发企业应直接确认销售收入。对于收取的房款，为了保证在"预收账款——房款"账户中核算的销售收款数据的完整性，可以从"预收账款——房款"账户过账。

【例2-7】川哲房地产公司在2020年12月交付川哲府项目的商品房时，尚有部分商品房未售出。2021年2月，川哲房地产公司销售住房一套，收取房款30万元。川哲房地产公司根据销售合同、POS单、发票等确认销售收入，编制了如下会计分录：

借：银行存款　　　　　　　　　　　　　　　　　　　300 000
　　贷：预收账款　　　　　　　　　　　　　　　　　　300 000
借：预收账款　　　　　　　　　　　　　　　　　　　300 000
　　贷：主营业务收入　　　　　　　　　　　　　　　　300 000

第 3 章
房地产成本核算

成本核算是房地产财务核算的重点和难点。

本章主要涉及的知识点：

- 房地产成本对象的确认。
- 房地产成本项目。
- 房地产开发成本的核算。
- 房地产开发成本的分配与结转。
- 房地产开发企业的费用核算。

3.1 房地产成本对象的确认

房地产成本对象是指房地产开发企业为了分类集中开发成本费用，以及将集中的成本费用进行分摊分配而确定的成本费用承担对象。合理确定成本核算对象是正确组织企业成本核算的重要条件。

1. 房地产成本对象的确认原则

房地产成本对象的确认应视企业管理颗粒度及税务管理需要而定。从企业管理颗粒度来看，如管理粗放或项目体量小，则可按项目设置成本对象；如管理精细，企业需要反映项目动态利润、已实现利润或分业态利润，则应按不同业态、楼栋等设置成本对象，进行成本归集。从税务管理需要角度看，土地增值税将房地产项目划分为普通住宅、非普通住宅及非住宅3类，分别计算税额，房地产开发企业在核算中可依据土地增值税的要求划分成本对象，进行成本归集，也可以项目为成本对象，在税收清算时按一定的方法进行成本分摊而确定各业态的增值额。

因此，基于不同的需求，房地产成本对象的确认也千差万别，但需遵循一定的原则。

（1）项目开发分期：对于分期开发的项目，房地产开发企业应按分期分别确认成本对象。

（2）划分可售产品与不可售产品：可对外销售的产品应作为独立的成本对象；不能对外经营销售的产品，应作为共同成本摊入能够对外销售的成本对象中。

（3）按产品类型进行分类集中：在同一个开发项目内，同一分期的同一类型的产品，可作为一个成本对象。

（4）按产品功能划分：一般来说，不同的产品有不同的功能，按产品类型划分成本对象能满足基本要求，但在一些情况下，同类产品可能拥有不同的功能，如别墅项目中的独栋别墅、联排别墅、叠拼别墅等，拥有不同的功能定位，房地产开发企业可将它们作为独立的成本对象进行核算。

（5）按产品权益归属不同划分：开发项目如属于多方联合开发后分配商品

房，或属于受托代建的，则应与房地产开发企业自有的项目与产品分别核算，成本对象划分应结合以上原则划分。

（6）操作经济性：成本对象不是划分得越细越好，需要考虑成本费用归集是否方便、经济。

2. 房地产成本对象的确认方法

从房地产成本对象的确认原则出发，房地产成本对象的确认方法如下。

（1）在同一个开发项目内，同一分期的同一类型的产品，作为一个成本核算对象。

（2）对于开发体量大的项目，房地产开发企业应根据经营需要进行分期开发，将不同分期的产品分别划分为成本对象。

（3）项目的住宅、公寓、写字楼、可售车位等具有不同功能的产品应被划分为不同的成本对象。

（4）公共配套设施一般作为共同成本归集、摊入可售产品中，但政府规范要求单独建造的设施，房地产开发企业予以单独编制成本预算的，则应单独作为成本对象。

（5）车位。

① 计入容积率的地上车库单独作为成本对象。

② 对于地下车位、半地下车位、架空层车位、机械车位、人防车位，房地产开发企业应根据项目所在地的政策法规确定是否独立核算。如其可以销售并且可以办理产权证，则应单独作为成本对象；如其不能办理产权证，则应作为公共配套设施，不单独划为成本对象。

（6）会所/售楼部（非临时售楼部）。

① 商业性质的会所/售楼部、可售会所/售楼部、房地产开发企业保留产权的会所/售楼部应独立作为成本对象。

② 明确约定所有权归全体业主的会所/售楼部，应被视为公共配套设施，不单独作为成本对象。

③ 对于混合性质的会所/售楼部（部分可售、部分不可售），房地产开发企

业应根据其可售部分和不可售部分的建筑面积分别按①、②的方式处理。

（7）实体样板房。实体样板房是指房地产开发企业在建筑主体中选取部分商品房，按入住标准进行精装修的样板房。相对于临时样板房，实体样板房按生活场景进行软、硬装修，建造成本不同，销售价格也与其他商品房不同，应单独作为成本对象。

（8）学校、幼儿园等教育及其他设施。其划分原则有两点：产权是否归属于房地产开发企业，以及是否收取经济利益。产权归属房地产开发企业的应单独作为成本对象；房地产开发企业可收取经济利益的，应单独作为成本对象；其他情况则作为公共配套设施，可不单独设置成本对象。

房地产成本对象的确认示意图如图 3-1 所示。

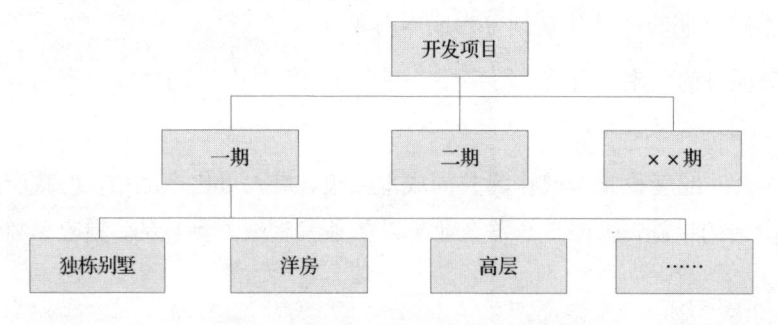

图 3-1 房地产成本对象的确认示意图

3.2 房地产成本项目

3.1 节介绍了房地产成本对象的确认原则与方法，接下来，我们需先将实际成本按成本项目归集开发成本，再以一定方法将其摊入成本对象中，完成对成本对象的成本核算；最后，根据销售情况，将成本对象的成本分配至已售产品与未售产品，在进行收入结转时，将已售产品成本结转至主营业务成本，实现收支配比，从而完成房地产成本项目的核算。

房地产成本项目主要有 6 类，分别是土地成本、前期工程费、基础设施费、建筑安装工程费、公共配套设施费、开发间接费。

3.2.1 土地成本

土地成本是指房地产开发企业为取得土地所花费的成本,是开发成本的主要构成要素之一,主要包括土地征用费、耕地占用费、安置费、拆迁补偿费、土地补偿费、土地出让金、用地指标费和其他与土地有关的费用(如取得不动产权证书的契税、交易手续费等)。

土地成本的核算内容因土地的取得方式不同而有所区别。土地的取得方式主要有3种:土地划拨、土地转让和土地出让。

土地划拨是指政府将土地无偿交给使用者使用的行为。土地出让是政府将土地一定年限的使用权有偿交给使用者的行为,是房地产开发企业获取土地的主要方式之一。土地转让是房地产开发企业将其获取的土地有偿转让给第三方的行为。

房地产开发企业主要以土地出让和土地转让方式取得土地,但是,当前通过在建工程转让和收购项目公司股权的方式取得土地的情况也越来越普遍。

土地成本核算的主要内容如下。

(1)土地价款:土地出让金、土地转让费、拆迁补偿费、用地指标费、契税、耕地占用税、因土地变更用途和超面积而补交的地价等。

(2)其他土地成本:交易服务费、土地拍卖服务费、市政配套费等。

3.2.2 前期工程费

前期工程费主要核算房地产开发企业在取得土地后,为取得项目开发、销售所需的各类证照而进行规划设计等发生的直接费用和中介咨询费用等。前期工程费的主要内容如下。

(1)报批报建费:项目在报批报建时按规定交纳的各项费用,如人防工程建设费、规划管理费、新材料基金、白蚁防治费、招标和投标管理费等。市政配套费在"土地成本"账户中核算。

(2)规划设计费:方案费、详规编制费、工程设计费、日照分析费、景观设计费、单体公共部位设计费、勘察费、审图费、可行性研究费、制图晒图费、规划设计模型制作费、方案评审费等。

其中，方案费是房地产开发企业在取得土地后请设计公司根据用地指标及项目产品定位做出报规划部门审批的规划方案而发生的费用。工程设计费是指为建设工程主体土建及安装而发生的设计费用，包括概念设计费、扩初设计费和施工图设计费等。可行性研究费包括可行性研究编制费、市场调查费、项目建设咨询费、环境评估费，以及其他与可行性研究有关的支出。

（3）勘测丈量费：水文、地质、文物和地基勘察费，沉降观测费，日照测试费，地桩验线费，复线费，定线费，放线费，建筑面积丈量费等。

（4）"三通一平"费：场地平整、土方外运或回填、清地下障碍物、临时用水、临时用电、设备、临时道路、给排水系统、临时围墙和其他为项目施工提供必备条件而发生的配套支出。

（5）临时设施费：甲方在工地设立临时办公室的费用、临时场地占用费、临时借用空地租费，以及沿红线周围设置的临时围墙和围栏等设施的设计、建造、装饰等费用。临时设施内的资产，如空调、电视机、家具等应归属为固定资产，购置这些固定资产的费用不属于临时设施费。

（6）其他：在项目开发前期发生的各类鉴定、咨询费用，如招标管理费、人防异地建设费等。招标管理费是房地产开发企业因没有招标管理权，所有招标事项都须通过专业招标公司公开招标而向招标公司支付的费用。人防异地建设费是房地产开发企业按政府规划要求，应为小区建设人防设施，但因故无法建设人防设施，而向人民防空办公室支付的需异地建设配套人防设施的费用，收费标准由各地政府规定。

3.2.3 基础设施费

基础设施费是指项目红线内公共配套设施的建设费用，主要包括以下内容。

（1）道路工程费：项目内与道路相关部分的费用，包括项目的道路、围墙、门卫、门楼、小区照明、小区标识、门牌制作、交通标识等的建造与安装费用。

（2）供电工程费：为项目供电而发生的供电配套费、配电站的土建与安装费，以及其他与供电配套有关的费用，包括变（配）电设备的购置费、设备安装及电缆铺设费、供（配）电贴费、电源建设费等。供电工程费一般由房地产开发企业按供电局制定的标准支付给供电公司，由供电公司组织工程施工、安排送电和进行设备维护。

（3）给排水工程费：自来水和雨（污）水排放、防洪等给排水设施的建造和管线铺设费用，以及向自来水公司交纳的水增容费等。

（4）煤气工程费：煤气管道的铺设费、增容费、集资费，煤气配套费，煤气发展基金，煤气挂表费等。房地产开发企业按规划住宅面积根据煤气公司的标准支付煤气工程费。

（5）供暖工程费：暖气管道的铺设费、集资费。

（6）通信工程费：房地产开发企业支付给电信公司的，为项目通信配套而发生的工程费用和设备费用，一般根据建筑物的不同品种分别按不同的标准计价，包括电话线路的铺设费、电话配套费、电话电缆集资费、电话增容费等。

（7）电视工程费：项目内有线电视（闭路电视）的线路铺设和按规定应交纳的有关费用。

（8）绿化工程费：项目内的景观小品制作、喷泉河流施工和苗木购买、栽种养护费用，人工草坪、栽花、种树等绿化支出。

（9）其他：项目内的环境卫生设施［如垃圾站（箱）、公厕等］支出、小区监控工程费、自然下沉整改费等。

3.2.4　建筑安装工程费

建筑安装工程费是指在项目开发过程中发生的项目土建、安装、精装修等各项费用，是房地产成本构成的主要要素之一，主要核算与建筑物主体结构工程有关的建筑结构工程、电梯工程、消防工程、有线电视工程、智能化工程、空调工程和其他工程等费用，这些费用的发生集中在建筑物内部，主要由总包公司承接。建筑安装工程费主要包括以下内容。

（1）土建工程费：基础工程（如土石方、桩基、护壁等）费、主体工程（土建结构工程）费。

（2）安装工程费：电气（强电）安装工程费、电讯（弱电）安装工程费、给排水安装工程费、电梯安装工程费、空调安装工程费、消防安装工程费、煤气安装工程费和采暖安装工程费等。

（3）装修工程费：内外墙、地板、门窗、厨洁具等的硬装修费用。

（4）项目监理费。

（5）其他：零星工程费、现场垃圾清运费和超过保修期后房地产开发企业应承担的维修费等。

3.2.5 公共配套设施费

公共配套设施费是指按项目规划要求需修建的，产权或收益权不归属房地产开发企业的公共配套设施支出，如为小区配套建设学校、幼儿园、运动场所和游乐设施等服务及教育配套设施而发生的支出。公共配套设施费主要包括以下内容。

（1）维持项目基本正常功能的公共配套设施的支出，如消防、水泵房、水塔、锅炉房、变电所、居委会、派出所、岗亭、自行车棚等公共配套设施的支出。

（2）按法规规定产权或收益权归属小区业主的可经营性公共配套设施的支出，如图书馆、阅览室、健身房、游泳池、球场等可经营性公共配套设施的支出。

（3）对于地下室、地下车位等，《中华人民共和国民法典》和《中华人民共和国人民防空法》对人防车位的使用权解释有冲突，情况比较复杂。《中华人民共和国民法典》第二百七十五条规定："建筑区划内，规划用于停放汽车的车位、车库的归属，由当事人通过出售、附赠或者出租等方式约定。占用业主共有的道路或者其他场地用于停放汽车的车位，属于业主共有。"房地产开发企业将人防车位作为公共配套设施，已将其建造成本计入开发成本中，由全体业主承担，那么人防车位的收益权应由全体业主享有。而根据《中华人民共和国人民防空法》的规定，人防设施在和平时期采用"谁投资谁受益"的原则，那么房地产开发企业投资的人防设施的收益权应归属房地产开发企业。因此，对于地下室、地下车位等，房地产开发企业应根据当地的政策确定是否将其摊入成本项目中。

3.2.6 开发间接费

开发间接费是指直接参与项目建设的项目部成员的人工成本和为项目的正常经营而发生的各类间接费用。开发间接费主要包括以下内容。

（1）现场管理费用：开发项目现场管理人员的工资及福利费、工会经费、职工教育经费、修理费、办公费、办公用水电费、差旅费、市内交通费、运输费、通信费、业务交际费、劳动保护费、低值易耗品摊销、周转房摊销等。

（2）利息及借款费用：主要核算为项目开发筹集资金而发生的支付给金融机构和非金融机构的利息支出与汇兑损益等。利息及借款费用主要包括：直接用于项目开发的金融机构借款利息支出、财务顾问费；直接用于项目开发的非金融机构借款利息支出；房地产开发企业发行的直接用于项目开发的债券利息、折价或溢价摊销；因外币借款而发生的汇兑损益；因借款而发生的辅助费用，包括为项目贷款而发生的评估费、抵押登记费、财产保险费等。

在项目交付使用后发生的利息支出不在此账户中核算，而在期间费用"财务费用"账户中核算。

（3）物业管理基金、维修基金等专项基金是指房地产开发企业按规定应交给政府相关机构或付给业主委员会的各类专项基金。

（4）质检费：房地产开发企业支付给质检部门的检验费、工程竣工验收费等。

（5）监理咨询费：设计监理费、施工监理费，以及各类审价费用和工程造价咨询费。

（6）其他：在项目正式交付后发生的应由房地产开发企业承担的水、电、煤气、暖气等价差，以及其他应计入开发间接费的费用。

3.3 房地产开发成本的核算

房地产开发企业对于商品房开发成本的核算是指在确定成本对象的基础上，合理地进行成本归集和分配。成本归集就是将实际发生的成本支出计入成本项目的过程。成本分配就是将计入成本项目的成本支出以一定方法分配计入成本对象的过程。因此，成本分配的第一步是确定成本分摊方法。

3.3.1 成本分摊方法

产品成本分为直接成本与间接成本，对于直接为产品发生的费用，房地产开发企业直接将其计入成本对象；对于共同成本和不能分清负担对象的间接成本，房地产开发企业应按受益的原则和配比的原则将其分配至各成本对象。分配方法有多种，房地产开发企业可以根据成本对象的特点选取一种，一经选定，不得轻易变更。

1. 占地面积法

占地面积法是指将成本项目按成本对象占地面积比例（某个成本对象的占地面积除以开发项目的占地总面积）进行分配的方法。

一般来说，此方法主要用于土地成本的分摊。如果项目用地是一次性开发的，那么土地成本多按建筑面积法被分摊至各开发产品，如当地政策允许，则也可用占地面积法分摊；如果项目是分期开发的，那么以每期实际占地面积比例分摊土地成本，而各期内各产品的土地成本被按各产品的占地面积或建筑面积分摊。在实务中，在设计指标上并无同一期内各产品的占地面积的数据，我们可用基底面积来代替。

2. 建筑面积法

建筑面积法是指将某个成本对象应分摊的成本项目按其建筑面积占项目总建筑面积的比例进行分配的方法。此方法多用于土地成本以外的其他成本项目的分配。同一期内的开发产品按各成本对象的建筑面积占比分配成本，得到各成本对象的成本。

3. 预算造价法

预算造价法是指将某个成本对象应分摊的成本项目按其预算造价占项目所有成本对象预算造价的比例进行分配的方法。

以上分摊方法是在实务中主要使用的方法，其中占地面积法、建筑面积法是很重要的分摊方法，它们在会计核算和税务处理上得到一致认可。此外，还有一些方法，如层高系数法、直接成本法、销售收入比例法等，但它们的应用场景较少，本书不再一一介绍，感兴趣的读者可以查阅其他资料。

3.3.2 土地成本的核算

房地产项目开发起始于获取土地，通常来说，如果土地面积较大，那么房地产开发企业会分期开发，我们需要按期分配土地成本；如果土地面积较小或房地产开发企业采用一期开发，那么我们需要将当期土地成本分配至当期开发的不同成本对象。

对于在房地产项目开发过程中发生的土地成本，能直接归属成本核算对象的，我们可将相应土地成本直接计入特定的成本核算对象中；不能直接归属成本核算对象的，我们则按照各期占地面积比例的分摊方法将相应土地成本分配计入相关成本核算对象中，具体方法如下。

（1）如果项目是分期开发的，那么我们应先以占地面积法将土地成本分配至各期。

（2）当同一期内的各成本核算对象，在产品布局上有明显的组团，在技术上可以较准确地划分各组团的边界，确定各自的占地面积时，我们可按各组团的占地面积比例分摊土地成本。

（3）如同一期内各产品较均衡地分布，无明显的组团或无法准确划分边界，则按各成本对象的建筑面积比例分摊土地成本。

（4）地下车位一般不分摊土地成本，因为土地计价一般是以地上计容面积来确定的。如房地产开发企业交纳了地下空间使用费或者在办理地下车位产权时需补交土地出让金，则地下车位应分摊土地成本。

（5）如在同一基底上建筑的产品无法取得各自的占地面积，如某大型建筑，1~5层裙房为购物中心，购物中心上分别排列两栋建筑，一栋是写字楼，一栋是住宅，作为成本对象，购物中心、写字楼和住宅的占地面积是重合的，则土地成本以各成本对象的建筑面积比例来分摊。

（6）在拆迁安置中，回迁房不分摊土地成本，因为回迁房是房地产开发企业获取土地的义务，其建造成本应作为土地成本列支。

（7）地上的公共配套设施要分摊土地成本。

在支付土地款时，房地产开发企业凭省级人民政府开具的财政收据，借记"开发成本——土地成本"账户；如属于投资性房产或固定资产，则应记入"在建工程——土地成本"账户。

【例3-1】川哲房地产公司于2019年8月9日通过土地竞拍取得了1号地块，总价为5亿元，土地合同约定土地款分3期支付：取得土地当日的竞拍保证金1亿元转为土地款，在5日内付至总价的50%，在3个月内付总价的20%，在6个月时付清。川哲房地产公司依约付清土地款，将土地用于开发，并以土地合同、银行付款单据、省政府土地款收据编制了如下会计分录。

（1）竞拍保证金转为土地款：

借：开发成本——土地成本　　　　　　　　　　100 000 000
　　贷：其他应收款——竞拍保证金　　　　　　　100 000 000

（2）2019年8月10日，支付第一笔土地款：

借：开发成本——土地成本　　　　　　　　　　150 000 000
　　贷：银行存款　　　　　　　　　　　　　　　150 000 000

（3）2019年11月8日，支付第二笔土地款：

借：开发成本——土地成本　　　　　　　　　　100 000 000
　　贷：银行存款　　　　　　　　　　　　　　　100 000 000

（4）2020年2月8日，付清土地尾款：

借：开发成本——土地成本　　　　　　　　　　150 000 000
　　贷：银行存款　　　　　　　　　　　　　　　150 000 000

（5）2020年2月15日，支付契税［500 000 000×3%=45 000 000（元）］，并办妥不动产权证书：

借：开发成本——土地成本（契税）　　　　　　45 000 000
　　贷：银行存款　　　　　　　　　　　　　　　45 000 000

3.3.3　前期工程费的核算

前期工程费和土地成本类似，一般是为整个项目发生的。在核算前期工程费时，我们也需区分是分期开发还是一期开发，先在不同分期间分配成本，再在同一期的不同成本对象间分配成本。

对于能分清成本核算对象的,我们应将其支出直接计入相关成本核算对象中;对于分不清成本核算对象的,我们应先将其支出通过"开发成本——前期工程费"账户进行归集,再按照一定的分配标准分配给各受益对象。

这里需要明确一个问题:成本在被归集到各成本项目后,应在什么时候被分配至成本对象?在实务中有两种方法。

1. 每月月末分配

在月度结账前,房地产开发企业的财务部门与成本部门核对各成本项目金额是否一致,根据确定的各成本项目分配方法与比例,将成本分配至成本对象。这种方法类似于损益结转,在每月结账后,各成本项目的余额为零。

【例 3-2】川哲房地产公司于 2020 年 1 月支付川哲府项目设计费 50 万元。川哲府项目由别墅与洋房构成,一期开发一并交付。建筑面积比例为别墅 40%、洋房 60%。

川哲房地产公司根据设计合同、发票、付款凭证编制的会计分录如下:

借:开发成本——前期工程费(设计费)　　　　500 000
　　贷:银行存款　　　　　　　　　　　　　　　500 000

月末,川哲房地产公司根据成本分配表编制的会计分录如下:

借:开发成本——别墅(前期工程费)　　　　　200 000
　　　　　　——洋房(前期工程费)　　　　　300 000
　　贷:开发成本——前期工程费(设计费)　　　500 000

这种方法的优点在于每月月末分配成本,可以直观地得到各成本对象的实际成本数据,便于跟踪各成本对象的实际成本构成,进而进行成本分析与管控;缺点在于每月月末分配与结转的工作量大,账务处理复杂,不便于按成本项目查询数据,所以这种方法的应用不广。

2. 按期归集,在收入结转时将成本分配至各成本对象

房地产开发企业每月将实际发生的成本按成本项目归集,直至项目交付后,房地产开发企业在项目收入结转时将成本分配至成本对象,进而做成本结转,实

现收入与成本的配比。

这种方法的账务处理简便，便于房地产开发企业在账务处理过程中对成本项目的数据核对与把控，财务部门与成本部门应每月核对成本台账，不再每月编制成本分配表。这种方法是目前大多数房地产开发企业使用的核算方法。因此，本章以这种方法为基础，叙述房地产开发企业的成本核算，成本分配在3.4节一并讲解。

3.3.4 建筑安装工程费的核算

对于在房地产项目开发中发生的建筑安装工程费，房地产企业应根据工程的不同施工方式，采用不同的核算方法。

建筑安装工程分为总包与分包。总包单位是总承包合同的责任主体，它与房地产开发企业签订总承包合同，履行承包人的责任和义务。总包单位可以将承包工程中的部分工程发包给具有相应资质的分包单位。分包合同是总承包合同的从合同，分包单位可由房地产开发企业指定，也可由总包单位确定。一般而言，土建安装工程由总包单位完成，人防、电梯、中央空调、消防、燃气、幕墙、铝合金门窗、钢结构、高低压配电、智能安防、有线电视、室外管线、景观绿化等工程由分包单位完成。

建筑安装工程持续时间长、耗费资金多。建筑安装工程费的结算方式主要有3种。

1. 按月结算

房地产开发企业每月根据施工单位实际完成的工程量核实其产值，根据合同约定，按产值的75%～85%确定应付工程款金额，并进行结算。

2. 按节点结算

房地产开发企业将工程按形象进度划分为几个关键节点，如基础、结构、正负零、地上3层、竣工等，并在施工合同中约定，当达到某个节点时，核实此阶段的工程产值，按产值的75%～85%支付工程款，分段验收结算工程。房地产开发企业采用此方法，不需要每月支付工程款，在达到约定节点时才支付工程款，有利于房地产开发企业高效运用资金。但此方法对总包单位的垫支能力有较高的要求。

3. EPC 模式

EPC（Engineering Procurement Construction，设计、采购、施工）模式是指总包单位根据与房地产开发企业签订的合同，对项目设计、采购、施工等阶段实行总承包，并对工程的质量、安全、工期和造价等全面负责的工程建设模式。

EPC 模式是近年来兴起的一种总承包模式，主要优点：①总包单位负责设计，可以充分发挥设计的主导作用；②设计、采购、施工一体化，有利于各阶段工作的合理衔接；③减少设计变更、工程变更，有利于控制成本，取得更好的投资效益。

不论采用哪种结算方式，在会计核算上，房地产开发企业都应根据合同应付款及施工单位开具的发票，借记"开发成本——建筑安装工程费"账户，贷记"应付账款——××（施工单位名称）"账户；在支付工程款时，借记"应付账款——××（施工单位名称）"账户，贷记"银行存款"账户。有些合同约定了预付款，预付款应借记"应付账款——××（施工单位名称）"账户，通过"应付账款"账户反映工程发票取得与款项支付情况。

不论采用何种结算方式，施工期间结算的工程款一般都不超过工程承包合同价值的95%，剩余5%为工程质保金。在支付最后一笔工程款时，房地产开发企业应要求施工单位开具全票发票，但款项支付至95%，剩余5%记入"其他应付款——工程质保金（施工单位）"账户中。

【例 3-3】川哲房地产公司与绵宏公司签订了川哲府项目总承包合同，暂定金额为 4 亿元。合同约定，在每月 15 日前，川哲房地产公司按上月产值的 80% 支付进度款，在工程竣工验收后支付至 95%，剩余 5% 为工程质保金，于质保期满后退回。合同约定，川哲房地产公司预付工程款 1 500 万元。川哲房地产公司根据总承包合同、付款申请单、银行付款凭据及绵宏公司开具的收据编制的会计分录如下：

借：应付账款——绵宏公司　　　　　　　　　　15 000 000
　　贷：银行存款　　　　　　　　　　　　　　　15 000 000

2019年12月，川哲房地产公司核定绵宏公司11月的产值为1亿元，按合同应付8 000万元。川哲房地产公司根据总承包合同、产值确认表、付款流程、绵宏公司开具的发票编制的会计分录如下：

借：开发成本——建筑安装工程费　　　　　　　　　　80 000 000
　　贷：应付账款——绵宏公司　　　　　　　　　　　80 000 000

川哲房地产公司之前已预付了1 500万元，本次实付6 500万元。川哲房地产公司根据银行支付凭据编制的会计分录如下：

借：应付账款——绵宏公司　　　　　　　　　　　　 65 000 000
　　贷：银行存款　　　　　　　　　　　　　　　　　65 000 000

房地产开发企业在项目开发中虽然将建筑工程承包给了总包单位建设，但为保证品质或特殊需要，会指定使用某个品牌或某个型号的材料，甚至直接采购材料，并将其交付给总包单位使用，这就是甲供材的情况。甲供材的价款应被包含在工程合同中。

甲供材的价款与工程款也通过"应付账款"账户核算。房地产开发企业在支付甲供材的价款时，借记"应付账款——甲供材"账户；房地产开发企业在支付施工单位的工程款时，需扣除领用的甲供材的价款，借记"应付账款——××（施工单位名称）"账户，贷记"应付账款——甲供材"账户；"应付账款——甲供材"账户期末的借方余额反映施工单位未领用甲供材的金额。

需要注意的是，施工单位的决算额应包括甲供材的价款。如果施工单位提供包含甲供材价款的决算额发票，那么直接按决算额结转成本；如果不包含甲供材的价款，那么根据甲供材的发票结转成本，此时施工单位应提供甲供材的完税凭证。

【例3-4】川哲房地产公司于2020年2月10日购买了一批甲供材（石材），支付货款1 000万元。在石材到货后，绵宏公司当月陆续领用了750万元的石材，川哲房地产公司2月应付绵宏公司工程款2 000万元，领用石材的金额应从当月工程款中扣除。

（1）川哲房地产公司支付石材款，根据购销合同、银行付款凭证及发票等编制的会计分录如下：

借：应付账款——甲供材（石材）　　　　　　　　　　10 000 000
　　贷：银行存款　　　　　　　　　　　　　　　　　10 000 000

（2）绵宏公司领用石材，在月底结算时，川哲房地产公司根据材料领用单、工程合同、结算资料及发票等编制的会计分录如下：

借：应付账款——绵宏公司　　　　　　　　　　　　 20 000 000
　　贷：应付账款——甲供材（石材）　　　　　　　　　7 500 000
　　　　银行存款　　　　　　　　　　　　　　　　　12 500 000

"应付账款——甲供材（石材）"账户的期末借方余额为250万元，为绵宏公司未领用石材的金额。

项目开发过程还涉及工程临时水电费，一般房地产开发企业先行支付工程临时水电费，再据实际金额或按合同约定向施工单位收回。房地产开发企业在支付工程临时水电费时，借记"其他应收款"账户，贷记"银行存款"账户。在每月结算时，属于房地产开发企业承担的部分：属于项目部门的费用，记入"开发成本——建筑安装工程费"账户；属于营销部门的费用，记入"营销费用"账户。在分摊水电费时，房地产开发企业应将取得的水电费发票复印件及原始凭证分割单一并交给施工单位，施工单位据此入账。

3.3.5　基础设施费与开发间接费的核算

基础设施费的核算与前期工程费的核算基本一致。对于能分清成本对象的，房地产开发企业应将其直接计入成本对象的"基础设施费"成本项目，即记入"开发成本——某成本对象（基础设施费）"账户的借方；对于分不清成本对象的，房地产开发企业应先将其支出通过"开发成本——基础设施费"账户进行归集，在结转时再按一定的标准将其分配至各受益对象。

开发间接费中属于项目部门发生的，房地产开发企业在支付时，借记"开发成本——开发间接费（××）"账户，贷记"银行存款"账户；属于借款利息的，房地产开发企业在支付时，借记"开发成本——开发间接费（利息）"账户；在项目结转时，房地产开发企业将开发间接费按一定的标准分配至各受益对象。

3.3.6 公共配套设施费的核算

根据成本对象的确认原则，公共配套设施可以划分为营利性与非营业利性的公共配套设施，也可以划分为有产权与无产权的公共配套设施。在核算时，先划分公共配套设施的成本对象，再将发生的各项成本在不同的成本对象间分配，从而得到公共配套设施的成本。房地产开发企业对于非营业性的、无产权的公共配套设施，如岗亭、物业用房、居委会等，如是单独建造的，则在发生时，借记"开发成本——公共配套设施费"账户；如不是单独建造的，而是与商品房主体一并建造的，则不需单独核算，在发生时，借记"开发成本——建筑安装工程费"账户。

分期开发的项目，如先建商品房，后建公共配套设施，就存在商品房已建成而公共配套设施尚未建设或尚未完成的情况。例如，规划要求房地产开发企业配建幼儿园并无偿移交给政府，房地产开发企业在一期建设商品房，在二期建设幼儿园。这时，为了准确核算一期的开发成本，需在一期建设时预提公共配套设施费。对于营利性或有产权的公共配套设施，则不需预提。

在预提公共配套设施费时，根据预提金额，借记"开发成本——公共配套设施费（预提费用）"账户，贷记"应付账款——预提费用"账户。

在实际发生公共配套设施费时，按支付款项的金额，借记"应付账款——预提费用"账户，贷记"应付账款——应付工程款"账户，同时借记"应付账款——应付工程款"账户，贷记"银行存款"账户。

在公共配套设施完工结算时，如一期未交付结转，则应对原预提成本进行调整。如完工成本等于公共配套设施预算成本，则不需调整原预提成本；如完工成本大于公共配套设施预算成本，则按其差额，借记"开发成本——公共配套设施费（预提费用）"账户，贷记"应付账款——应付工程款"账户；如完工成本小于公共配套设施预算成本，则借记"应付账款——应付工程款"账户，贷记"开发成本——公共配套设施费（预提费用）"账户。

如一期已交付结转，则对已经按照预提成本结转的销售成本和资产账面价值及库存开发产品成本借记"主营业务成本""投资性房地产""固定资产""库存商品"等账户，贷记"应付账款——应付工程款"账户。如完工成本小于预提成本，则按其差额，借记"应付账款——应付工程款"账户，贷记"主营业务成本""投资性房地产""固定资产""库存商品"等账户。

预提的公共配套设施费可按预算成本法或建筑面积法分摊公共配套设施预算总成本得到，计算公式为

某期应预提的公共配套设施费＝该期的预算成本或建筑面积×公共配套设施费预提率

$$公共配套设施费预提率 = \frac{该公共配套设施的预算成本}{应负担该公共配套设施费各期的预算成本（建筑面积）合计} \times 100\%$$

【例3-5】川哲房地产公司开发的川哲府项目分两期开发，地块规划条件约定，川哲房地产公司需建设一座幼儿园并无偿移交给政府。川哲房地产公司为提前收回投资，决定在一期建设商品房，在二期建设幼儿园，幼儿园的预算成本为800万元。根据规划指标，川哲房地产公司在一期建设住宅与底商，在二期建设住宅、独立商铺及幼儿园。在幼儿园完工时，一期产品已销售完毕但尚未交付使用。各期产品的相关指标如表3-1所示。

表3-1 各期产品的相关指标

产品业态	合计 预算成本/万元	合计 建筑面积/m²	一期 预算成本/万元	一期 建筑面积/m²	二期 预算成本/万元	二期 建筑面积/m²
住宅	56 000	80 000	35 000	50 000	21 000	30 000
底商	1 200	1 500	1 200	1 500	—	—
独立商铺	2 700	3 000	—	—	2 700	3 000
车位	5 400	9 000	3 600	6 000	1 800	3 000
幼儿园	800	2 000	—	—	800	2 000
合计	66 100	95 500	39 800	57 500	26 300	38 000

幼儿园预提率(按预算成本)＝8 000 000÷(398 000 000+263 000 000)×100%
＝1.21%

一期应预提的公共配套设施费＝398 000 000×1.21%＝4 815 800（元）

（1）在预提公共配套设施费时，编制如下会计分录：

借：开发成本——一期公共配套设施费（预提费用） 4 815 800
　　贷：应付账款——预提费用 4 815 800

（2）在一期产品的销售过程中，施工单位开始建设幼儿园。川哲房地产公司于2020年3月支付施工费用300万元，其中一期预提费用为300×481.58÷800=180（万元）。对应的会计分录如下：

借：开发成本——二期公共配套设施费（幼儿园） 1 200 000
　　应付账款——预提费用 1 800 000
　　贷：应付账款——应付工程款 3 000 000
借：应付账款——应付工程款 3 000 000
　　贷：银行存款 3 000 000

（3）在幼儿园完工并结算后，实际成本为850万元，重新计算一期应分摊的公共配套设施费：

幼儿园预提率（按预算成本）＝8 500 000÷（398 000 000＋263 000 000）×100%
　　　　　　　　　　＝1.29%

一期应预提的公共配套设施费＝398 000 000×1.29%＝5 134 200（元）

一期应补提的公共配套设施费＝5 134 200－4 815 800＝318 400（元）

借：开发成本——一期公共配套设施费（预提费用） 318 400
　　贷：应付账款——预提费用 318 400

在结算完后，川哲房地产公司支付工程款550万元，其中一期预提费用应冲销3 334 200元，二期应计开发成本为2 165 800元，编制如下会计分录：

借：开发成本——二期公共配套设施费（幼儿园） 2 165 800
　　应付账款——预提费用 3 334 200
　　贷：应付账款——应付工程款 5 500 000
借：应付账款——应付工程款 5 500 000
　　贷：银行存款 5 500 000

3.4 房地产开发成本的分配与结转

房地产开发企业在按成本项目归集完各类工程费用后,在项目交付结转时,需将成本项目分配至事先确定的成本对象,再根据成本对象的销售结转数据对应地结转成本,实现收入与成本的配比。成本台账是我们完成这项工作的基础工具。

3.4.1 成本台账

成本台账又称成本合同台账,它对每个成本项目下的合同信息、付款信息及发票信息进行登记,记录项目成本的发生情况,是成本分配及结转的数据来源。

成本台账分为3个部分:合同信息、付款信息及发票信息。下面以川哲府项目成本台账为例进行讲解。

1. 合同信息

川哲府项目成本台账的合同信息如图 3-2 所示。

川哲府项目成本台账

序号	合同编码	会计科目	合同信息								
			合同名称	签订日期	对方单位	动态成本(含税)	动态成本(不含税)	税率	合同金额(含税)	结算	结算依据	结算金额(含税)
1		1.土地成本										
2												
3												
4		2.前期工程费										
5												
6												
7		3.基础设施费										
8												
9												
10		4.建筑安装工程费										
11												
12												
13		5.公共配套设施费										
14												
15												
16		6.开发间接费										
17												
18		合计										

图 3-2 川哲府项目成本台账的合同信息

合同编码是按房地产开发企业编码规则编制的每份合同的代码,是每份合同唯一的识别码。合同编码在房地产开发企业各部门间要统一,以方便后期的各项数据核对。合同编码一般采用合同管理系统中自动生成的系统编码,保证唯一性与通用性。

会计科目是按账务系统中设置的会计科目列示的,根据房地产开发企业的管理颗粒度可以设置到三级或四级科目,一般保留到三级科目。

合同名称是房地产开发企业签署的合同的全称。

签订日期是合同签署的日期。

对方单位是工程施工单位或劳务、材料的提供单位。

动态成本是房地产成本管理的一个概念,它能适时反映开发项目的各类成本项目的成本情况。在房地产项目落地时,房地产开发企业会根据项目定位、规划指标及配置条件等匡算各类成本项目的金额。成本项目的金额一旦完成企业审批,就成为项目开发过程中的控制红线。房地产开发企业的成本部门应以此控制红线为依据编制合约规划,在采购中控制各类工程的中标价格。但这个过程无法及时反映项目总成本的实际情况,因此产生了动态成本的概念。动态成本的构成如图3-3所示。

图3-3 动态成本的构成

由于动态成本包括待发生成本,因此在每个成本项目下均需设计"待发生成本"项,登记应发生但尚未发生的成本。

税率是指每份合同的增值税税率。房地产开发企业涉及的增值税税率主要有施工类合同的 9%、材料采购类合同的 13%、设计咨询类合同的 6%。

合同金额（含税）是指工程合同上列明的合同金额，以含增值税的金额列示。房地产行业在"营改增"之前实行的是营业税，营业税是被包含在合同价款中的；在"营改增"之后，各类合同价款中均不包含增值税，为了保持新老项目的一致性和房地产惯例，房地产开发企业在计算各类指标时均应包含增值税。

结算是指合同是否办理结算，作为合同的辨识标志之一列示。

结算依据是指结算价的确认依据。结算依据有结算书、结算单、合同额（总价包干合同）、终止协议及预结算（成本结转时的模拟结算）等。

结算金额（含税）是指结算依据上列明的工程成本，是每份合同最终的金额。

开发间接费在成本台账中一般登记计入本科目的工程类费用，如质检费、监理费等。而项目部门发生的管理费、融资性费用可不登记，因为成本台账主要用于财务部门与成本部门核对工程成本的金额，管理费与融资性费用不在成本部门的管控范围内，此类数据以财务账务数据为准。

合同信息清晰地显示了各成本项目的构成及金额，反映项目成本的真实情况，是项目经营测算、税收筹划方案的基础数据，其信息的真实性、完整性对企业经营非常重要。

2. 付款信息及发票信息

见票付款是财务付款的基本原则，但在实际工作中存在先付款后收票或发票金额比付款金额多的情况。房地产项目的周期长，为了统计付款与合同金额、结算金额的情况，以及付款与发票的情况，我们需要对每份合同的付款信息及发票信息进行详细统计。川哲府项目成本台账的付款信息及发票信息如图 3-4 所示。

累计实付款（含税）是截止报表日各份合同的累计付款金额。

付款比例是累计付款比例，以百分数列示。付款比例=累计实付款/合同金额，如合同已结算，则分母为结算金额。工程合同一般约定按产值的一定比例或合同金额的一定比例支付款项，对管理粗糙的房地产开发企业来说，超过合同条件要求付款的情况很容易出现，所以付款比例是监控付款是否在合同约定比例以内的关键指标。

川哲府项目成本台账

序号	合同编号	会计科目	付款信息			发票信息				备注
			累计实付款（含税）	付款比例	结算应付金额（含税）	发票预付款	发票应付款	发票金额（含税）	发票金额（不含税）	税额	
1		1.土地成本									
2											
3											
4		2.前期工程费									
5											
6											
7		3.基础设施费									
8											
9											
10		4.建筑安装工程费									
11											
12											
13		5.公共配套设施费									
14											
15											
16		6.开发间接费									
17											
18		合计									

图 3-4　川哲府项目成本台账的付款信息及发票信息

结算应付金额（含税）是已完成结算的合同结算金额减去累计实付款所得的金额，反映结算款支付情况。

发票预付款是发票金额大于付款金额的部分，等于发票金额减去累计实付款，反映发票超过支付金额开具的情况。

发票应付款是付款金额大于发票金额的部分，等于累计实付款减去发票金额，反映发票金额缺少的情况。

发票金额是房地产开发企业的财务部门收到的审核过关的施工单位开具的发票累计金额，按含税、不含税两个口径统计。国家对建筑安装类的发票开具有详细的要求，我们在工作中不仅要审核发票的金额，还要审核发票要件是否符合规定、备注信息是否完备。图 3-4 中统计的发票是全部要素符合规定的发票。

税额是在"营改增"之后增值税专用发票上列明的增值税税额。

合同信息、付款信息及发票信息共同构成了成本台账。成本台账详细地统计了各成本项目所属的每份合同的合同额、结算额、动态成本及发票、付款信息，是成本结转的基础，其数据的准确性、完整性决定了成本对象成本的准确性、税务管理的落地性，因此成本台账非常重要。

3.4.2 成本预提与分配

成本台账的作用在于登记日常数据，在项目交付后，我们需要做成本分配。在项目交付时，工程已经竣工备案，但总承包合同等尚未结算，项目总成本还不完整，为此，在成本分配前，我们需要先做成本预提，补齐项目成本。

1. 成本预提

在房地产开发企业结转成本前，财务部门应与各业务部门沟通，确认是否还有应该属于待结转产品承担的成本还没有发生的情况，确认开发总成本的完整性，防止归集的开发成本发生重大遗漏，重点关注报批报建项目和项目后期待建的公共配套设施。

成本预提主要涉及以下几个方面。

（1）建筑安装工程费：成本部门根据动态成本、签证等情况，预估建筑安装工程费。

（2）公共配套设施费：对公共配套设施将发生的费用进行预提，营业性的公共配套设施费不预提。

（3）报批报建费：预提应交未交的报批报建费用、物业费用等。

房地产开发企业在预提成本时，按成本部门提供的经审批的成本预提表所列的各成本项目金额，借记"开发成本"账户的相应明细账户，贷记"应付账款——预提费用"账户。在实际发生时，房地产开发企业借记"应付账款——预提费用"账户，贷记"银行存款""应付账款——应付工程款"等账户。在实际结算时，房地产开发企业按实际结算金额大于预提成本的差额，借记"主营业务成本""投资性房地产""库存商品"等账户，贷记"银行存款""应付账款——应付工程款"等账户；按实际结算金额小于预提成本的差额，借记"应付账款——预提费用"账户，贷记"主营业务成本""投资性房地产""库存商品"等账户。

2. 成本分配

在完成成本预提后，各成本项目的金额就是项目整体的成本额，这时我们需要将成本项目分配至成本对象。我们以成本分配表为工具完成此项工作，川哲府项目成本分配表如图 3-5 所示。

川哲府项目成本分配表

序号	项目	合计	住宅——高层	住宅——洋房	商业	车位	公寓	其他
一	分摊依据							
1	建筑面积		—	—	—	—	—	—
2	可售面积							
二	总成本							
1	土地成本							
2	前期工程费							
3	基础设施费							
4	建筑安装工程费							
5	成本对象化							
6	公共配套设施费							
7	开发间接费							
三	单方指标							
1	建筑面积单方成本		—	—	—	—	—	—
2	可售面积单方成本							

图 3-5　川哲府项目成本分配表

分摊依据是指各成本项目在成本对象间分配的标准，一般以建筑面积、可售面积作为标准。如有其他标准，则需在此列出。

总成本是各成本项目的合计数，前面已经讲述过成本项目，此处不再重复。

成本对象化是指能被直接归集到成本对象的成本，不需分摊。

单方指标是按分摊依据计算出来的各成本对象每平方米的成本金额。在实务中，以建筑面积单方成本评价项目整体成本的水平，可售面积单方成本在各成本对象结转时使用。

各项成本在成本对象间分配时，按某个成本对象占分摊依据的比例分摊。在所有成本项目分摊完成后，各成本对象的成本总额等于分摊的成本金额加上自己成本对象化的金额。各成本对象的单方成本等于成本对象总成本除以分摊标准。

【例3-6】川哲房地产公司开发的川哲府项目一期于 2020 年 10 月交付使用，2020 年 12 月，川哲府项目一期的成本分配表如图 3-6 所示。

川哲府项目一期的成本分配表

序号	项目	合计	住宅——高层	商业	车位
一	分摊依据/m²	57 500.00	50 000.00	1 500.00	6 000.00
1	建筑面积/m²	—	—	—	—
2	可售面积/m²	57 500.00	50 000.00	1 500.00	6 000.00
二	总成本/万元	71 000.00	63 908.82	2 781.16	4 310.02
1	土地成本/万元	30 000.00	29 126.21	873.79	0.00
2	前期工程费/万元	3 000.00	2 608.70	68.05	323.25
3	基础设施费/万元	3 000.00	2 608.70	68.05	323.25
4	建筑安装工程费/万元	24 000.00	20 869.57	544.42	2 586.01
5	成本对象化/万元	1 000.00		1 000.00	
6	公共配套设施费/万元	5 000.00	4 347.83	113.42	538.75
7	开发间接费/万元	5 000.00	4 347.83	113.42	538.75
三	单方指标				
1	建筑面积单方成本/(元·m⁻²)	—	—	—	—
2	可售面积单方成本/(元·m⁻²)	12 347.83	12 781.76	18 541.06	7 183.36

图 3-6 川哲府项目一期的成本分配表

车位不分摊土地成本，土地成本以可售面积比例在住宅与商业间分配。

$$住宅分配金额 = 土地成本 \times \frac{住宅可售面积}{住宅可售面积 + 商业可售面积}$$

$$= 30\,000.00 \times \frac{50\,000.00}{50\,000.00 + 1\,500.00} = 29\,126.21（万元）$$

土地成本一般是以地上计容建筑面积的单方楼面价来确定的，所以地下车位即使是产权车位也不应被分配土地成本。有的城市要求房地产开发企业缴纳地下空间使用费，或在土地价格中明确包含地下的价格，则车位应被分配土地成本。

其他各项成本均按上述原则被分配至各成本对象。在分配完成后，各成本对象的总成本也就确定了，本例中住宅的总成本是 63 908.82 万元，商业总成本是 2 781.16 万元，车位的总成本是 4 310.02 万元。

在各成本对象的总成本确定后，我们还需要得到各成本对象的可售面积单方成本，这个成本是下一步成本结转的基础。各成本对象的可售面积单方成本的计算公式为

$$成本对象的可售面积单方成本 = \frac{成本对象的总成本}{该成本对象的可售面积}$$

由此公式可知：

$$住宅可售面积单方成本 = \frac{63\,908.82 \times 10\,000}{50\,000} = 12\,781.76（元/m^2）$$

3.4.3 成本结转

成本结转是在成本对象的成本分配完成后，将成本对象的成本金额在已售产品与未售产品之间进行分配，并将已售产品的成本结转至主营业务成本的过程。成本结转按交房批次分批结转，规模较大的项目可能存在多次结转的情况。

1. 成本结转的步骤

（1）确定项目各楼栋、业态的实测面积。项目从开工到交付，有多个面积指标——项目立项时的建筑面积、建设工程规划许可证上注明的建筑面积、办理商品房预售许可证时的预测绘建筑面积及项目交付时的实际测绘建筑面积。到结转阶段，项目已交付，各楼栋的实测面积已经确定，成本结转需使用实测面积。

（2）确定各楼栋、各类产品属于本结转批次的交付面积。房地产开发企业应根据项目实际交付明细账和收入结转台账等确定各楼栋、各类产品的交付面积。各类产品的交付面积以实测面积为准。

（3）确定各类产品的结转成本。结转成本=各类产品单方可售面积单方成本×收入结转面积（收入结转见第2章）。对于涉及多批次交付的项目，需要按批次计算结转成本。

（4）预提成本的处理。在进行成本分配时，我们通过预提的方法将部分成本暂估入账，以保证结转时项目成本的完整性。在分批次结转或项目合同全部结算完后，我们需要根据实际成本对暂估成本进行调整，故在每次结转时需对以前批次已结转的成本进行调整。

2. 成本结转数据的确定

成本结转数据通过编制成本结转台账的方式确定。成本结转台账包括项目面积信息表、结转面积表、成本结转表及结转信息汇总表。

1）项目面积信息表

川哲府项目面积信息表如图3-7所示。

川哲府项目面积信息表

序号	楼栋信息		占地面积	可售面积	立项建筑面积			规划证建筑面积			预售证预测面积			房管局实测面积			时间节点		结转批次	
	业态	楼号			地下面积	地上面积	合计	地下面积	地上面积	合计	地下面积	地上面积	合计	地下面积	地上面积	合计	竣工日期	交房日期	竣备批次	是否结转库存商品
1																				
2																				
3																				
4																				
5																				
6																				
7																				
8																				
9																				
10																				
合计																				

图 3-7 川哲府项目面积信息表

楼栋信息按项目规划楼栋号编写每栋楼号，按划分的成本对象填写产品业态。需要注意的是，项目营销部门在销售时对楼栋的编号可能与规划的楼栋号不一致，我们以规划的楼栋号为准。

占地面积是每栋楼的基底面积，从设计指标中取数。对于同一楼栋有多种业态的，占地面积按建筑面积分摊。

可售面积即商品房预售许可证上注明的面积。

立项建筑面积是指开发项目在向当地的发展和改革委员会申请立项时的设计指标面积。

规划证建筑面积是指在取得建设工程规划许可证时总平面图上列示的建筑面积。

预售证预测面积是指在取得商品房预售许可证时的预测绘建筑面积。

房管局实测面积是指在竣工验收后，由房管局指定的第三方机构实际测量的建筑面积。

时间节点取建设工程竣工验收备案证的颁发日期及项目交付通知书上注明的交付日期。

结转批次是指在每栋楼实际交付并达到结转条件时分批次结转的批次号。

是否结转库存商品是结转标识，对于自持的楼栋、单独办理产权的楼栋，在结转时不直接结转至主营业务成本,而是结转至库存商品。

对于地下室,只填写地下面积,无产权的地下室面积为"0";地上楼栋只需填写地上面积。

项目面积信息表统计了所有楼栋、所有业态的面积信息,为下一步的收入成本结转打下坚实的基础。

2)结转面积表

川哲府项目结转面积表如图 3-8 所示。

川哲府项目结转面积表

项目总可售面积				总占地面积			0%	
剩余可结转面积		第一次结转后		占地面积/m²	第一次结转		0%	
		第二次结转后			第二次结转		0%	
		第三次结转后			第三次结转		0%	
		第四次结转后			第四次结转		0%	
结转批次	结转楼栋	业态	结转库存商品面积	结转主营业务成本面积	存量房面积			
					期初	结转第一次结转	结转第二次结转	结转第三次结转	结转第四次结转	余额
第一次										
第二次										
第三次										
第四次										
合计										

图 3-8 川哲府项目结转面积表

项目总可售面积取自项目面积信息表中的可售面积合计数,反映项目成本结转面积基数,用于核对在进行多批次结转后,结转面积数据是否正确。

占地面积取自项目面积信息表中的占地面积合计数,反映项目占地面积基数。土地成本在不同分期中按占地面积分摊,在同一期中按建筑面积分摊,这是一般规则。有些地方的主管税务机关允许同一期中的不同楼栋、不同业态可按楼栋占地面积分摊土地成本。

结转面积表中的结转批次同面积信息表中的结转批次,是分批结转的批次号。

结转楼栋是指当批次结转的楼栋号,按每个楼栋分别填写。

业态是指为进行项目核算而确定的成本对象。

结转库存商品面积与结转主营业务成本面积需要重点阐述。在项目交付时,所有楼栋均已竣工备案,达到可使用状态,已是产成品。在项目交付时,产成品存在已售与未售状态,已售产成品存在达到收入确认条件的与未达到收入确认条件的状态。而在交付结转时,只有达到收入确认条件的产成品才可以结转收入,同时其成本可以结转至主营业务成本;其他产成品只能结转至库存商品,待其达到收入确认条件时,再从库存商品结转至主营业务成本,如图3-9所示。

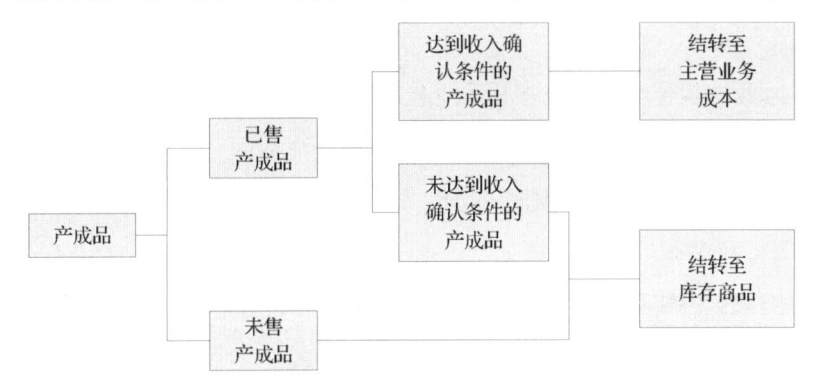

图 3-9 主营业务成本及库存商品示意图

存量房面积是指修建好的商品房结转至主营业务成本之外部分的面积。产成品在第一次结转后,有部分产成品结转到库存商品变成存量房。存量房在经营过程中会逐步达到收入确认条件,在下一批次结转时,我们需要将库存商品结转至主营业务成本。此栏统计存量房结转的情况。

存量房期初面积是每批次楼栋在第一次结转时未结转至主营业务成本的部分。

存量房面积余额是在每批次结转后,未结转至主营业务成本的剩余部分面积。

以上所有结转面积均以可售面积列示。

3)成本结转表

成本结转金额等于各业态单方成本乘以当次本业态结转面积。

各业态单方成本是由预提总成本分配而来的,在分批次结转时,我们需要根据在进行各批次结转时开发成本实际发生数及工程结算情况等，调整总成本。在每一批次结转时，房地产开发企业都要重新预估成本，根据最新的总成本重新分配成本对象单方成本，并将前面所有批次已经结转的成本按最新成本进行调整。调整方法如下。

（1）将最新的总成本重新按成本分配表分配至各成本对象，计算出各成本对象最新的单方成本。

（2）统计各成本对象在本批次结转前累计结转的可售面积。

（3）重新计算各成本对象在本批次结转前累计应结转的成本金额，计算公式为

本业态累计应结转成本 = 本业态最新单方成本 × 累计已结转面积

（4）计算累计应结转成本与累计已结转成本的差额。如累计应结转成本大于累计已结转成本，则需补充结转金额；如累计应结转成本小于累计已结转成本，则应冲销结转金额。

成本结转工作通过成本结转表进行。川哲府项目成本结转表如图 3-10 所示。

川哲府项目成本结转表

序号	楼栋	业态	总可售面积	第一次结转					第二次结转				
				本次结转可售面积	剩余可售面积	单方成本	结转主营业务成本	结转库存商品	本次结转可售面积	剩余可售面积	单方成本	结转主营业务成本	结转库存商品
1													
2													
3													
4													
5													
6													
7													
8													
9													
10													
合计													

图 3-10　川哲府项目成本结转表

楼栋、业态、总可售面积与项目面积信息表一致。

本次结转可售面积与结转面积表一致。

第一次结转的剩余可售面积=总可售面积-本次结转可售面积；后面批次结转的剩余可售面积=前一批次结转的剩余可售面积-本次结转可售面积。

单方成本从成本分配表中取数。

结转主营业务成本=业态单方成本×结转面积表中的结转主营业务成本面积。

结转库存商品=业态单方成本×结转面积表中的结转库存商品面积。

4）结转信息汇总表

在项目交付结转时，我们将收入成本一并结转。因此，在每批次结转时，我们都需要将收入结转信息与成本结转信息汇总，并计算各业态的毛利率，以了解项目各业态的总体情况，以及检查是否存在错漏。川哲府项目结转信息汇总表如图 3-11 所示。

川哲府项目结转信息汇总表

序号	项目	合计	结转房源									
			第一次结转	第二次结转			第三次结转			第四次结转		
			正常楼栋	正常楼栋	存量房	合计	正常楼栋	存量房	合计	正常楼栋	存量房	合计
1	结转收入面积											
2	结转收入额											
3	结转单方收入											
4	结转成本额											
5	结转单方成本											
6	结转税金											
7	毛利额											
8	毛利率											

图 3-11　川哲府项目结转信息汇总表

结转收入面积与结转收入额来自收入结转台账。

结转单方收入=结转收入额/结转收入面积。

结转成本额与结转单方成本来自成本结转台账。

结转税金是由结转收入金额占预收账款总额的比例与预交税金及附加的乘积计算而得的。结转税金=（结转收入金额/预收账款总额）×预交税金及附加。

毛利额＝结转收入额－结转成本额－结转税金。

毛利率＝毛利额/结转收入额。

结转房源栏与成本结转台账的口径一致。正常楼栋是指符合收入确认条件，可直接结转收入与成本的楼栋。存量房是指以前结转至库存商品，本次结转收入、成本的部分。

3.5　房地产开发企业的费用核算

房地产开发企业的费用主要包括两大类别：管理费用与营销费用。开发间接费中的人力行政费与管理费用的业务性质一样，二者的区别在于开发间接费中的人力行政费属于成本性支出，需要按房地产开发成本的核算方法进行分配与结转。房地产开发成本的核算方法3.3节已详细讲解，本节不再单独讲解开发间接费的核算。

3.5.1　管理费用

房地产开发企业的管理费用的内容与其他企业的一样，主要包括董事会和行政管理部门在企业的经营管理中发生的职工薪酬福利费、业务招待费、物料消耗、低值易耗品摊销、办公费、差旅费、工会费、董事会费、聘请中介机构费、诉讼费、折旧费、修理费、水电费、办公租赁费、房产税等。

房地产开发企业的管理费用核算的关键在于正确划分哪些部门/个人的费用计入管理费用，哪些部门/个人的费用计入开发间接费。其费用计入开发间接费的部门/个人是直接为项目服务的部门/个人，主要包括项目部全体人员（含售楼处财务人员）、城市公司成本部门、设计部门、开发部门、招采部门、投资部门、运营部人员及城市公司分管生产的副总经理。除此以外的管理部门的费用都计入管理费用。

房地产开发企业在管理费用发生时，借记"管理费用——××费用"账户，贷记"银行存款"账户；在会计期末结转损益时，借记"本年利润"账户，贷记"管理费用"账户。

3.5.2 营销费用

营销费用是指房地产开发企业在销售商品房的过程中所发生的费用。营销费用主要由七大类费用构成。

1. 人力行政费

营销费用的人力行政费的性质与管理费用的性质一样。人力行政费主要包括营销部门发生的薪酬福利费、招聘费、通信费、差旅费、会议费、办公费等。

2. 营销运行费

营销运行费为项目销售中心、样板房日常运营发生的费用,主要包括物管费、保洁费、租赁费、劳务费、物料费等。

3. 营销工程费

项目在销售中会建造销售中心、样板房。如销售中心、样板房在本项目实体建筑内建设,则此部分建造成本、硬装成本已计入项目开发成本中,营销工程费仅核算销售中心、样板房的软装费用。

如销售中心、样板房是在项目实体之外租赁的商铺或修建的临时设施,则所有建造、装修费用均在营销工程费中核算。

4. 营销推广费

营销推广费是营销费用的重要组成部分之一,用于核算销售过程中对项目进行广告推广的费用。营销推广费主要包括以下内容。

(1) 媒体推广费:报纸和杂志广告、网络广告、广播影音传媒、户外广告、短信直投/直邮等的费用。

(2) 印刷制作费:物料印刷制作、模型及户型图制作、导视系统制作、效果图宣传片制作、广告围挡、看房通道、商铺店招等的费用。

(3) 营销活动费:营销活动、展会展览、活动礼品、各类答谢会、媒体见面会等的费用。

（4）营销渠道费：媒体电商、渠道拓展、全民经纪人、内部激励等的费用。

（5）其他：专项激励、关系协调等的费用。

5. 销售代理费

销售代理费是营销费用的另一个主要项目，用于核算代理公司的代理咨询费及代理公司的销售佣金。销售代理费主要包括广告代理费、网络服务费、顾问咨询费、销售代理佣金、销售代理激励费、营销招商费等。

6. 品牌费用

品牌费用主要用于企业或项目品牌建设，主要包括第三方咨询顾问、知识产权、品牌资源整合、品牌宣传、品牌活动、品牌物料、CIS系统、自媒体运营、舆情控制、战略合作等的费用。

7. 客户关系费

客户关系费专用于客户关系维护，主要包括客户满意度调研、信息平台建设、客户激励等的费用。

房地产开发企业在营销费用发生时，借记"营销费用——××费用"账户，贷记"银行存款"账户；在会计期末结转损益时，借记"本年利润"账户，贷记"营销费用"账户。

第 4 章
房地产税收基础

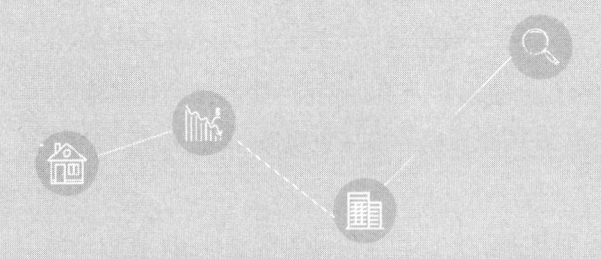

　　税收管理是房地产财务管理的重中之重，房地产项目的销售收入高、投资大、税负重，税收管理的好坏甚至可以决定项目的成败。本章讲解房地产税收管理的基础知识，主要涉及的知识点：

- 房地产税收管理概述。
- 房地产开发企业三大税种（增值税、土地增值税、企业所得税）的计缴与核算。
- 房地产开发各阶段的税收管理。

4.1 房地产税收管理概述

税收管理一直是房地产财务管理的重点和难点之一,原因在于房地产开发企业的税负重,税收法规老旧,各级主管税务机关的执行口径不一。土地成本、政府性收费是刚性成本,税金支出是变动成本,针对同一项目采用不同的处理方法,使得税负差异巨大。

房地产开发企业三大税种（增值税、土地增值税、企业所得税）占房价的10%~15%,如果税负减少1%,就可以给项目带来很大的收益,所以税收筹划一直是房地产开发企业财务管理工作的核心。

税收筹划有3个层次。

第一层次为"暴力筹划",是指财务人员采取少列收入、多列支出的方式,隐瞒房地产开发企业的实际情况,达到少纳税的目的。随着国家金税系统的不断完善,这种做法的风险越来越高,目前很少有房地产开发企业会采用这种方式。

而在"营改增"后,随着国家金税系统不断完善,找票冲账的风险越来越大,主管税务机关的专业能力不断增强,在国家反腐的高压氛围下,以前那种"勾兑"的方法越来越难以实施。

第二层次是遵从性筹划,是指财务人员充分利用税法的优惠政策,在取地阶段就介入项目经营,从项目证照取得方式、土地合同/工程合同签订方式、项目业态配比、项目成本对象化等方面给出专业指导意见,并实施到位,从而享受税收优惠政策,达到筹划目的。

一般来说,全国性发展的大房地产开发企业或上市房地产开发企业,对区域或项目财务会提出此类要求。特别是上市房地产开发企业,对税收遵从度要求高,不产生税收处罚是税收管理的基本要求。因此,这类企业的财务人员在税收筹划上的压力一般不大。财务人员只需执行好企业的税收政策,与当地主管税务机关建立良好的沟通渠道,及时解决经营中的涉税问题。

从项目经营端来说,财务人员在销售定价、营销节奏、发票规范、成本分摊等方面从税收角度提出的建议可以为经营决策提供好的意见,增加项目收益,而这也是财务价值的体现。

第三层次是经营性筹划，是指财务人员在充分理解税收法规的基础上，从企业整体经营角度出发，对房地产开发企业的经营链条进行设计，均衡经营链条上各业务点的税负，实现企业整体税负优化。

这个层次站在整个企业角度进行交易设计，适用于有多个上下游业务板块的房地产开发企业。财务人员需要以房地产开发为主体，研究房地产开发企业各板块的税收政策，充分利用不同业务板块的税收政策，预先安排股权架构及交易模式，实现税收收益。

例如，城市郊区的高端大盘对景观要求高，投入巨大。房地产开发企业可设立绿化公司，培育树木、草皮、花卉等，享受绿化公司的优惠政策，实现税收优化。

再如，一些房地产开发企业拥有自己的物业公司、商业管理公司，一些房地产开发企业还有自己的建筑公司、设计公司、代理公司等，财务人员需站在业务链条整体的角度，合理设计业务流程与定价关系，平衡税负。

房地产开发企业税收管理的重点分税种看，是增值税、土地增值税和企业所得税。

房地产开发企业在 2016 年 4 月 30 日之前缴纳营业税，从 2016 年 5 月 1 日起缴纳增值税。因此，对房地产项目税收缴纳而言，存在新老项目之说。新项目按要求缴纳增值税，老项目则需按收款时间以 2016 年 4 月 30 日为界线，之前的缴纳营业税，之后的缴纳增值税。增值税是差额增税，对房地产行业整体而言是有利的，但具体到不同项目的税收，影响则不一样。房地产行业的预售制造成增值税采用预缴制，对销售情况不好的项目来说就存在"留抵税"问题，导致房地产开发企业的资金被占用。2019 年，国家税务总局颁发了国家税务总局公告 2019 年第 20 号《国家税务总局关于办理增值税期末留抵税额退税有关事项的公告》，对符合条件的纳税人的增量留抵税额予以退还，这是在减税降费的大背景下出台的好政策。

土地增值税是房地产开发企业最操心的税种，因为《土地增值税暂行条例》的发布时间较早，政策弹性大，与房地产行业的发展现状不匹配，各地主管税务机关的要求千差万别，对成本分摊方法、清算分期、土地成本处理、地下车位处理等有不同的要求，造成不同区域的项目税收清算结果差异巨大。土地增值税针对房地产开发企业有成本加计20%扣除的优惠，针对普通住宅有增值率低于20%不需纳税的优惠，而且土地增值税税率级次差异大，对房地产开发企业税收的影响很大，所以房地产开发企业税收筹划的重点是土地增值税，对土地增值税影响最大的是房地产项目成本，当然，成本金额也是税务局审查的重点。

房地产开发企业的企业所得税也执行先预缴再清算的政策，企业所得税清算结果要根据土地增值税清算的结果而定，所以在房地产项目开发完毕并完成交付后，房地产开发企业需要进行"两税清算"。企业所得税采用预计毛利率，房地产开发企业根据其回款计算出毛利额，再扣除费用、税金等得到应纳税所得额，按确定的税率计算得到企业所得税税额，按季预缴，年末汇算清缴。

在税收管理中，对先预缴再清算的税种来说，都存在一个关键点——项目全周期税务管理。预缴的税超过全周期预计的税，出现先缴税后退税的情况，怎么办？虽然税法规定企业可以向主管税务机关申请退还多缴的税金，但在实务中，企业往往要花费较大的力气才能拿到退还的税金。因此，房地产开发企业的税收管理还存在全周期管理的问题。

税收管理对财务人员的专业能力、沟通协调能力、业务理解能力都提出了很高的要求。本章从房地产开发企业三大税种开始学习房地产税收管理的基础知识。

4.2 增值税的计缴与核算

增值税对房地产开发企业来说是一个新税种。在"营改增"之前，房地产开发企业一直缴纳的是营业税。在"营改增"后，房地产开发企业改为缴纳增值税，主要政策依据是财政部和国家税务总局联合颁发的财税〔2016〕36号《财政部 国家税务总局关于全面推开营业税改征增值税试点的通知》（以下简称财税〔2016〕36号）和国家税务总局颁布的国家税务总局公告2016年第18号《国家税务总局关于发布〈房地产开发企业销售自行开发的房地产项目增值税征收管理暂行办法〉的公告》（以下简称国家税务总局公告2016年第18号）。

由于房地产开发企业的规模在正常情况下都达到一般纳税人的条件，本节主要讲解一般纳税人的税收处理。小规模纳税人的税收处理相对简单，本节不再讲述。

4.2.1 增值税预缴

房地产行业的预售制，是先预售收款再修建交付，即收款在前，成本支出在后。《中华人民共和国增值税暂行条例》（以下简称《增值税暂行条例》）规定纳税义务发生时间是"发生应税销售行为，为收讫销售款项或者取得索取销售款项凭据的当天；先开具发票的，为开具发票的当天"。而房地产开发企业在收取预售款时，成本支出大部分尚未发生，亦未取得增值税进项发票，如按《增值税暂行条例》的要求确认销售行为，则存在无进项可抵的情况，会造成房地产开发企业前期缴纳大量增值税，后期在取得进项发票后再大量退税的情况。为此，我国在税务处理上对房地产开发企业的增值税采用先按预征率预缴，最后清算的方法。

房地产开发企业预售商品房，在收到预收款时应按3%的预征率预缴增值税。应预缴增值税的计算公式为

$$应预缴增值税 = \frac{预收款}{1+适用税率} \times 3\%$$

增值税与营业税的区别之一在于增值税是价外税，其计税依据是不含税收入，而房地产开发企业收取的预收款是含税的，因此在计算应预缴增值税时，需将收取的款项调整为不含税收入，即用预收款除以"1+适用税率"。

房地产开发企业适用的增值税税率在不断变化，在 2016 年"营改增"时确定为 11%；2018 年，财政部与国家税务总局颁发财税〔2018〕32 号《财政部 税务总局关于调整增值税税率的通知》，该通知规定自 2018 年 5 月 1 日起，销售不动产的增值税税率调整为 10%；2019 年，财政部、国家税务总局及国家海关总署联合发布财政部 税务总局 海关总署公告 2019 年第 39 号《财政部 税务总局 海关总署关于深化增值税改革有关政策的公告》，该公告规定自 2019 年 4 月 1 日起，销售不动产的增值税税率调整为 9%。目前，房地产开发企业一直执行 9%的增值税税率。

预征率也有一个变化过程。在 2016 年"营改增"时，国家税务总局颁布了《纳税人转让不动产增值税征收管理暂行办法》，该办法规定自 2016 年 5 月 1 日

起，一般纳税人转让自建不动产的，应以取得的全部价款和价外费用，按5%的预征率预缴增值税。国家税务总局公告2016年第18号则规定预征率为3%，并执行至今。

从增值税适用税率及预征率的变化中可以看出，对房地产行业来说，增值税是个新事物，需要根据实际情况不断变化，以适应国家经济改革的需要。

《增值税暂行条例》规定增值税的销售额为发生应税行为收取的全部价款和价外费用。房地产开发企业在预售阶段收取的购房定金、首付款、分期款及按揭款，应作为预收款预缴增值税；但收取的诚意金、排号费和代收的维修基金等，则不属于发生应税行为收取的价外费用，不预缴增值税。在实务中，税务机关对此类问题的处理倾向于扩大政策适应范围，我们在账务处理及相关凭证准备上要充分、合理，以有理有据地应对税务机关的要求。

4.2.2 销项税额

销项税额是指房地产开发企业按商品房销售额和相应的增值税税率计算并向客户收取的增值税税额。销项税额的计算公式为

$$销项税额 = 销售额 \times 税率（9\%）$$

房地产开发企业的销售额是房地产开发企业销售取得的全部价款和价外费用，扣除当期销售房地产项目对应的土地价款后的余额。其计算公式为

$$销售额 = \frac{全部价款和价外费用 - 当期允许扣除的土地价款}{1 + 9\%}$$

之所以会这样规定，主要原因在于增值税的原理是对增值部分计税，在税务管理中以票控税，企业开出的增值税专用发票上记录的销项税额减去企业对外采购收到的增值税专用发票上记录的进项税额之差，如是正数，则企业当期应缴纳增值税；如是负数，则企业当期不用缴纳增值税，多取得的进项税额在下一期抵减。

房地产开发企业支付土地成本一般没有增值税专用发票，如是通过"招拍挂"方式获取土地的，则房地产开发企业取得的是省级人民政府印制的行政事业性收据；如是通过股权转让方式获取土地的，则房地产开发企业取得的是土地原始票据，也不是增值税专用发票；如是资产转让，转让方按规定缴纳了各项税费，则房地产开发企业可以取得增值税专用发票。

在以上 3 种获取土地的方式中，主流方式是第一种和第二种，这两种均是没有增值税专用发票的方式。而土地成本是房地产开发成本的重要构成项目，如果按票控税，土地成本没有进项税额发票无法抵减增值税，就会大大增加房地产开发企业的税负，影响行业健康发展。

因此，国家税务总局 2016 年第 18 号对房地产的销售额的规定是房地产开发企业收取的全部价款和价外费用减去当期允许扣除的土地价款。

$$当期允许扣除的土地价款 = \frac{当期销售房地产项目建筑面积}{房地产项目可供销售建筑面积} \times 支付的土地价款$$

土地成本是指房地产开发企业向政府、国土资源局或政府委托的收取单位，如土地交易中心等，直接支付的土地价款。土地成本对"招拍挂"项目来说是很明确的，就是土地合同上约定的土地价款，以房地产开发企业缴纳土地价款后取得的省级及省级以上财政部门监制的财政票据为依据。对于以拆迁方式获得的土地，房地产开发企业支付的拆迁补偿，是土地成本的重要组成部分，需以政府的拆迁文件、拆迁合同、支付补偿的凭据等，作为土地成本。对于以资产转让方式获取的土地，转让方应按税法规定缴纳增值税、土地增值税、企业所得税（或个人所得税）、印花税等，转让方应开具增值税专用发票给受让方，受让方以取得的增值税专用发票上记录的进项税额正常抵扣。

房地产开发企业"销售"无产权的地下车位，按转让不动产永久使用权缴纳增值税，适用税率为 9%。房地产经纪代理服务，按代理业缴纳 6%的增值税。如果包销房地产，那么房地产开发企业应当按购销不动产处理，按 9%的税率缴纳增值税。物业公司收取的地下车位或地上车位的管理费，按商务辅助服务缴纳增值税，适用税率为 6%。

4.2.3 进项税额

进项税额是指房地产开发企业因购进材料、设备和支付工程款等，而需支付或者负担的增值税税额。进项税额的大小决定了增值税税负的大小，房地产开发企业在经营中需要关注相同含税价下供应商开出的发票税率。

房地产开发企业取得的发票主要涉及以下几种税率。

（1）9%：建筑施工类发票，这是房地产开发企业取得的主要发票种类，是房地产开发企业在支付水费、气费、土地转让款等时取得的发票。

（2）13%：房地产开发企业采用甲供材、购买电梯、发电机等设备取得的发票；电费发票等。

（3）6%：设计咨询费、监理服务费、审计咨询费、通信费、金融类等发票。

（4）3%：从小规模纳税人或简易计税的一般纳税人处取得的发票。

（5）1%：根据财政部 税务总局公告 2020 年第 13 号《财政部 税务总局关于支持个体工商户复工复业增值税政策的公告》的规定，因新冠肺炎疫情的影响，小规模纳税人的税率从3%调整为1%。

在支付金额一定的情况下，税率越高，支付的进项税越多，房地产开发企业的税收收益越大。因此，在招标和投标时，房地产开发企业需对发票的类型、税率做出明确要求。如是以不含税价作为定标基础，则房地产开发企业需结合项目增值税销售额的情况确定发票税率；如是以含税价作为定标基础，则房地产开发企业应对发票与税率做出明确要求，从高适用税率。

在合同签订中，房地产开发企业应对税率变化造成的开票金额变化做出明确约定。在国家减税降费的背景下，增值税税率是逐渐降低的，房地产开发企业应在合同中约定以不含税价格作为结算价，税率以国家最新发布的政策为准。

对于购进货物、劳务用于非应税项目、简易计税项目、免税项目的，房地产开发企业需将此部分的进项税额转出，不得抵扣增值税。能分清应税项目和非应税项目的，非应税项目的进项税额需全部转出；无法分清的，则应按比例确定转出金额。不得抵扣的进项税额的计算公式为

$$\text{不得抵扣的进项税额} = \text{当期无法划分的全部进项税额} \times \frac{\text{简易计税、免税房地产建设规模}}{\text{房地产项目总建设规模}}$$

建设规模以建筑工程施工许可证上注明的建设规模为准。

4.2.4 增值税的核算

1. 会计账户设置

房地产开发企业应在"应交税费"账户下设置"应交增值税""未交增值税"

"预交增值税""待抵扣进项税额""待认证进项税额""待转销项税额""增值税留抵税额""简易计税""转让金融商品应交增值税""代扣代缴增值税""增值税检查调整"11个二级账户。

"应交增值税"的借方发生额反映企业因购进甲供材、固定资产、建筑劳务等而支付的进项税额、实际已缴纳的增值税税额和月终转出的当月应交未交的增值税税额;贷方发生额反映企业销售商品房收取的销项税额、进项税额转出数和转出多交增值税。此账户的期末借方余额反映企业尚未抵扣的增值税。

在"应交增值税"账户下设置三级账户:"进项税额""销项税额抵减""已交税金""销项税额""减免税款""进项税额转出""转出未交增值税""转出多交增值税"等。

"进项税额"三级账户主要核算企业因购入甲供材、固定资产、建筑劳务而支付的,可从销项税额中抵扣的增值税税额。企业因购入甲供材、固定资产、建筑劳务而支付的进项税额记入借方;退回所购货物应冲销的进项税额,以红字记入借方。

"销项税额抵减"三级账户主要核算企业按照规定对销售额进行扣减而减少的销项税额。

"已交税金"三级账户主要核算企业当月已缴纳的增值税税额。企业已缴纳的增值税税额记入借方;退回多交的增值税税额以红字记入借方。

"销项税额"三级账户主要核算企业因销售商品房而应收取的增值税税额。企业销售商品房应收取的销项税额,记入贷方;销售商品房因故退房的,应以红字在贷方冲销销项税额。

"减免税款"三级账户主要核算企业按规定享受的增值税税款减免优惠。

"进项税额转出"三级账户主要核算企业购进的材料、物资、资产等发生非正常损失,按规定转出的进项税额。

"转出未交增值税"三级账户主要核算企业于每月月末转出的当期应交未交的增值税,转出的未交增值税税额在借方登记。

"转出多交增值税"三级账户主要核算企业于每月月末转出的当期多交的增值税,转出多交的增值税税额记入贷方;收到退回本月多交的增值税税额以红字在贷方记录。

"未交增值税"二级账户的借方发生额反映企业于每月月末从"转出多交增值税"账户转入的多交增值税；贷方发生额反映企业于每月月末从"转出未交增值税"转入的未交增值税。此账户的期末借方余额反映企业多交的增值税，而贷方余额则反映企业未交的增值税。

"预交增值税"二级账户主要核算企业预售商品房按预征率计算应缴纳的增值税。

"待抵扣进项税额"二级账户主要核算企业已取得税务认可的进项抵扣凭证（房地产开发企业主要是增值税专用发票），按税法规定允许在以后期间抵扣，暂不予在本期申报抵扣的进项税额。例如，企业当期取得的不动产进项税额的40%需于取得日的12个月后才能用于抵减增值税销项税额。

"待认证进项税额"二级账户主要核算企业取得增值税专用发票但尚未经税务机关认证或认证未通过，不能从当期销项税额中抵扣的进项税额。在实务中，企业取得的进项税额发票可在网上勾选认证，一般都能做到在取得当期进行认证。

"待转销项税额"二级账户主要核算企业销售商品房已确认收入但尚未发生增值税纳税义务，需在以后期间确认的销项税额。例如，建筑企业在完成建筑服务后按合同规定被房地产开发企业扣减了工程质保金、保证金等，此时存在会计确认收入在前，纳税义务发生在后的情况，建筑企业在确认收入时需将扣减的保证金对应的销项税额记入此账户。

"增值税留抵税额"二级账户主要核算在"营改增"正式实施时，之前的增值税一般纳税人不得从销项税额中抵扣的上期留抵税额。此账户余额应按国家税务总局公告2016年第75号《国家税务总局关于调整增值税一般纳税人留抵税额申报口径的公告》的要求，在2016年12月一次性转到"进项税额"账户中。

"简易计税"二级账户主要核算企业对"营改增"时部分老项目（以建设工程规划许可证时间为准，2016年5月之前的项目）采用简易计税方法发生的增值税计缴义务。

"转让金融商品应交增值税"二级账户主要核算企业因转让金融商品而发生的增值税。按财税〔2016〕36号的规定，金融商品转让是指转让外汇、有价证券、非货物期货和其他金融商品所有权的业务活动。其他金融商品转让包括基金、信托、理财产品等各类资产管理产品和各种金融衍生品的转让。因此，企业如有以上业务，则其涉及的增值税计缴需在此账户中核算。

"代扣代缴增值税"二级账户主要核算企业在支付给个人或境外公司款项时需对其应税行为代扣代缴的增值税。

"增值税检查调整"二级账户主要核算企业在接受税务机关检查后，按规定应调整的增值税。根据国税发〔1998〕44号《国家税务总局关于印发〈增值税日常稽查办法〉的通知》的规定，增值税一般纳税人在税务机关对其增值税纳税情况进行检查后，凡涉及应交增值税账务调整的，均应设立"应交税费——增值税检查调整"专门账户。在全部调账事项入账后，应对该账户的余额进行处理，在处理后，该账户无余额。

"销项税额""进项税额"账户可根据不同税率设置辅助核算。

在"营改增"后，"营业税金及附加"账户名称调整为"税金及附加"账户，主要核算企业经营活动发生的消费税、城市维护建设税、资源税、教育费附加及房产税、土地使用税、车船使用税、印花税等相关税费；之前在管理费用中核算的印花税、房产税、土地使用税及车船使用税均调整到"税金及附加"账户核算。

2. 会计处理

企业购进甲供材、固定资产、建筑劳务，应按增值税专用发票上注明的增值税税额，借记"应交税费——应交增值税（进项税额）"账户，按增值税专用发票上记载的应计入采购成本的金额，借记"原材料""管理费用""开发成本""固定资产"等账户；按应付或实际支付的金额，贷记"应付账款""银行存款"等账户。对于购入货物发生的退货，企业应做红字冲销的会计分录。

【例4-1】川哲房地产公司购进一批材料，不含税价为100万元。川哲房地产公司已收到增值税专用发票并勾选认证完毕，尚未付款。川哲房地产公司凭购货合同、进货单、发票等，编制了如下会计分录：

借：库存材料——××   1 000 000.00

    应交税费——应交增值税（进项税额）   130 000.00

  贷：应付账款   1 130 000.00

企业在国内采购的货物或接受的应税劳务,已经取得的增值税扣税凭证,按税法规定不符合抵扣条件,暂不予在本期申报抵扣的进项税额,借记"应交税费——待抵扣进项税额"账户。

企业将购进材料、物资等用于简易计税项目、免税项目、集体福利或个人消费等,其进项税额不得从销项税额中抵扣的,在取得增值税专用发票时,应借记相关成本费用或资产账户,借记"应交税费——待认证进项税额"账户,贷记"银行存款"等账户;在经税务机关认证后,应借记相关成本费用或资产账户,贷记"应交税费——应交增值税(进项税额转出)"账户。

【例4-2】川哲房地产公司购进一批礼品用于营销活动,不含税价为10万元,价款已支付,增值税专用发票已取得,但尚未认证。川哲房地产公司凭购销合同、进货单、发票、付款凭证等,编制了如下会计分录:

借:库存商品——××   100 000.00

    应交税费——待认证进项税额   13 000.00

贷:银行存款   113 000.00

川哲房地产公司举办职工活动,领取了2万元的上述礼品,用于发放职工奖励。川哲房地产公司凭事项审批单、领料单等,编制了如下会计分录:

借:管理费用——职工活动   20 000.00

    贷:库存商品——××   20 000.00

借:应交税费——应交增值税(进项税额)   13 000.00

    贷:应交税费——待认证进项税额   13 000.00

借:管理费用——职工活动   2 600.00

    贷:应交税费——应交增值税(进项税额转出)   2 600.00

企业购进不动产或在建工程,应当按取得成本,借记"固定资产""在建工程"等账户;按当期可抵扣的增值税税额,借记"应交税费——应交增值税(进项税额)"账户;按以后期间可抵扣的增值税税额,借记"应交税费——待抵扣进项税额"账户;按应付或实际支付的金额,贷记"应付账款""银行存款"等账户。对于尚未抵扣的进项税额待以后期间允许抵扣时,企业应按允许抵扣的金额,借记"应交税费——应交增值税(进项税额)"账户,贷记"应交税费——

待抵扣进项税额"账户。

【例4-3】川哲房地产公司于2020年10月购进办公楼1 000m²，不含税购买价为1 000万元，价款已付，已取得增值税专用发票并认证完毕。川哲房地产公司凭销售合同、发票、付款凭证等，编制了如下会计分录：

借：固定资产　　　　　　　　　　　　　　　　　10 000 000.00
　　应交税费——应交增值税（进项税额）　　　　　540 000.00
　　应交税费——待抵扣进项税额　　　　　　　　　360 000.00
　贷：银行存款　　　　　　　　　　　　　　　　　10 900 000.00

2021年10月，待抵扣的进项税额可用于抵扣，应编制如下会计分录：

借：应交税费——应交增值税（进项税额）　　　　　360 000.00
　贷：应交税费——待抵扣进项税额　　　　　　　　360 000.00

企业向境外单位或个人购进服务、无形资产或不动产，按不含税合同金额，借记"生产成本""无形资产""固定资产""管理费用"等账户；按可抵扣的增值税税额，借记"应交税费——应交增值税（进项税额）"账户；按应付或实际支付的金额，贷记"应付账款"等账户；按应代扣代缴的增值税税额，贷记"应交税费——代扣代缴增值税"账户。在实际缴纳代扣代缴增值税时，企业应按代扣代缴的增值税税额，借记"应交税费——代扣代缴增值税"账户，贷记"银行存款"账户。

【例4-4】川哲房地产公司聘请美国设计事务所为川哲府项目做概念设计，并于2020年10月向美国设计事务所支付设计费10万美元（汇率为1∶7）。川哲房地产公司凭设计合同、美国设计事务所出具的付款清单及银行凭证等，编制了如下会计分录：

借：生产成本——前期工程费（规划设计费）　　　　700 000.00
　　应交税费——待认证进项税额　　　　　　　　　42 000.00
　贷：银行存款　　　　　　　　　　　　　　　　　700 000.00
　　　应交税费——代扣代缴增值税　　　　　　　　42 000.00

次月，川哲房地产公司向税务机关缴纳代扣代缴增值税，并取得代扣代缴凭证，编制了如下会计分录：

借：应交税费——代扣代缴增值税　　　　　　　　　　　　42 000.00
　　贷：银行存款　　　　　　　　　　　　　　　　　　　　42 000.00
借：应交税费——应交增值税（进项税额）　　　　　　　　42 000.00
　　贷：应交税费——待认证进项税额　　　　　　　　　　　42 000.00

企业发生税法上视同销售的行为，应当按照会计准则的相关规定进行相应的会计处理，并按视同销售收入计算的销项税额，借记"应付职工薪酬""利润分配"等账户，贷记"应交税费——应交增值税（销项税额）"账户。

【例 4-5】川哲房地产公司将自建的商铺对外投资设立新公司，商铺的建造成本为 500 万元。川哲房地产公司凭投资协议、新公司章程及产权证书等，编制了如下会计分录：

借：长期股权投资——××公司　　　　　　　　　　　　5 450 000.00
　　贷：库存商品——××商铺　　　　　　　　　　　　　5 000 000.00
　　　　应交税费——应交增值税（销项税额）　　　　　　　450 000.00

企业购进土地的成本可以扣减销售额。企业在购进土地时，借记"生产成本——土地成本"账户，贷记"银行存款"账户；待取得土地票据在交付结转时，按照允许抵扣的税额，借记"应交税费——应交增值税（销项税额抵减）"账户，贷记"主营业务成本"账户。

企业在缴纳当月应交的增值税时，借记"应交税费——应交增值税（已交税金）"账户，贷记"银行存款"账户；在缴纳以前期间未交增值税时，借记"应交税费——未交增值税"账户，贷记"银行存款"账户；在预缴增值税时，借记"应交税费——预交增值税"账户，贷记"银行存款"账户。在交付商品房时，企业应将"应交税费——预交增值税"账户余额结转至"应交税费——未交增值税"账户。

企业第一次购买增值税税控设备支付的费用和技术维护费可全额扣除。在发生时，企业应借记"应交税费——应交增值税（减免税款）"账户，贷记"管理费用"等账户。

4.3 土地增值税的计缴与核算

土地增值税是对房地产项目收益影响最大的税种之一，简单地理解，土地增值税就是对土地增值部分所征收的税。土地增值是指地块因周围环境变化或内在开发，使得该地块地价上涨而形成的价值。

房地产开发企业在预售期以收到的售房款为依据预缴土地增值税；在达到清算条件后，以土地增值税清算结果为依据补缴税金或退回多预缴的税金。

土地增值税清算是房地产开发企业税收管理的重点，在 4.5.3 节讲解。本节主要介绍土地增值税的相关规定与预缴的财税处理。

4.3.1 土地增值税的征税范围

《土地增值税暂行条例》第二条规定："转让国有土地使用权、地上的建筑物及其附着物（以下简称转让房地产）并取得收入的单位和个人，为土地增值税的纳税义务人（以下简称纳税人），应当依照本条例缴纳土地增值税。"

《中华人民共和国土地增值税暂行条件实施细则》（以下简称《土地增值税暂行条例实施细则》）明确规定："条例第二条所称的转让国有土地使用权、地上的建筑物及其附着物并取得收入，是指以出售或者其他方式有偿转让房地产的行为。不包括以继承、赠与方式无偿转让房地产的行为。""条例第二条所称的国有土地，是指按国家法律规定属于国家所有的土地。""条例第二条所称的地上的建筑物，是指建于土地上的一切建筑物，包括地上地下的各种附属设施。条例第二条所称的附着物，是指附着于土地上的不能移动，一经移动即遭损坏的物品。"

从上面的规定中，我们可以得到以下几个关键点。

（1）对国有土地的转让行为要征收土地增值税，而对非国有土地的转让行为不征收土地增值税，如转让集体建设用地。

（2）土地使用权的产权是否转让是判断是否缴纳土地增值税的关键条件，如产权未转让，则不缴纳土地增值税。例如，房地产开发企业通过收购目标地块所属公司的股权，不需缴纳土地增值税。

（3）转让房地产且取得了收入的才需缴纳土地增值税，如未取得收入，则不需缴纳土地增值税，如房屋继承、赠与等。

基于上述关键点，我们可以判断以下几种房地产经营业务的税收处理。

（1）房地产抵押：房地产所有人将其抵押给金融机构等债权人，以获取资金。房地产抵押需到政府部门办理抵押登记，但抵押并未改变权属，只是作为债务的担保条件，故房地产抵押不需缴纳土地增值税。如果房地产开发企业无法偿还债务，抵押权人行使了抵押权，将房地产权属变更为自己，就发生了权属变化，此时需缴纳土地增值税。

（2）房地产交换：交易双方交换对方的房产，因产权发生了变化，且各自取得实物收入，所以要缴纳土地增值税。但财税字〔1995〕48号《财政部 国家税务总局关于土地增值税一些具体问题规定的通知》（以下简称财税字〔1995〕48号）规定，对个人之间互换房自有居住用房地产的，经当地税务机关核实，可以免征土地增值税。

（3）房地产投资入股：房地产所有人将房地产投入另一家公司进行合营或联营。房地产被投入新公司，其产权发生了变化，投资人取得新公司的股权，实现了收入，需缴纳土地增值税。

（4）联合开发：一方出地，一方出钱，联合开发。如出资方将资金打入土地方进行联合开发，土地产权未变化，不需缴纳土地增值税；如土地方将土地投入资金方，土地权属变化，土地方取得新公司的股权，则需缴纳土地增值税。财税字〔1995〕48号规定："对于一方出地，一方出资金，双方合作建房，建成后按比例分房自用的，暂免征收土地增值税；建成后转让的，应征收土地增值税。"

（5）融资代建：土地方因资金、开发能力等原因无法开发土地，引入第三方带资建设商品房，土地方给予第三方代建费用。因土地产权未发生改变，故不需缴纳土地增值税。

（6）房地产评估：房地产开发企业对房地产进行评估而升值的，因土地产权未改变，故不需缴纳土地增值税。

4.3.2 土地增值税的扣除项目

土地增值税是对房地产增值部分征收的税,房地产增值额是房地产转让收入减去可扣除项目后的余额。

房地产转让收入是指房地产所有权人将房屋产权、土地使用权转让给他人而取得的货币形态、实物形态或其他形态的全部收入及相关经济利益。

扣除项目的确定是正确计算土地增值税的关键,是计算土地增值税的重要内容。

《土地增值税暂行条例》第六条对扣除项目的构成做了如下规定。

(1) 取得土地使用权所支付的金额。

(2) 开发土地的成本、费用。

(3) 新建房及配套设施的成本、费用,或旧房及建筑物的评估价格。

(4) 与房地产转让有关的税金。

(5) 财务部规定的其他扣除项目。

《土地增值税暂行条例实施细则》第七条对扣除项目做了解释。

(1) 取得土地使用权所支付的金额,是指纳税人为取得土地使用权所支付的地价款和按国家统一规定交纳的有关费用。

(2) 开发土地和新建房及配套设施(以下简称房增开发)的成本,是指纳税人房地产开发项目实际发生的成本(以下简称房增开发成本),包括土地征用及拆迁补偿费、前期工程费、建筑安装工程费、基础设施费、公共配套设施费、开发间接费用。

(3) 开发土地和新建房及配套设施的费用(以下简称房地产开发费用),是指与房地产开发项目有关的销售费用、管理费用、财务费用。

财务费用中的利息支出,凡能够按转让房地产项目计算分摊并提供金融机构证明的,允许据实扣除,但最高不能超过按商业银行同类同期贷款利率计算的金额。其他房地产开发费用,按(1)、(2)项规定计算的金额之和的 5% 以内计算扣除。

凡不能按转让房地产项目计算分摊利息支出或不能提供金融机构证明的，房地产开发费用按（1）、（2）项规定计算的金额之和的10%以内计算扣除。

（4）旧房及建筑物的评估价格，是指在转让已使用的房屋及建筑物时，由政府批准设立的房地产评估机构评定的重置成本价乘以成新度折扣率后的价格。评估价格须经当地税务机关确认。

（5）与转让房地产有关的税金，是指在转让房地产时缴纳的营业税、城市维护建设税、印花税。因转让房地产交纳的教育费附加，也可视同税金予以扣除。

（6）对从事房地产开发的纳税人可按（1）、（2）项规定计算的金额之和，加计20%的扣除。

上述条文对扣除项目的组成及明细条目做了概括性规定，但在房地产开发实务中，各扣除项目面临的问题较多，财务人员对条文的适用范围比较疑惑，下面详细阐述。

1. 取得土地使用权所支付的金额

通过出让方式获取土地，其为房地产开发企业支付的土地合同约定的地价款、支付给土地交易中心的拍卖服务费及办理不动产权证书时支付的契税。

通过转让方式获取土地，其为向土地方支付的地价款、产权过户费及支付的契税。房地产开发企业通过土地中介获取土地所支付的中介费不在此项中，而应在管理费用中核算。

通过拆迁还建、拆迁补偿方式获取土地，其为房地产开发企业向拆迁户支付的拆迁安置费、拆迁补偿费、还建房建筑成本和契税。

2. 房增开发成本

土地征用及拆迁补偿费是指征用土地的征地费、拆除建筑物的拆除费用、拆迁安置及补偿费用，主要包括土地征用费、耕地占用税、青苗补偿费、拆迁安置费、拆迁补偿净支出（拆迁安置中部分拆迁户超标准超面积安置需向房地产开发企业支付超标费用，净支出是房地产开发企业收支相抵后的成本）及安置房支出等。

在土地一级市场，政府通常以净地出让，不存在土地征用及拆迁补偿费。但一些城市以毛地出让,在土地出让后还需投入资金将毛地变为净地才能开发建设,此时,房地产开发企业需明确出让合同中的价款是否包含此项费用,如已包含,则此部分费用不能扣除。

前期工程费、建筑安装工程费、基础设施费、公共配套设施费、开发间接费的内容在第3章已详细阐述,此处不再赘述。

3. 房地产开发费用

对于费用类支出,按会计准则的要求,房地产开发企业已在每个会计期间计入损益,不按成本对象分摊。土地增值税法不按房地产开发企业实际发生的费用进行扣除,而是按规定标准的方法扣除。

"财务费用中的利息支出,凡能够按转让房地产项目计算分摊并提供金融机构证明的,允许据实扣除,但最高不能超过按商业银行同期同类贷款利率计算的金额。"此项规定的操作难点在于对按商业银行同期同类贷款利率计算的金额(贷款利息)的理解。

房地产开发企业在开发建设过程中融资主要有两种形式:一是商业银行的开发贷款,二是其他金融机构的房地产项目贷款。一般而言,商业银行的开发贷款利率低,但贷款使用限制多、贷款金额较小;其他金融机构(如信托公司、基金公司、资产管理公司等)的贷款使用限制少、贷款金额大,但贷款利率较高。房地产开发企业通常会从资金周转角度考虑,而选择承受较高的贷款利率,使用其他金融机构的贷款。

对于其他金融机构的贷款利息,是否适用据实扣除的规定,关键在于对商业银行同期同类贷款的认定。同期是指贷款期限(都是一年期或两年期)一样还是指贷款在同一时期(如都是2020年10月的贷款)?同类是指都是房地产项目开发贷款还是房地产项目贷款?又或者都是抵押贷款还是担保贷款?各地税务机关对此认定千差万别,使房地产开发企业产生困惑。

因此,在进行实务操作时,房地产开发企业如果没有使用商业银行的开发贷款,那么一般采用按率扣除的方法计算房地产开发费用,如据实扣除和按率扣除的税收差异巨大,则房地产开发企业会和税务机关充分沟通,以求达成一致。

对于在开发过程中,房地产开发企业没有从其金融机构贷款,没有利息支出的，费用扣除项目仍按《土地增值税暂行条例实施细则》规定的比率（10%）计算扣除。

4. 旧房及建筑物的评估价格

对旧房及建筑物不按建造时实际支付的成本费用作为扣除标准，是考虑到旧房及建筑物转让价格中包括通货膨胀对价格的影响。如按建造时的成本扣除，则对通货膨胀形成的价格上涨部分也征了税，不合理。

重置成本价是指对旧房及建筑物，按转让时的料工费计算，建造同样的房屋需要花费的成本费用。

成新度折扣率是指按旧房及建筑物的新旧程度所做的一定比例的折扣。

例如，一栋旧房建造时的成本为 500 万元，转让时按当时的料工费计算，重新建造同样的房屋需 1 000 万元，旧房的成新度折扣率为 60%，则旧房的评估价格为 600 万元（1 000×60%）。

如何认定旧房及建筑物，是房地产开发企业在实务中会遇到的问题。例如，房地产开发企业开发的商铺滞销，导致交付后较长时期无法销售，使得商铺空置或房地产开发企业将商铺以较低的价格出租。几年后，房地产开发企业将商铺打折出售。此时，是以建造成本作为扣除项目还是将商铺作为旧房以评估价格作为扣除项目？

对此，财税字〔1995〕48 号规定："新建房是指建成后未使用的房产。凡是已使用一定时间或达到一定磨损程度的房产均属旧房。使用时间和磨损程度标准可由各省、自治区、直辖市财政厅（局）和地方税务局具体规定。"

从上述规定中我们可以做出判断：房屋建成后未使用，出售时按建造成本作为扣除项目；建成后已使用，以使用期限作为新旧房的判断标准，具体标准由各省、自治区、直辖市财政厅（局）和地方税务局规定。从已发文的各地标准来看，使用期限多以一年为限，一年以内为新房，超过一年为旧房。

5. 其他扣除项目

房地产开发企业在取得土地使用权后，未做任何形式开发即转让土地使用权的，不适用加计 20%扣除的规定，扣除项目为取得土地使用权支付的土地价款、按国家规定缴纳的费用及在土地转让环节缴纳的税金。

房地产开发企业在取得土地使用权后，只进行土地开发（如三通一平），未建造房屋就转让土地使用权的，土地开发成本可以加计 20%扣除，扣除项目为取得土地使用权支付的土地价款、按国家规定缴纳的费用、在土地转让环节缴纳的税金及土地开发成本费用、取得土地使用权支付的土地价款和土地开发成本之和加计 20%后的金额。

房地产开发企业在取得在建工程后，未做任何形式的开发，即转让在建工程的，不适用加计 20%扣除的规定，扣除项目为取得在建工程支付的土地价款及在转让环节缴纳的税金。

4.3.3　土地增值税的计算

土地增值税实行四级超率累进税率。《土地增值税暂行条例》第七条规定："增值额未超过扣除项目金额 50%的部分，税率为 30%。增值额超过扣除项目金额 50%、未超过扣除项目金额 100%的部分，税率为 40%。增值额超过扣除项目金额 100%、未超过扣除项目金额 200%的部分，税率为 50%。增值额超过扣除项目金额 200%的部分，税率为 60%。"

计算土地增值税税额，可按增值额乘以适用税率，减去扣除项目金额乘以速算扣除率的简便方法计算，具体如下。

（1）当增值额未超过扣除项目金额的 50%时：

$$土地增值税税额 = 增值额 \times 30\%$$

（2）当增值额超过扣除项目金额的 50%、未超过扣除项目金额的 100%时：

$$土地增值税税额 = 增值额 \times 40\% - 扣除项目金额 \times 5\%$$

（3）当增值额超过扣除项目金额的 100%，未超过扣除项目金额的 200%时：

$$土地增值税税额 = 增值额 \times 50\% - 扣除项目金额 \times 15\%$$

（4）当增值额超过扣除项目金额的 200%时：

$$土地增值税税额 = 增值额 \times 60\% - 扣除项目金额 \times 35\%$$

在计算土地增值税时，我们需要注意以下几点。

（1）土地增值税采用的是超率累进税率，意思是只有超过增值额与扣除项目金额比率部分的增值额按高一级税率计算，而非全部增值额都按高一级税率计算。这个计算方法与我们计算个人所得税的方法类似，差异在于个人所得税是超额累进，而土地增值税是超率累进。

（2）四级超率累进税率均包括本比例数。例如，增值额等于扣除项目金额50%的，包含在50%以内。

土地增值税的计算步骤如下。

第一步，计算增值额：

$$增值额 = 转让房地产收入 - 扣除项目金额$$

第二步，计算增值率：

$$增值率 = 增值额 / 扣除项目金额$$

第三步，根据增值率确认适用税率，计算土地增值税税额：

$$土地增值税税额 = \sum 增值额 \times 适用税率$$

《土地增值税暂行条例实施细则》第十六条规定："纳税人在项目全部竣工结算前转让房地产取得的收入，由于涉及成本确定或其他原因，而无法据以计算土地增值税的，可以预征土地增值税，待该项目全部竣工、办理结算后再进行清算，多退少补。"因此，房地产开发企业对预售商品房收取的款项需按当地主管税务机关确定的预征率预缴土地增值税。

预征率一般按业态确定。普通住宅的认定标准由各省、自治区、直辖市确定。

房地产开发企业在预售商品房收到预收房款时，需按业态核算各类业态收取的金额，以便按不同的预征率计算土地增值税。在"营改增"后，增值税是价外税，房地产开发企业收取的预收房款是包含增值税的，因此房地产开发企业在计算土地增值税时，需将预收款项转换成不含税金额：

$$预征土地增值税税额 = \frac{预收房款}{1 + 增值税税率} \times 预征率$$

4.3.4　土地增值税的核算

房地产开发企业收到预收房款，需按普通住宅、非普通住宅及非住宅所对应的预征率分别计算、缴纳预征土地增值税。房地产开发企业在缴纳预征土地增值税时,借记"应交税费——应交土地增值税"账户,贷记"银行存款"账户。因项目处于预售阶段,尚未达到收入确认条件,按收支匹配的原则,此时房地产开发企业缴纳的预征土地增值税只能在"应交税费"账户中核算,不能计入损益。

在交付预售房屋时,房地产开发企业需结转收入、成本,此时,亦需根据收入结转情况,对应地结转预缴税金,在结转时,借记"税金及附加"账户,贷记"应交税费——应交土地增值税"账户。在结转后,"应交税费——应交土地增值税"账户的借方余额表示房屋未结转完毕,尚有余量;贷方余额表示在结转后,房地产开发企业需补缴的税金。

土地增值税先预征后清算,房地产开发企业在项目税收清算完成后,如需补缴土地增值税,则需按应补缴金额借记"税金及附加"账户,贷记"应交税费——应交土地增值税"账户;如需退税,则按应退税金额借记"应收账款"账户,贷记"应交税费——应交土地增值税"账户。在清税完毕后,"应交税费——应交土地增值税"账户余额为零。

【例 4-6】川哲房地产公司于 2020 年 11 月收取商品房预售款 1 000 万元,其中:普通住宅 500 万元,别墅 300 万元,商铺 200 万元。川哲房地产公司适用的土地增值税预征率为:普通住宅 1%,非普通住宅 1.5%,非住宅 2.5%。11 月月底,川哲房地产公司根据销售报表、银行回单,编制了如下会计分录:

借:银行存款   10 000 000.00
    贷:预收账款——房款(普通住宅)   5 000 000.00
        预收账款——房款(非普通住宅)   3 000 000.00
        预收账款——房款(非住宅)   2 000 000.00

12 月月初,川哲房地产公司计算应预缴的土地增值税:

应预缴的普通住宅土地增值税税额 $= \dfrac{5\,000\,000}{1+9\%} \times 1\% = 45\,871.56$(元)

应预缴的非普通住宅土地增值税税额 $= \dfrac{3\,000\,000}{1+9\%} \times 1.5\% = 41\,284.40$(元)

应预缴的非住宅土地增值税税额 $= \dfrac{2\,000\,000}{1+9\%} \times 2.5\% = 45\,871.56$(元)

11 月合计应预缴的土地增值税税额为 133 027.52 元。川哲房地产公司在缴纳税金后，根据缴税凭据及银行回单，编制了如下会计分录：

借：应交税费——应交土地增值税　　　　　　　133 027.52
　　贷：银行存款　　　　　　　　　　　　　　　133 027.52

两年后，川哲房地产公司完成土地增值税清算，需补缴土地增值税 300 万元。川哲房地产公司凭清算报告申报缴清了税款，根据相关凭据，编制了如下会计分录：

借：税金及附加　　　　　　　　　　　　　　　3 000 000.00
　　贷：应交税费——应交土地增值税　　　　　　3 000 000.00
借：应交税费——应交土地增值税　　　　　　　3 000 000.00
　　贷：银行存款　　　　　　　　　　　　　　　3 000 000.00

4.4　企业所得税的计缴与核算

房地产行业企业所得税的计缴与其他行业企业所得税的计缴原理一致，均通过计算确认应纳税所得额，再乘以适用税率，得到应纳税额。不同之处在于房地产行业的预售制造成先收款后确认收入的情况，房地产开发企业在预售期需按当地主管税务机关确认的预计毛利率计算应纳税所得额，在收入成本结转后，再根据实际毛利率进行调整。由此可见，房地产开发企业的三大税种均采用先预缴再清算的方式征缴。

鉴于房地产行业的特色，国家税务总局于 2003 年颁布了国税发〔2003〕83 号《国家税务总局关于房地产开发有关企业所得税问题的通知》，对房地产开发企业的预售收入、代建收入、成本费用等进行了规范。该法规自 2006 年 1 月 1 日起全文废止。

2006 年，国家税务总局颁布了国税发〔2006〕31 号《国家税务总局关于房地产开发业务征收企业所得税问题的通知》，对房地产开发企业的企业所得税的处理做了全面的规范，增加了对预租收入、合作建造开发品的处理，明确了土地使用权作价投资及成本费用的扣除问题。该法规自 2011 年 1 月 4 日起全文废止。

2009 年，国家税务总局颁布了国税发〔2009〕31 号《国家税务总局关于印发〈房地产开发经营业务企业所得税处理办法〉的通知》（以下简称国税发〔2009〕31 号），对房地产开发企业的收入、成本费用、成本分摊方法、特定事项的税务处理等做了全面的规范。该法规从 2008 年 1 月 1 日起，一直执行至今（第四章第二十六条现已废止）。至此，房地产开发企业的企业所得税处理以国税发〔2009〕31 号作为基础性指导文件。

下面结合国税发〔2009〕31 号，对房地产开发企业的企业所得税处理进行讲解。

4.4.1 收入确认

如第 3 章所述，房地产开发企业需按会计准则的要求，在符合收入确认条件时结转收入及相关的成本，不符合收入结转条件的需在"库存商品"账户中核算，其预售收入在"预收账款"账户中核算。

国税发〔2009〕31 号从税收处理角度给出了收入确认的条件，符合条件的，不论会计核算如何处理，都应确认完工，结转收入。国税发〔2009〕31 号第三条规定："……除土地开发之外，其他开发产品符合下列条件之一的，应视为已经完工：

"（一）开发产品竣工证明材料已报房地产管理部门备案。

"（二）开发产品已开始投入使用。

"（三）开发产品已取得了初始产权证明。"

房地产开发企业只要办理了竣工备案，或已实际投入使用，或取得了初始产权证明，不论其会计核算是否结转收入，都视为开发产品已经完工，应按要求及时结算完工产品的收入、成本，确定实际毛利率。

对此，国税函〔2010〕201 号《国家税务总局关于房地产开发企业开发产品完工条件确认问题的通知》规定："……无论工程质量是否通过验收合格，或是否办理完工（竣工）备案手续以及会计决算手续，当企业开始办理开发产品交付手续（包括入住手续）、或已开始实际投入使用时，为开发产品开始投入使用，应视为开发产品已经完工。"

从项目开发节点来看，项目先完成竣工备案，再完成产品交付，之后业主装修使用，房地产开发企业办理初始产权证明（大产权），最后完成分户产权办理（小产权）。在实务中，有的房地产开发企业为了延迟交税，虽然产品早已交付使用，但不办理竣工备案手续、产权手续。因此，国税发〔2009〕31号明确了收入确认要点，以3个要点中哪个先达到的时点作为收入确认的时点。

房地产开发企业销售商品房，需与客户签订商品房预售合同（如是现房，则为商品房销售合同），客户需按合同约定的付款方式支付款项。不论是一次性付款、分期付款还是按揭付款，房地产开发企业均应在收到款项时确认收入。

如果房地产开发企业与销售代理公司签订了代理销售合同、包销合同，那么房地产开发企业需将收到代理公司的销售清单的时点作为收入确认的时点，至于代理公司是否收到代销款项，不影响收入确认的时点。

房地产开发企业如将自己开发的商品房用于对外投资、偿还债务，则应按商品房当期或最近几个月的销售均价确认销售收入。如商品房没有对外销售，没有销售价格，税务局则会根据当地市场情况认定销售价格，或请专业机构给出销售价格，来核定房地产开发企业的视同销售收入。

4.4.2 成本费用

开发产品计税成本的内容、分摊方法及核算流程与第3章讲解的会计处理基本一致，需要先确认成本对集对象，完成成本归集，以确定不同成本对象的成本总额与单方成本。

成本对象的划分方法不同，归集的成本金额就不同，造成实际毛利率不同，根据实际销售情况结转的利润也就不同，这就给企业人为调整纳税期提供了可能。为此，国税发〔2009〕31号规定："成本对象由企业在开工之前合理确定，并报主管税务机关备案。成本对象一经确定，不能随意更改或相互混淆"（此条款现已失效）。

2014年，国家税务总局颁布了国家税务总局公告2014年第35号《国家税务总局关于房地产开发企业成本对象管理问题的公告》，取消了成本对象需报主管税务机关备案的要求，但仍要求企业建立健全成本对象的管理制度。

房地产开发企业在确定成本对象后，在分配计税成本时，需区分期间费用和开发产品计税成本、已销开发产品计税成本与未销开发产品计税成本。房地产开发企业对于其当期发生的费用、缴纳的税金，可以在当期企业所得税汇算清缴时扣除。

已销开发产品计税成本以各产品的销售面积乘以各产品的单方成本来确认。

计税成本的确认需要注意以下几点。

（1）同一块土地分期开发的，土地成本应按占地面积分摊，如要采用其他方法，则需得到税务机关的同意。

（2）同一地块一期开发的，土地成本应按某个成本对象的占地面积占开发用地总面积的比例分配。如在同一个占地面积上修建了不同的成本对象，则按建筑面积法分配土地成本。（注意：土地成本的分摊方法，企业所得税与土地增值税不同。）

（3）作为单独成本对象核算的公共配套设施的开发成本，在分配至可售业态时，应按建筑面积法分配。

（4）单独建造的停车场需作为单独的成本对象核算，利用地下基础设施形成的停车场作为公共配套设施处理，其成本应按建筑面积法分配至各可售业态。

（5）房地产开发企业建造的公共配套设施，凡属于非营利性质且无偿移交政府、公共事业单位，或权属归于全体业主的，其成本按公共配套设施处理。不属于上述情况的，其成本需单独核算，按建造开发产品或固定资产（自用）处理。

（6）房地产开发企业在项目内建造的邮局、电信局、学校、医疗设施等应作为单独的成本对象核算。在建成后移交相关单位的，其成本在扣除收取的补偿费（如有）后，按公共配套设施处理。

（7）房地产开发企业借入资金发生的财务费用应按会计准则的要求核算，即需区分资本化利息与财务费用，在此，税法采用会计准则的确认原则。对于资本化的利息，在做成本对象分配时，应按直接成本法或预算造价法分配。

鉴于房地产开发周期长，结算复杂，存在税收结转时点工程结算未全部办理完成，计税成本不完整的情况，国税发〔2009〕31号规定以下3类成本可以预提，除此以外的成本必须以实际发生数（取得的发票）为准。

（1）出包工程未最终办理结算而未取得全额发票的，在证明资料充分的前提下，其发票不足金额可以预提，但最高不得超过合同总金额的 10%。

（2）公共配套设施尚未建造或尚未完工的，可按预算造价合理预提建造费用。

（3）应向政府上交但尚未上交的报批报建费用、物业完善费用可以按规定预提。

房地产开发企业发生的营销费用、管理费用的扣除标准与其他行业的企业一样，没有特殊规定，不再赘述。

4.4.3 毛利率

国税发〔2009〕31 号第八条："企业销售未完工开发产品的计税毛利率由各省、自治、直辖市税务局按下列规定进行确定：

"（一）开发项目位于省、自治区、直辖市和计划单列市人民政府所在地城市城区和郊区的，不得低于 15%。

"（二）开发项目位于地及地级市城区及郊区的，不得低于 10%。

"（三）开发项目位于其他地区的，不得低于 5%。

"（四）属于经济适用房、限价房和危改房的，不得低于 3%。"

国税发〔2009〕31 号第九条："企业销售未完工开发产品取得的收入，应先按预计计税毛利率分季（或月）计算出预计毛利额，计入当期应纳税所得额。开发产品完工后，企业应及时结算其计税成本并计算此前销售收入的实际毛利额，同时将其实际毛利额与其对应的预计毛利额之间的差额，计入当年度企业本项目与其他项目合并计算的应纳税所得额。"

这两条规定是针对房地产行业的预售制专门设定的，是房地产开发企业的企业所得税处理的一大特点。预售制使得房地产开发企业收取价款在前，确认收入在后，国家为了及时征收相关税收，在房地产开发企业的三大税种上都采用先预缴后清算的处理方式。

房地产开发企业应按季（或月）以当期收取的预售款（不含税）乘以当地税务局发布的预计毛利率，计算出当期销售商品房的毛利额，再扣除当期实际缴纳的税费、期间费用，得到当期应纳税所得额，再抵减以前年度亏损（从房地产开发企业成立至预售前所发生的以前年度亏损）后，乘以适用的企业所得税税率，最终计算出当期应缴纳的企业所得税税额。

在项目交付结转后，房地产开发企业需按实际收入与实际成本（计税成本）进行毛利差清算。如实际毛利额超过预计毛利额（各年度房地产开发企业按预计毛利率计算的毛利额之和），则房地产开发企业应在结转当期按毛利额之差（实际毛利额-预计毛利额）的金额，计入当期应纳税所得额，补缴企业所得税；如实际毛利额小于预计毛利额，则房地产开发企业应按实际毛利额之差（预计毛利额-实际毛利额）的金额，抵减当期应纳税所得额，退回多预缴的企业所得税。

当实际毛利额小于预计毛利额时，房地产开发企业存在预售期多缴企业所得税，交付结转年度需办理退税的情况。而在我国目前的税收管理体制下，房地产开发企业要退回多缴的企业所得税比较费时费力。因此，房地产开发企业在企业所得税管理上需特别关注项目全周期税收平衡的问题。

4.5 房地产开发各阶段的税收管理

如前所述，税收对于房地产开发企业的重要性不言而喻，房地产开发企业的税收管理从项目获取之时就应启动。房地产开发企业在土地获取阶段、开发经营阶段及税收清算阶段的税收管理各有侧重，下面分别讲述。

4.5.1 土地获取阶段的税收管理

土地获取阶段的税收管理的重点在于对房地产开发企业不同取地方式的税收影响进行测评，设计交易架构与路径，优化税负。

以"招拍挂"方式获取土地，交易条件清晰明了，土地票据足额完整，税收处理简单。

以"收并购"方式获取土地，交易条件复杂，一般土地溢价较高，土地原始情况复杂，税收处理面对复杂的环境而挑战性较大。

下面介绍几种常见的取地方式的税收管理。

1. 资产收购

根据《城市房地产管理法》的规定，房地产转让需按合同约定进行房地产开发，且完成开发投资总额的 25%以上，即国家不允许土地的净地转让。因此，对于资产收购这种方式，均是先收购在建工程，再进行开发。

但这种操作方式的最大困难是房产开发企业在正式建设前需向当地规划部门报送项目总体设计方案，在通过当地规划部门的审批后才能开工建设。当土地方转让在建工程时，此项目的规划方案可能已经不适应市场环境，或与房地产开发企业的经营理念不符。因此，资产收购的项目以商业项目为主，住宅开发项目很少。

在交易设计上，土地方可以将土地作价投资到新公司，房地产开发企业收购新公司的股权，从而实现土地获取。这种操作方式的困难在于以土地作价投资设立新公司，对于土地方而言，存在视同销售缴纳增值税、土地增值税、企业所得税的问题，从而增加土地方的税收负担；交易价格还需税务局判定是否公允，存在税务局不认可交易价格，从而核定征税的问题。

2. 股权收购

股权收购是指房地产开发企业直接收取土地所属公司的股权，以规避直接收购土地的法律限制，间接获取土地。此种操作方式的困难有以下两个。

一是土地成本低，溢价高，开发后期税负重。在通常情况下，土地方取得土地成本低，持有多年，在土地升值后，将土地以略低于市场的价格转让。房地产开发企业取得土地所属公司的股权，公司财务账簿列示的土地成本仍为原始成本，房地产开发企业支付的股权转让款包含土地溢价，但此部分无法计入土地成本，造成在项目税收清算时会产生巨额的土地增值税与企业所得税。

二是被收购公司一般都有多年的经营活动，被收购公司的债权债务关系复杂。房地产开发企业在收购公司的股权后，需承担被收购公司的债务。因此，房地产开发企业存在较大的法律、税收风险。

因此，在股权收购中，房地产开发企业会聘请专业的法律事务所、税务（会计）事务所对被收购公司进行全面的尽职调查，并在交易合同中约定土地方与此相关的义务，以规避风险。

在交易设计上，房地产开发企业可结合被收购公司的资产负债情况、权益情况，采用承债式收购、利润分配等方式，降低股权交易价格，减少交易溢价。

对于以股权转让方式获取土地，国税函〔2000〕687号《国家税务总局关于以转让股权名义转让房地产行为征收土地增值税问题的批复》规定："……这些以股权形式表现的资产主要是土地使用权、地上建筑物及附着物，经研究，对此应按土地增值税的规定征税。"

在股权收购的税务处理上，国家税务局以答复各地税务局问题的方式确定：以股权转让方式转让土地的交易应交土地增值税，但各地税务局在实际执行中并不一致，此种方式能否操作到位，还需结合当地税务机关的要求进行。

3. 合作开发

合作开发通常是一方出地，一方出资金，在共同开发后，双方可以分配项目利润，也可由土地方分得部分开发产品，资金方分得利润。

对于合作开发的涉税处理，在土地增值税方面，财税字〔1995〕48号规定："对于一方出地，一方出资金，双方合作建房，建成后按比例分房自用的，暂免征收土地增值税；建成后转让的，应征收土地增值税。"

在企业所得税方面，土地方出地开发，虽没有转让土地，但将土地用于投资，应按分回的开发产品价值或分回的利润确认收入，计算企业所得税。

增值税同企业所得税的处理，以土地对外投资，应计缴增值税。

除了以上3种常见的取地方式外，还有多种其他方式，在税收管理上重在结合交易情况进行税收安排，实现税负优化。

4.5.2 开发经营阶段的税收管理

开发经营阶段税收管理的重点在于项目全周期税收管理（避免"先税后退"）、不同销售方式的税务处理、付款发票及成本台账的管理、成本对象化的处理等。此阶段的税收管理颗粒度直接决定了税收清算阶段税收管理的难易度，决定了项目税收方案落地的实现度。

房地产开发企业在获取项目后,应编制项目税收规划,主要从以下几个方面着手。

(1)在以"收并购"方式获取土地时,投资协议的相关约定如何落地、土地相关票据的获取、居间费的支付方式等。

(2)如项目分期开发,应如何分期,土地增值税的清算单位以建设工程规划许可证确定的范围为依据,建设工程规划许可证应如何取,税务意见很重要。

(3)总包备案合同金额的确定,需考虑融资与税务需求。

(4)售楼部、样板房的处理。

(5)特别关注项目所在地普通住宅的认定标准,在定价与成本上,考虑普通住宅优惠的影响。

(6)利息的处理,借款资金来源,土地增值税考虑利息采用据实扣除或者按率扣除,企业所得税考虑关联方借款利息或者集团统借统还等。

(7)建设发票的获取与项目建设进度、支付进度、清算进度的匹配问题。

(8)企业所得税中关于车位作为公共配套设施处理的问题。

由于房地产项目开发周期长,跨越多个计税年度,因此在全周期规划的基础上,房地产开发企业还需进行年度税收规划,保证全周期税收动作执行到位,并尽量减少每年的预缴税费。

(9)对于不同销售模式的税收研究与支持,如融资性售后回租、融资性售后回购、预售阶段收取的诚意金、定金及销售活动礼品、买赠行为的税务处理等。

4.5.3 税收清算阶段的税收管理

在项目交付使用后就进入税收清算阶段。在这个阶段,首先要尽快完成各项工程的结算,特别是总包工程的结算,并根据结算价格取得全部合规票据,这是土地增值税、企业所得税清算的必要条件。

土地增值税清算分为"必须清算"与"通知清算"。国税发〔2009〕91号《国家税务总局关于印发〈土地增值税清算管理规程〉的通知》(以下简称国税发〔2009〕91号)规定:"纳税人符合下列条件之一的,应进行土地增值税的清算。

"(一)房地产开发项目全部竣工、完成销售的;

"（二）整体转让未竣工决算房地产开发项目的；

"（三）直接转让土地使用权的。"

上述3个条件，无论符合哪一条，项目都必须进行土地增值税清算。

国税发〔2009〕91号同时规定了"通知清算"的条件："对符合以下条件之一的，主管税务机关可要求纳税人进行土地增值税清算。

"（一）已竣工验收的房地产开发项目，已转让的房地产建筑面积占整个项目可售建筑面积的比例在85%以上，或该比例虽未超过85%，但剩余的可售建筑面积已经出租或自用的；

"（二）取得销售（预售）许可证满三年仍未销售完毕的；

"（三）纳税人申请注销税务登记但未办理土地增值税清算手续的。

"（四）省（自治区、直辖市、计划单列市）税务机关规定的其他情况。"

对于"通知清算"的情形，税务机关可给房地产开发企业下达清算通知书，要求房地产开发企业在规定时间内完成清算，而土地增值税确认扣除项目的关键在于发票等资料。因此，房地产开发企业在税收清算阶段需特别关注结算的办理与发票的取得，为税收清算做好准备。

第 5 章
房地产项目预算管理

预算管理是现代企业管理的重要工具。自改革开放后，随着经济发展越来越快，竞争越来越激烈，我国的企业逐渐引入、应用预算管理。至今，预算管理已成为我国大中型企业基本的管理工具，使企业实现从战略到执行的全过程管理，提高企业在市场竞争中的生存能力。

本章主要讲解房地产项目预算管理的基本要素及流程，主要涉及的知识点：

- 房地产开发企业的预算管理框架。
- 房地产项目资金管理。
- 房地产项目预算管理全流程。

5.1 房地产开发企业的预算管理框架

如前所述,我国的房地产开发起始于 20 世纪 80 年代;1992 年我国的房地产开发进入高速发展阶段;1998 年,受亚洲金融危机的影响,我国的房地产开发进入"黄金十年"的发展期。

房地产市场发展越快,市场竞争越激烈,政府调控越频繁,房地产开发企业的生存发展压力就越大,这就促使房地产开发企业建立以预算管理为重要抓手的经营管理体系。

预算管理是一种系统的方法、管理工具,用以分配企业的资金、实物和人力等资源,最终实现企业既定的战略目标。企业通过预算来监控战略目标的实施进度,控制开支,预测企业的财务成果,从而为企业的经营管理指明方向。房地产开发企业的预算管理框架由 3 个维度构成,即预算组织维度、企业运营维度及项目开发维度。

5.1.1 预算组织维度

预算管理既然是一种系统的管理工具,就必须符合企业的治理结构;同样,企业要实现预算管理,就必须有一套自上而下的组织结构,使预算管理嵌入组织层级中,甚至重组架构、再造流程,以有效实施预算管理,实现全员、全覆盖。因此,虽然各企业都在实施预算管理,但各有不同,主要原因就在于此。

一般来说,预算组织由预算决策机构、预算管理机构及预算执行机构组成。

预算决策机构是预算组织的大脑,决定企业的预算目标,批准预算方案。这一角色通常由企业的董事会担任。

预算管理机构是预算组织的神经系统,负责将预算决策机构确定的预算目标分解、传达到企业的各执行机构。规模较大的企业会设置预算管理委员会来承担这一职能。预算管理委员会由董事长或总经理任主任委员,由主管生产建设的副总经理、主管销售的副总经理、主管财务的财务总监及主管人力资源的人力资源总监任委员。规模较小的企业则在董事会下设预算管理小组,由董事长任组长,由总经理任执行组长，由各部门负责人任小组成员，承担预算管理职责。预算管理机构质询、审议各执行机构上报的预算草案，将董事会批准的预算目标、预算方案下达给各执行机构；定期分析各执行机构的预算报告，提出改进建议；审议预算调整并做出决定。

预算执行机构是预算组织的四肢，负责执行预算管理机构传达的经批准的预算方案，实现企业预算目标。规模较大的企业会采用大区制、事业部制等组织形式，采用"集团公司-区域公司-项目公司"3级架构，集团公司作为大脑与神经系统，区域公司作为骨架，项目公司作为一线经营单位。在预算组织维度，区域公司兼具预算管理机构和预算执行机构的角色：一方面，区域公司向上对集团，是集团战略目标的承接者，是战略落地的执行者，向集团公司负责；另一方面，区域公司向下对项目公司，决定本区域内的战略资源投放，将预算目标分解至项目公司，对项目公司的经营成果进行考核，是本区域的预算管理机构。

从企业整体预算管理的组织维度来说，区域公司是预算执行机构，具体如下。

（1）总经理及各生产经营部门主要负责：组织编制本公司的经营方针和战略目标、业务规划；审核板块内预算草案，提出改进意见；审核板块内预算调整申请；初审本公司的经营计划、预算分析报告及预算考核报告。

（2）财务部门主要负责：组织、编制、初审、提交本公司的预算草案；组织和调整预算的编制、审核并报请审批；定期审核业务部门的预算台账，保证台账数据与财务账套数据一致；按权责审核预算外事项申请；编制、提交本公司的预算分析报告及预算考核报告。

5.1.2 企业运营维度

如果我们把预算管理的框架看成一张二维表，那么预算组织维度是表的列，表示预算管理的层次；企业运营维度是表的行，表示房地产开发链条的长度。

房地产开发链条由八大构件组成：取地、策划、方案、开工、开盘、竣工、交付及决算。

（1）取地是房地产开发的第一步。土地是房地产开发企业的原材料，房地产开发企业的一切经营活动均基于土地。在取地时，房地产开发企业会先立项，对土地属性进行初步判断。在立项后，房地产开发企业的投资部门会对土地进行详细调研，包括土地所在城市的经济总量、人口总量、人均可支配收入，土地所在区域的经济表现等。通过一系列科学、系统的调研后，投资部门会同营销部门、成本部门等对土地开发进行初步测算，最后报投资决策委员会审议。房地产开发企业取地，一般通过公开的"招拍挂"市场进行。目前，房地产市场处于深度调整中，"收并购"也成为房地产开发企业获取土地的重要方式之一。

（2）策划包括：定位策划——判断房地产开发企业有意向的或已获取土地的产品形态；报建策划——各类证照的取得时间，最重要的是"四证"（不动产权证书、建设用地规划许可证、建设工程规划许可证和建筑工程施工许可证）和商品房预售许可证；成本策划——根据定位确定建设标准并系统梳理、优化工程成本；工程策划——在开工前，工程与营销等部门充分交底、协调工程动工计划；开盘策划——开盘前的营销推广、客户落位、推货节奏、价格策略及签约回款；交付策划——交付前的整体验收与整改。

（3）方案是指设计方案。房地产开发企业首先根据项目定位，明确产品设计思路，提出概念设计方案；然后根据土地的控规指标进行方案设计，结合地质勘查报告等拿出初步设计；最后进行施工图设计。在完成施工图设计后，房地产开发企业就可以取得建设工程规划许可证了。

（4）开工是指项目正式动工。项目在取得建筑工程施工许可证后，就可以正式动工了。开工标志着项目正式进入开发阶段。

（5）开盘是指项目在取得商品房预售许可证后，正式向社会公众销售商品房，签订合同并收取款项。它是房地产开发企业资金管理中的重要节点，意味着项目开始有经营现金流入，能有效缓解房地产开发企业的资金压力。

（6）竣工是指项目开发基本完成，是房地产开发结束的重要标志。由于房地产项目事关人民的人身、财产安全，国家高度重视项目竣工管理。《建设工程质量管理条例》第四十九条规定："建设单位应当自建设工程竣工验收合格之日起15日内，将建设工程竣工验收报告和规划、公安消防、环保等部门出具的认可文件或者准许使用文件报建设行政主管部门或者其他有关部门备案。"《房屋建筑和市政基础设施工程竣工验收备案管理办法》第四条规定："建设单位应当自工程竣工验收合格之日起15日内，依照本办法规定，向工程所在地的县级以上地方人民政府建设主管部门（以下简称备案机关）备案。"政府各部门在验收合格后，会颁发竣工验收备案证，意味着竣工完成。

（7）交付是指房地产开发企业依据相应法律规定，以及相关商品房销售合同或商品房预售合同的约定，将符合交付使用条件的商品房按期向商品房买受人交付，商品房买受人检验商品房并接受商品房的行为。交付是房地产开发企业经营的重要节点，如果商品房的质量、公共配套设施等未达到客户的要求，那么房地产开发企业可能遭到客户投诉。

（8）决算是指工程竣工决算，是由建设单位编制的项目在从筹建到竣工验收、交付使用全过程中实际支付的全部建设费用。工程竣工决算是整个建设工程的最终价格，是建设单位财务部门汇总固定资产的主要依据。在项目建设过程中，多种原因会造成工程变更与设计变更，因而工程的最终造价需要在工程完成后，对建设过程中的各种变更进行工程量、价格的核对确认，最终形成工程竣工决算，以此作为工程双方结算的依据。

对财务部门来说，工程竣工决算还应包括预缴土地增值税、预缴企业所得税清算。只有完成"两税清算"后，项目才算最后完结。

5.1.3 项目开发维度

项目是房地产开发经营的基本单位，是房地产项目预算管理的基础，项目开发维度反映了预算管理的深度。项目开发维度的预算管理主要在于8个方面。

（1）销售管理：关注签约额及签约面积。项目需要针对不同的产品业态确定去化速度（也叫销售速度），一般来说，住宅的去化速度快于商铺，商铺的去化速度快于车位。在销售节奏上，项目需要结合推货批次、时间、数量，与项目供货节奏、营销策略紧密关联。

（2）供货管理：重在保开盘节点、保销售需求。在预算管理中，项目应以销定产为要求，根据销售节奏安排供货节奏。

（3）建设管理：新开工及在建产品的面积与供货面积、销售面积相匹配。

（4）回款管理：根据企业的管理现状、开发策略及销售策略确定回款指标。回款管理的重点在银行按揭回款管理与分期销售回款管理上。银行按揭回款管理应做好准入银行、按揭额度、按揭分单等管理。

（5）存货管理：存货是指已取得商品房预售许可证未销售的产品，存货管理的重点在于滞销存货的管理。项目应结合供货情况、房地产市场情况等考虑去库存策略。

（6）成本、费用、税金管理：项目资金支出管理的重点，成本管理结合企业的历史状况，对标行业或区域先进企业，设定目标成本，以此为成本红线进行管控；费用管理以企业确定的项目管理费率、营销费率为基础设定费用指标；税金以财务税收规划后计算的金额为准。

（7）利润管理：利润是指项目全周期反映的财务净利润及日常经营管理中进行过程控制的管理利润；由于房地产项目周期长，为了动态反映项目的经营成果，房地产开发企业会根据已实现的销售与目标成本等测算分业态的利润和已实现的利润。利润管理是房地产开发企业的一大特色。

（8）现金流管理：目的是合理地规划资金，明确资金来源，制订融资计划，保障项目成功开发。现金流管理分为经营性现金流管理（反映经营收支情况）和融资性现金流管理（反映包含融资情况的现金流情况）。

5.2 房地产项目资金管理

房地产是资金密集型行业，资金是房地产开发企业的生命线，资金管理是房地产项目预算管理的基础。

5.2.1 回款管理

房地产开发企业的回款分为两大类：一是销售收款，二是按揭回款。销售收款是指在项目销售过程中房地产开发企业直接向客户收取的款项，包括定金、首付款、分期款等。按揭回款是指客户采用购房贷款方式购买商品房，由银行或住房公积金中心发放给房地产开发企业的按揭款。不论是哪种回款，财务人员在收取款项时都需做到"收款有据"。

1. 销售收款

在项目销售过程中，房地产开发企业采用收取排号费、诚意金等方式确定客户的购买意向。房地产开发企业收取排号费、诚意金等，因未与客户签订销售协议，故排号费、诚意金属于应付款，不作为房地产开发企业的回款。但财务人员在收取此类款项时，应要求销售经理提供经审批的收费标准及经销售经理签字确认的收款通知书，并向客户开具收款收据。

对于定金、首付款、分期款的收取，房地产开发企业需与客户签订认购书、购房合同等法律文本。定金、首付款、分期款属于商品房销售款，应作为销售回款，财务人员凭认购书、购房合同等收取款项，并开具收据或发票。财务人员在收取款项时，应审核客户姓名、身份证号、房号、销售单价、面积、总价、不含税价等，在审核无误后才能收取款项并开具收据或发票。

项目出纳或收银员在收到现金时，应在点钞机上清点两次，正面一次，反面一次，并向交款人提供收据，加盖"收讫"章。如项目出纳或收银员临时没有收据，则需要向对方提供个人签章收条，并注明交换收据时间，提示交款人来前拨打办公电话确认时间。

项目出纳或收银员应于每日下午4点前清点当日收取的现金，编制现金缴款单，及时将款项送交银行。保险和保安设备不完善的项目公司，不得保存现金过夜，不得私自坐支收到的现金及支票，不得以白条抵充现金，更不得任意挪用现金。

对于客户以POS机刷卡、支付宝、微信方式支付各类款项，项目出纳或收银员应以银行配置的POS机打印的小票作为收款凭据，并要求客户签字确认。营业完了第二日，财务出纳需与刷卡银行对账，确认款项是否到账。

项目出纳或收银员应每日编制收款日报并交给财务出纳，财务出纳核对各类收款是否完整、准确，在核对无误后交财务会计入账。收款日报示例如图5-1所示。

对于退房，在项目销售完成房地产开发企业相关审批流程后，财务出纳已退款的，现场出纳或收银员应根据相关流程在退款当日的收款日报中，以负数反映。

对于换房，在项目销售完成房地产开发企业相关审批流程后，现场出纳或收银员应根据相关流程在换房当日在收银日报上将换出方登记为负数，将换入方登记为正数，在"其他（列明细）"栏中注明"换房"。

川哲府收款日报

日期：

序号	房号	业态	楼栋号	客户姓名	收款小计	现金	POS（注明银行）	支付宝	微信	其他（列明细）

图 5-1　收款日报示例

销售收款的另一个管理重点是票据管理。收据和发票都是房地产开发企业重要的财务票据，房地产开发企业需建立完善的票据领用销存制度，确保票据使用可查可追、不重不漏。

房地产开发企业的财务部门需妥善保管空白票据，现场出纳或收银员领用、缴销票据需进行领用登记。发票收据领用簿示例如图 5-2 所示。

川哲府发票收据领用簿

序号	入库日期	起止号码	本数	领用人签字	归还人签字	归还日期	备注

图 5-2　发票收据领用簿示例

现场出纳或收银员需每日编制票据使用汇总表，明细记录票据使用情况，并在每日将票据使用汇总表和收款日报、开具的票据等一并交给财务出纳审核并入账。票据使用汇总表示例如图 5-3 所示。

如客户遗失收据，则只能在客户提交书面申请后，财务会计复核已收款，再提供原收据存根联复印件加盖财务专用章，交客户保存。如客户遗失发票，则财务会计只能提供原发票存根联复印件加盖发票专用章（或财务专用章）。

川哲府票据使用汇总表

日期：

序号	开票日期	票据类型（收据/发票）	票据号码	房号	客户姓名	金额	备注

图 5-3　票据使用汇总表示例

如果因客户申请换房、退房需要补开发票，或者当地政府机关不允许使用原发票存根联复印件加盖发票专用章（或财务专用章），那么客户必须本人先登报声明，凭此登报声明，财务会计在复核已收款后重新开具发票。

2. 按揭回款

按揭回款是房地产开发企业回款的重要组成部分，一般来说，按揭回款占总回款的 50%～70%。房地产开发企业回款的好坏取决于按揭回款的速度与额度。

要做好按揭回款管理，房地产开发企业需做好过程管控，按日、周、月的周期推动管理循环，前追营销客户资料齐备，后推银行审批放款速度。

按揭回款的第一步是确定合作银行，完成按揭准入。在确定合作银行时，财务人员需结合房地产开发企业的融资资源，以及各家银行对 1 套房、2 套房、3 套及以上房屋的贷款政策差异。财务人员需在全面摸底银行政策的基础上，完成拟合作银行信息汇总表。拟合作银行信息汇总表示例如图 5-4 所示。

川哲府拟合作银行信息汇总表

银行	分支机构	联系方式	非普通住宅认定标准	贷款情况	外地户口	本地户口	无房 首付	无房 利率	1套 首付	1套 利率	2套 首付	2套 利率	3套及以上 首付	3套及以上 利率
中国银行				无房贷										
农业银行				1套未结清										
工商银行				2套未结清										
建设银行				3套及以上未结清										
交通银行														
中国邮政储蓄银行														
招商银行														
光大银行														

图 5-4　拟合作银行信息汇总表示例

根据摸底情况，房地产开发企业在结合融资资源的情况下确定按揭合作项目，向银行提出合作申请，开立按揭账户，签署按揭合作协议。银行通常会向房地产开发企业提出交纳按揭保证金的要求，即按按揭放款金额的 5%~10%留存按揭保证金，这会减少房地产开发企业的可使用资金，因此房地产开发企业在和银行洽谈中，应尽量争取不交按揭保证金。

在项目销售过程中，影响按揭回款速度的一大原因是客户把资料准备齐全所耗费的时间过长，造成银行无法审核放款，因此在按揭回款管理中，财务人员需将客户准备按揭资料、客户征信查询的时间前置，压缩按揭放款的时间。具体的操作如下。

（1）排号阶段。置业顾问需了解客户的付款方式，告知客户办理按揭付款所需的贷款资料及其提交时间，并取得按揭客户的征信查询同意书；需清晰了解各大银行的按揭政策，出具按揭须知（含公积金）。

（2）认购阶段。在认购前，按揭客户需提交全套按揭资料且其征信满足贷款银行的要求，在按揭资料清单上签字确认，如在认购时无法提供全套按揭资料，则需签订按揭资料补充承诺函，承诺于签约时补齐；项目销售需严格控制在 3 天内签约（含当天），若超出 3 天，则置业顾问在认购前须向销售经理报备；严禁客户二次延期签约。

（3）签约阶段。在签约当天，按揭客户需把按揭资料准备齐全，并保证按揭资料有效，否则不得签约；按揭客户需先与贷款银行完成面签，才可签约；按揭客户应同时签订购房合同与按揭贷款合同；在签约当天，按揭人员需在审核签约合同（草签）、全套按揭资料后，将其传递至银行；在签约前 2 天、出发前，按揭人员须与客户再次核实按揭资料的准备情况，确保万无一失。

（4）银行审批放款阶段。按揭人员需建立台账，及时跟踪每笔按揭的审批进度，及时沟通审批过程中出现的问题，直至达到待放款阶段。财务部门需及时监控合作银行的按揭额度，并及时通报销售经理，调整合作银行的接单量，防止出现无额度接单现象。

按揭回款的日常管理在于对在途资金(已签约未回款的部分)进行分类管理，在途资金分为按揭在途、公积金在途及分期在途。按揭在途又可进一步划分为住宅按揭、商业按揭，不同类别的按揭还可按按揭件所处的阶段划分为资料不齐、资料齐备银行审批中、待备案、预告预抵、待放款及特殊客户等。

总之，按揭回款管理的关键在于分类管理、每日跟踪、每周总结问题并制定相应的策略，财务人员与营销人员密切配合，同时建立适合的奖惩制度，以充分调动各条线上人员的积极性。

5.2.2 支付管理

房地产开发企业的支付类型主要有4种：日常费用、个人借款、工程付款及商业承兑汇票，其中工程付款是支付管理的重点。

1. 日常费用

日常费用报销是指在房地产开发企业日常经营过程中发生的，记入期间费用或开发间接费的，与业务相关的行政办公类支出（如交通费、办公费、差旅费、业务招待费等费用）的报销。

日常费用的数量大、金额小，又关系到职工的切身利益，财务人员既要管控，又要服务，管理的重点在于依据房地产开发企业确定的项目费用预算额度，将预算额度划分到各部门，由部门负责人承担预算管控的责任。

财务人员需提前拟定管理制度，并宣传到位，让大家了解并熟悉财务预算管控的逻辑方法、制度规定的红线标准、预算科目的调整规则等，切忌"事前不说规则，报销随意提高审核标准"。

费用管控主要是管理费用、开发间接费和销售费用的管控。

管理费用是指房地产开发企业为组织和管理其经营活动所发生的费用，主要包括董事会和行政管理部门在房地产开发企业的经营管理中发生的或者应由房地产开发企业统一负担的职工薪酬福利费、业务招待费、物料消耗、低值易耗品摊销、办公费、差旅费、工会费、董事会费、聘请中介机构费、诉讼费、折旧费、修理费、水电费、劳动保护费、房产税等。行政管理部门人员（城市公司总经理、财务部管理人员、行政人事部管理人员）的费用列入此项。

开发间接费是指房地产开发企业为直接组织和管理开发项目所发生的工资薪酬、折旧费、修理费、办公费、水电费、劳动保护费、工程管理费、周转房摊销等。项目部全体人员（含售楼处的财务人员）、城市公司成本部人员、设计部人员（含前期投资、运营人员）、城市公司分管工程设计的副总经理的费用列入此项。

销售费用是指房地产开发企业在销售商品房及其他物业过程中所发生的费用，主要包括专设销售机构人员的职工薪酬、折旧费、修理费、办公费、水电费、劳动保护费，以及销售佣金、广告策划费、销售推广费、售后服务费用等。销售、营销策划、客户服务部门的费用列入此项。

费用管控应遵循费用跟人走的原则，若人员发生跨部门变动，则应按上述原则将变动人员的工资薪酬福利、社会保险和公积金、办公费、差旅费、津贴、培训费等列入相应的预算科目。

日常费用管控的重点不在薪酬福利等固定性费用（在房地产开发企业的架构和薪酬水平确定后，此类费用变动不大）上，重点在以下几类费用上。

（1）差旅费。房地产开发企业需根据工作需要制定不同级别人员出差到不同级别城市的差费标准，包括长途交通费（飞机、火车、汽车、保险、机场建设费）、市内交通费、住宿费、误餐补助等。

（2）业务费。业务费是费用支出的大项，业务费管理要遵循"事前审批"的原则。房地产开发企业需制定业务费标准，接待不同级别的人员、参与人员的数量不同，用餐标准和酒水类别就不同。

（3）办公费。办公费包含的费用类别多，单笔金额小，总额大。房地产开发企业应制定每人月度办公用品标准、绿化租摆标准、办公租赁面积与租金水平标准等，区分固定费用和变动费用，进行分类管理。

（4）审计咨询费。此类费用主要用于房地产开发企业年度报表审计、财务法务尽职调查、资产评估等。对"收并购"项目较多的房地产开发企业来说，财务法务尽职调查费是支出大项，房地产开发企业应采用年度供应商的方式锁定价格，降低费用。

2. **个人借款**

房地产开发企业的个人借款主要用于差旅费借款、业务招待费借款、日常零星采购借款和其他金额较小的临时性费用借款。根据合同或协议约定，带有预付款性质的款项、押金性质的款项，不作为个人借款处理，应作为预付账款及其他应收款（押金）处理。

因个人借款在财务核算中被列入内部往来，不作为费用核算，通常房地产开发企业不会将个人借款的金额计入预算中，这就造成一些部门因为预算不足，而采用个人借款办事，在下一个预算期内以发票冲账，以达到挪用预算目的的现象。因此，房地产开发企业对个人借款应坚持"前款不清，后款不借"的原则，并定期催促借款部门、个人及时销账。

如职工以前借款未清还而再次申请借款，则需出具经隔级领导、财务负责人审批同意的借款手续。

为了严肃借款纪律，房地产开发企业需对个人借款进行列举式的规定，未列举的费用项目不得借款；针对不同级别的职工，规定不同的借款额度；特殊事项，一事一议，并需得到一定级别以上的领导同意。

3. 工程付款

工程付款金额动辄几百万元、上千万元，如果支付出错，就会对房地产开发企业产生很大的影响，因此房地产开发企业对工程付款都有着严格而详细的要求。

第一，房地产开发企业应明确而清晰地规定各类付款的权限，分类别、分层级授予财务人员不同的支付权限。财务人员应严格按照房地产开发企业授权体系的要求，凭完整的审批付款流程付款。

第二，工程施工均需通过房地产开发企业招标和投标的流程确定供应商，房地产开发企业需与供应商签订施工合同。财务人员在付款时应关注付款金额是否在预算内，付款条款（如付款进度、付款要件等规定）是否符合合同约定，付款要件（如合同、发票、成果确认单、进度单等）是否完整，付款申请是否经充分及适当权限审批。

第三，财务人员对工程合同的审核应关注合同附件是否齐备（定标审批单、廉洁协议书），付款条件是否合规（合同执行时间不早于定标时间，付款方式是否明确约定商业汇票、保理或工程抵款，付款节点是否清晰、明确，乙方账户信息是否完整，违约条款中对甲方的责任认定与违约金的支付等），合同金额是否准确（合同金额需明确含税金额、不含税金额，合同税率是否符合施工类别，因国家政策变动的税率变动对合同金额的影响，增值税发票是否是增值税专用发票，发票开具是否先于款项支付等）。

第四，账务人员对前期、研发类合同付款的审核应关注是否有成果确认单；如是结算款，则应关注是否有结算协议或结算审批单。

第五，账务人员对工程类合同付款的审核应关注是否有工程形象进度表、工程验收证明、产值计算表等；如是结算款，则应关注是否有结算协议或结算审批单、工程竣工验收证明等。

第六，财务人员对甲供材付款的审核应关注是否有材料设备进场验收单、甲供材结算单等。

第七，财务人员对支付贷款利息的审核应关注是否有贷款合同，利息计算是否正确（计息天数算头不算尾，日利率是按 360 天算还是 365 天算），是否有利息发票，是否到付息日等。

4. 商业承兑汇票

随着支付方式的多元化，商业承兑汇票（以下简称商票）成为房地产开发企业支付工程款的重要方式之一。商票与银行承兑汇票的主要区别在于银行承兑汇票由银行负责到期兑付，而商票基于企业自身的信誉，信用度低于银行承兑汇票。

商票对房地产开发企业来说，延迟了款项的支付时点，是房地产开发企业融资的一种方式。商票的期限一般为 3 个月、半年、一年。

施工单位在取得商票后，应于自到期日起 10 日内向承兑人提示付款，持票人未按照规定期限提示付款的，在做出说明后，承兑人或者付款人仍应继续对持票人承担付款责任。

商票到期被拒绝付款的，持票人可以对背书人、出票人及商票的其他债务人行使追索权。

房地产开发企业为促进商票的使用，一方面会在招标和投标时明确合同的商票使用量；另一方面会根据实际情况给予施工单位一定的贴现补贴，即支付给施工单位一定的利息进行补贴。从法律关系角度看，这种行为不属于附属于商票本身的权利或义务，而是房地产开发企业为提高商票的接受度而采取的对收款方的奖励政策。

商票作为一种支付手段,其流通性弱于现金,持票人可以通过商票贴现取得现金,即以支付一定贴现利息并将商票转让给银行等机构的方式获取现金。

5.3 房地产项目预算管理全流程

房地产项目预算脱胎于项目经营计划。项目经营计划有多个版本,在投资取地阶段为投资版经营计划,一旦房地产开发企业获取土地,此版经营计划就作为房地产开发企业对项目经营目标考核的依据;在方案设计阶段,项目需根据确定的项目经济指标调整投资版经营计划,形成方案版经营计划,此版经营计划的经营指标要优于投资版经营计划,作为项目经营的总纲;在项目开发预售阶段,项目需定期(按季或半年)根据实际销售情况、回款情况、工程支付情况调整方案版经营计划,动态反映项目的各项经营指标,此为动态版的经营计划,主要通过经营指标的对比,及时纠偏或进行经营决策。

预算体系由 3 年战略规划、企业年度经营目标、收入预算、成本预算、费用预算、税金预算、资金预算、资本预算、财务预算等构成,以现金流为核心,以实现目标利润为重点。项目预算以年为单位编制,项目年度预算指标不应低于方案版经营计划中归属预算当年的指标。

5.3.1 货值盘点

项目预算从收入预算开始编制,而收入预算编制的基础是货值盘点。

货值即房地产项目的销售价值,是可售资源的销售价值总和,是可售业态的销售面积与销售价格乘积之和。货值的计算公式为

$$货值 = \sum(销售面积 \times 销售价格)$$

货值盘点需盘点项目的土地储备、在建产品和可售产品。

1. 土地储备盘点

土地储备盘点应从量和质两个方面着手。

（1）量。

量即数量。我们应盘点土地数量、占地面积、坐落位置、产权人、土地价款及支付情况、土地税费及支付情况等。

土地价款、指标款、交易手续费、税费等是量盘的重点。在盘点时，我们应重点关注以下几个方面。

① 不动产权证书是否取得；不动产权证书与地块的对应关系是否清晰，在实务中，有的项目，特别是取地时间较早的项目，会出现一块地有几个不动产权证书，或地块四至边界与不动产权证书不匹配的情况。

② 土地价款、指标款、交易手续费：国有土地出让合同约定的付款日期、交地日期；房地产开发企业实际付款金额及付款日期；有无逾期或违约情况；所有付款是否取得省政府非税收入一般缴款书；交易手续费是否取得土地交易中心开具的增值税专用发票。

③ 税费：土地交易主要涉及契税及印花税。契税的计税基础是土地价款及指标款（有的地方还包括房地产开发企业在项目报建时交纳的市政配套费）；印花税是小税种，也是在实务中容易被遗漏的税种，应按出让合同记载的金额，以产权交易书据万分之五的税率计算缴纳。

（2）质。

质指土地的质量，即土地的规划指标。土地的规划指标来自政府的城市规划。政府的城市规划管理部门会根据城市总体规划，规定某块土地的用途。土地一般有8类用途：居住用地、商业服务业设施用地、物流仓储用地、绿地与广场用地、道路与交通设施用地、公用设施用地、公共管理与公共服务设施用地、工业用地。房地产开发企业的土地储备主要是居住用地和商业服务业设施用地，一些产业地产公司也会储备物流仓储用地等。

土地的用地性质决定了土地上可修建的具体业态，如居住用地主要用于修建住房，商业服务业设施用地用于修建商场、公寓、办公楼、写字楼等；而土地的规划指标决定了土地上具体业态的数量、比例、建设要求等，是土地质量的具体表现。

2. 在建产品盘点

预算管理中所说的在建产品是指项目已开始施工，但工程进度尚未达到预售条件的产品。项目开工要取得建筑工程施工许可证，销售要取得商品房预售许可证，处于二者之间的项目统称在建产品。

在实务中，房地产开发企业为了实现快周转，存在未取得建筑工程施工许可证就动工的情形。对于这类情况，我们应根据"实质重于形式"的原则，仍将其计入在建产品。

进入建设阶段的项目，其定位、业态、户型、建造标准等均已确定，我们在编制预算时重点关注项目节点计划中列示的预售时间，即什么时间达到预售条件，可以推出销售。

节点计划源于项目管理。房地产项目开发时间短则两三年，长则五六年，为了按期完成项目交付，实现经营目标，房地产开发企业对项目从开始的投资、施工、到交付的整个过程进行计划、组织、指挥、协调、控制。节点计划是一系列管理活动的成果体现。

节点计划划分为里程碑节点（如项目交地、售楼部开放、开盘、竣工备案、交付）、一级节点（如签订土地合同、设计方案报审通过、取得建设工程规划许可证、取得建筑工程施工许可证、取得商品房预售许可证等）、二级节点、三级节点等。预算编制重点关注里程碑节点、一级节点的时间要求。

对于体量较大的项目，房地产开发企业会分期进行开发。同一分期内不同楼栋的施工计划也有差别，我们在盘货时，应细分到每一栋楼，明确其达到预售条件的时间，并将其与营销的销售计划进行对比，保证供销平衡。

通过在建产品盘点，我们清楚了预算期内可供销售的资源情况。

3. 可售产品盘点

可售产品分为已推未售产品和未推未售产品两类。

已推未售产品是指已取得商品房预售许可证、已对外销售但尚未销售的产品。根据已推出未售的时间期限，我们可将已推未售产品划分为正常产品与滞销产品。

我们把产品从推出面世到实现销售所经历的时间称为销售期。销售期的长短反映产品的市场接受度和市场热度。当产品被市场认可、市场火爆时，我们可以看到产品一经推出就被一扫而空，形成"日光盘"；当产品的市场接受度低、市场冷淡时，销售期可长达数月，产品滞销。

我们将销售期超过6个月的产品划为滞销产品，将销售期超过12个月的产品划为严重滞销产品。滞销产品占用房地产开发企业的资源，市场风险大，是预算管理的重点。

未推未售产品是指已达到预售条件但尚未对外销售的产品。根据是否取得商品房预售许可证，我们可将未推未售产品划分为已取证未推未售产品和未取证未推未售产品。

房地产开发企业通常会按销售计划的要求同时取得一段时期内需要推销产品的全部商品房预售许可证，而在销售时，根据产品的市场表现动态控制推售时间，这就形成了在编制预算时部分产品虽取得了商品房预售许可证，但尚未推出面世的情况。对这类产品，在预算管理中，我们需要关注不同业态的销售期，以及其是否有转化为滞销产品的可能性，在确定年度经营动作时提出专项计划。

未取证未推未售产品是指工程进度已达到预售条件但未取得商品房预售许可证的产品，反映了项目生产进度与销售节奏的匹配度，此类产品越多，匹配度越低。房地产开发企业在开工前会召集工程部门、营销部门等部门参加项目规划会，明确营销的推盘节奏与工程的施工先后，尽量使工程施工与销售需要匹配，达到以销定产的目的。

在项目实施过程中，营销部门的销售计划会随市场变化而变化，而工程施工计划一旦确定就很难改变，工程施工无法根据市场的变化而动态调整，这就造成生产进度与销售节奏脱节。当这种情况越来越严重时，工程部门和营销部门就会产生冲突：营销部门抱怨工程部门的施工进度慢，无法提供营销部门想要的产品；工程部门抱怨营销部门不销售其已建好的达到预售条件的产品。

因此，在预算管理中，我们需要特别关注未售产品的销售计划与施工计划，合理地降低此类产品的施工节奏，放慢进度，控制支出。

5.3.2 收入预算编制

房地产开发企业在通过货值盘点摸清了预算年度项目的供货情况、滞销产品情况后，需结合对市场情况的研判，确定销售策略，预计各业态的销售情况、回款情况，汇总成项目的收入预算表。收入预算表示例如图 5-5 所示。

川哲府收入预算表

项目分期	业态	类型	项目合计	2018年及以前	2019年	2020年	2021年	2022年	2023年及以后	2020年 1月	2月	3月	4月	5月	6月	7月	8月	9月	10月	11月	12月
一期	高层	签约套数																			
	高层	签约面积																			
	高层	单价																			
	高层	签约金额																			
	高层	签约回款																			
	洋房	签约套数																			
	洋房	签约面积																			
	洋房	单价																			
	洋房	签约金额																			
	洋房	签约回款																			
	别墅	签约套数																			
	别墅	签约面积																			
	别墅	单价																			
	别墅	签约金额																			
	别墅	签约回款																			

图 5-5　收入预算表示例

项目营销部门需针对不同业态，特别是滞销产品，做出年度销售规划，预测每种业态的销售数据，并将其填列到收入预算表中。

项目分期以项目建设工程规划许可证为准。大的项目可能分为 2 期、3 期，甚至更多。我们需注意项目分期与销售推售批次不同，一个项目分期中可能有多个推售批次。推售批次被反映到每月的销售数据中。

业态是项目的产品形态。不论在预算年度内是否销售，在收入预算表中都需列示项目的所有业态。

类型是项目业态与销售相关的数据类型，所有销售数据均以签约口径为准，在收入预算表中不考虑认购数。每种业态均需按签约套数、签约面积、单价、签约金额及签约回款填列。销售部门以签约套数列示每月的销售任务；签约面积是当期每种业态的销售面积总计，签约面积=套数×套均可售面积；单价是每种业态的销售均价，按月计算编制，销售部门需预计全年推售产品的价格，滞销产品需要降价，新推产品需按价格策略定价，畅销产品需涨价，因此同一业态的每月销售均价可能不同；签约金额以含税价填列，增值税在利润表的税费中列示，签约金额=签约面积×单价；签约回款根据签约金额，按预计的回款进度计算填列。

在编制收入预算时，回款进度的预估应以项目按揭银行、公积金中心的放款情况为依据。当前，银行按揭政策对首套房客户要求首付3成，贷款7成；对二套房客户要求首付5成，贷款5成；对商铺等商业业态要求首付5成，贷款5成。对比按揭政策，房地产开发企业要摸清以下情况：签约客户的构成，即首套房客户的占比为多少、二套房客户的占比为多少、一次性付款客户的占比为多少、分期付款客户的占比为多少；如有分期，则销售的分期政策是什么、分期期限多长、分几期付款等；银行的放款情况，以及公积金的情况。只有摸清了这些情况，房地产开发企业才能较准确地预计回款进度，为下一步编制现金流量表打下良好的基础。

【例5-1】川哲府项目在编制2021年的收入预算时，预计1月推出新批次，销售100套，套均面积为100m²，均价为10 000元/m²，预计回款比例为4：3：3（第一个月回40%，第二个月回30%，第三个月回30%），则收入预算表相关栏次的填列如下：

"签约套数"：100。

"签约面积"：10 000m²（100×100）。

"单价"：10 000元/m²。

"签约金额"：10 000万元 [10 000×10 000=10 000（万元）]。

"签约回款"：4 000万元 [10 000×40%=4 000（万元）]。

"项目合计"栏反映项目所有业态的总数，此栏的签约套数、签约面积需与方案版经营计划一致；单价反映业态的整盘均价；签约金额等于回款金额，且应高于方案版经营计划，如低于经营计划，则说明项目有货值折损，经营指标可能不达标，项目需重点关注。

"2018年及之前"到"2023年及之后"的数据考虑了项目全周期的需要，本节以2020年为预算年，往前、往后各推3年，将项目全周期每年的数据纳入预算中，便于做各年数据的对比分析，亦可将各年数据与经营计划做对比。

2020年各月数据根据销售数据填列，并得到每月的回款额，链接到现金流量表中。

在填列每月的回款额，特别是第一季度的回款额时，房地产开发企业需考虑以前年度的在途销售款的回款情况。在途回款明细表示例如图5-6所示。

川哲府在途回款明细表

指标	2019年期末	2020年												
		1月	2月	3月	4月	5月	6月	7月	8月	9月	10月	11月	12月
在途按揭款													
在途分期款													
其他在途													
合计													

图 5-6　在途回款明细表示例

房地产开发企业将在途回款明细表中各月的回款额加入收入预算表中的各月回款额中，收入预算的编制就完成了。

销售税费与销售回款密切相关，房地产开发企业在编制收入预算时，可将税费预算一并填列。税费预算表示例如图 5-7 所示。

川哲府税费预算表

序号	税目	税率	项目合计	2018年及以前	2019年	2020年	2021年	2022年	2023年及以后	2020年											
										1月	2月	3月	4月	5月	6月	7月	8月	9月	10月	11月	12月
一	增值税																				
二	城市维护建设税																				
三	教育费附加																				
四	土地增值税																				
1	普通住宅																				
2	非普通住宅																				
3	非住宅																				
五	企业所得税																				
六	其他																				
	合计																				

图 5-7　税费预算表示例

税费预算表的编制逻辑同收入预算表，反映项目全周期的税费缴纳情况。税费预算表中的数据以现金支付口径填列，"税率"按项目所在地税务机关确定的预征率填列。"企业所得税"按第 4 章讲述的预缴税方法计算填列。

"其他"栏填列除三大税之外的其他税，如土地使用税、印花税、房产税等。

如在预算年度项目涉及税收清算，则应填列预计清算补税或退税金额，退税金额以负数表示。

土地增值税、企业所得税清算，需按第4章讲解的方法编制税金计算表，作为税费预算表的附表，此处不再赘述。

5.3.3 开发成本预算编制

根据以销定产的要求，在收入预算编制完成后，项目应根据审核通过的收入预算确定预算年度的供货量，从而确定开发成本预算。开发成本预算包括土地成本预算、前期工程费预算、建筑安装工程费预算、基础设施费预算、公共配套设施费预算及开发间接费预算。土地成本预算应根据土地合同中约定的付款时间及金额编制，开发间接费预算的编制同管理费用预算的编制，在5.3.4节一并讲述。

工程施工进度决定开发成本预算的金额与时间，因此房地产开发企业在编制开发成本预算时应先确定项目的关键节点。关键节点表示例如图5-8所示。

川哲府关键节点表

序号	关键节点	完成标准	一期	二期	备注
1	拿地	土地确权书			
2	取得建设用地规划许可证	取得建设用地规划许可证			
3	规划方案报批通过	取得盖章的总平面图			
4	取得不动产权证书	取得不动产权证书			
5	取得建设工程规划许可证	取得建设工程规划许可证			
6	取得建筑工程施工许可证	取得建筑工程施工许可证			
7	开工	土方开挖或者打桩			
8	会所、售楼处完工，对外开放	会所、售楼处完工，对外开放			
9	开盘预售（首批）	拿到商品房预售许可证，首批开盘			
10	尾栋主体结构封顶	尾栋主体结构封顶			
11	完成当期销售的70%	完成当期销售的70%			
12	取得竣工验收备案证	完成各项验收，并取得竣工验收备案证			
13	完成交房(交房率≥95%)	完成交房(交房率≥95%)			

图 5-8 关键节点表示例

根据关键节点表，工程部门应编制楼栋施工计划等明细表，铺排全年的施工计划。成本部门根据工程部门提供的施工计划，计算工程量、单方成本，编制工程成本预算表。工程成本预算表示例如图5-9～图5-11所示。

川哲府工程成本预算表

科目		项目合计	2018年及以前	2019年	2020年	2021年	2022年	2023年及以后	2020年											
									1月	2月	3月	4月	5月	6月	7月	8月	9月	10月	11月	12月
前期工程费	报建																			
	工程量																			
	单方																			
	设计费																			
	工程量																			
	单方																			
	工程建设其他费																			
	工程量																			
	单方																			
	其他																			
	小计																			

图 5-9　工程成本预算表示例（前期工程费）

川哲府工程成本预算表

科目		项目合计	2018年及以前	2019年	2020年	2021年	2022年	2023年及以后	2020年											
									1月	2月	3月	4月	5月	6月	7月	8月	9月	10月	11月	12月
建筑安装工程费	土方工程																			
	工程量																			
	单方																			
	基础工程																			
	工程量																			
	单方																			
	基础施工																			
	工程量																			
	单方																			
	地下室主体结构																			
	工程量																			
	单方																			
	主体结构																			
	工程量																			
	单方																			
	门窗、外立面																			
	工程量																			
	单方																			
	公区装修																			
	工程量																			
	其他																			
	小计																			

图 5-10　工程成本预算表示例（建筑安装工程费）

成本部门在完成各项成本预算编制后，需汇总各项成本并与经营计划成本进行核对，编制动态成本表。动态成本表示例如图 5-12 所示。

方案版经营计划+调整是指项目在经营过程中可能存在特殊原因对成本产生影响的情况，经房地产开发企业审批后对方案版经营计划的成本总额进行调整。在编制年度预算时，动态成本的对比基础应为调整后的经营计划。

川哲府工程成本预算表

科目		项目合计	2018年及以前	2019年	2020年	2021年	2022年	2023年及以后	2020年												
									1月	2月	3月	4月	5月	6月	7月	8月	9月	10月	11月	12月
基础设施费	景观工程																			
	工程量																			
	单方																			
	水电气网络																			
	工程量																			
	单方																			
	其他																			
	小计																			
公共配套设施费	工程费																			
	工程量																			
	单方																			
	其他																			
	小计																			

图 5-11　工程成本预算表示例（基础设施及公共配套设施费）

川哲府动态成本表

序号	指标	方案版经营计划+调整					年度预算动态成本					差额	差额比例
		合计	高层	洋房	商业	车位	合计	高层	洋房	商业	车位		
一	建筑面积												
二	可售面积												
三	开发成本												
1	土地成本												
2	前期工程费												
3	建筑安装工程费												
4	基础设施费												
5	公共配套设施费												
6	开发间接费												
四	单方成本												
1	单方土地成本												
2	单方4项成本（不含精装）												
3	单方建筑安装工程（不含精装）												
4	单方精装修成本												
5	单方融资成本												

图 5-12　动态成本表示例

　　动态成本对比，除了对比总额，还需要对比单方成本，从土地成本、4项成本（前期工程费、建筑安装工程费、基础设施费及公共配套设施费）、精装修成本、融资成本等项目进行对比并分析差异。如有重大不利差异，则房地产开发企业需组织工程部门、成本部门充分讨论，采取措施，消除/减少不利差异。

　　开发成本还应被分配至各成本对象，对比各成本对象的成本差异，重点考虑成本对象的成本差异对税收的影响，特别是对土地增值税的影响。

在预算编制阶段发现问题，提前确定应对措施，每月实施到位，从而实现经营目标，也是预算管理的重要作用之一。

5.3.4 费用预算编制

费用预算分为管理费用预算、营销费用预算及财务费用预算，开发间接费中的人力行政类费用的实质与管理费用一样，按管理费用预算编制。

项目融资成本应资本化，计入开发间接费中。如项目已有借款，则房地产开发企业应根据借款合同约定的计算方式与时间，确定本息支付时间与金额；如项目尚无借款，则房地产开发企业应根据项目预估现金流量表中的预算年度累计现金流量缺口，进行融资规划，预计融资金额、利率、期限等，预计融资现金流量。融资收支预算应在项目现金流量表中填列。

费用预算编制的重点在于管理费用预算编制与营销费用预算编制，下面分别讲解。

1. 管理费用预算编制

前文在讲述费用管控时强调了费用标准的重要性。房地产开发企业在编制管理费用预算时，应按其费用标准编制。管理费用预算表示例如图 5-13 所示。

川哲府管理费用预算表

项目	2019年实际数	2020年												
		合计	1月	2月	3月	4月	5月	6月	7月	8月	9月	10月	11月	12月
一、人力费用														
薪酬费用														
福利费用														
招聘费用														
其他费用														
二、企业文化费用														
职工活动费用														
其他费用														
三、行政办公费用														
办公费														
通信费														
交通费														
业务费														
差旅费														
物管费														
会议费														
绿化费														
租赁费														
能耗费														
其他														
四、审计咨询费														
审计费														
咨询费														
五、各项税费														
残疾人就业保障金														
六、折旧、摊销														
合计														

图 5-13 管理费用预算表示例

人力费用各项与项目编制及人员能级密切相关。在项目启动时，房地产开发企业会根据项目情况进行人员配置并招聘工作人员。当项目人员到位后，年度预算中的人力费用就基本确定了。此部分由人力行政部按房地产开发企业的人力政策计算填列。

企业文化费用是指房地产开发企业开展的职工活动费用及其他费用，由人力部门按年度活动规划的时间与金额填列。

项目应确定办公费的预算标准，如新进职工 70 元/人，职能部门每月 25 元/人，项目现场办公人员每月 20 元/人。

通信费中的办公场地电话费、光纤费以电信协议为准，职工通信补助由房地产开发企业按人员级别和工作性质确定标准并编制预算。

交通费：对外勤人员，按工作性质确定补助标准；对项目自有车辆费用，根据车辆使用情况、保险、车船使用税等编制预算。

房地产开发企业先设定接待标准，然后各部门根据本部门的业务规划预估全年的业务费。

差旅费预算的编制方法与业务费预算的编制方法一致，先确定出差标准，再由各部门根据本部门的业务规划编制差旅费预算。房地产开发企业应按人员级别、出差城市等级，分别规定住宿标准、出差补助标准、可报销费用类别（如洗衣费、酒店消费等）。

物管费是房地产开发企业租赁办公地点交纳的物业管理费，或企业自有办公地点外聘物业人员的费用，按物业管理合同约定的金额填列。

会议费是房地产开发企业组织各类会议发生的会务费、住宿费等，根据房地产开发企业行政部门的年度工作计划及会议规模等编制预算。

绿化费主要考虑办公室绿化租摆费用，房地产开发企业应建立绿化租摆标准。

租赁费是房地产开发企业对外租赁设备或办公室等发生的费用，按租赁合同约定的金额填列。

能耗费是指房地产开发企业办公产生的水、电、气费，由行政部门根据历史发生金额及办公面积大小预计填列。

审计咨询费是房地产开发企业外聘会计师事务所、税务事务所及其他外部咨询机构的费用，按相关合同约定金额填列。

残疾人就业保障金是税务机关代收的政府性基金，可按上年实际发生数预计。

折旧、摊销是指房地产开发企业的固定资产、长期待摊费用在当期的折旧额和摊销金额，按折旧、摊销的年限计算填列。

2019年实际数按2019年项目实际发生的各项支出填列，用于和2020年的各项预算进行对比，初步判断预算金额的合理性。

2. 营销费用预算编制

营销费用的类别多、数量多、金额大，在预算管控上通常按营销费率（营销费用预算总额/收入预算总额）进行管控。在编制年度预算时，营销部门应根据收入预算目标、推盘节奏等，确定年度推广策略、销售策略，再编制年度营销费用预算。营销费用预算表示例如图5-14所示。

人力费用、企业文化费、行政办公费预算的编制同管理费用预算的编制。

营销工程费预算售楼部、样板房、示范区的建造费用。房地产开发企业应将实体售楼部、实体样板房、示范区景观等的建造费用在财务核算中计入开发成本中，如为加强营销费用管控，将其列入营销费用预算中，则应在开发成本中将营销设施建造费单列，避免重复计算。临时售楼部、临时样板房的建造费用和售楼部样板房的软装费用等应在营销工程费中预算，反映项目对营销道具的投入情况，便于后期对费效比进行分析。

营销运行费是指售楼部、样板房的日常使用维护费用（房地产开发企业根据保洁合同、物业合同、绿化合同等预算相应费用）、水电费、卫生间用纸费等（房地产开发企业根据售楼部的面积、电器能耗等预算相应费用）。在举行重大活动（如开盘）时，增聘保安、保洁人员、服务人员等的费用应被列入劳务费中。

营销推广费是营销费用的主体，包括广告代理费、印刷制作费、营销活动费、营销渠道费、其他费用等。当前房地产市场竞争激烈，产品同质化严重，房地产开发企业为了实现销售快周转，越来越多地使用分销渠道拓客，传统的"空中轰炸"（广告等）、"地面行军"（活动、拓客等）越来越少使用，反映到预算中，广告代理费、营销活动费的占比降低，营销渠道费的占比升高，营销渠道费的预算管控成了重点。

川哲府营销费用预算表

项目	2019年实际数	合计	1月	2月	3月	4月	5月	6月	7月	8月	9月	10月	11月	12月
一、人力费用														
二、企业文化费														
三、行政办公费														
四、营销工程费														
主体建筑安装工程费														
内外装饰费														
软装费用														
售楼部、样板房设计费														
临时售楼部、非实体样板房维修费														
广告围墙建造费														
五、营销运行费														
物业管理费														
开荒保洁费														
绿化费														
租赁费														
保险费														
能耗费														
物料消耗费														
修理费														
劳务费														
其他营销运行费														
六、营销推广费														
(一) 广告代理费														
报纸广告														
杂志广告														
影音传媒														
网络广告														
户外广告牌														
广播														
短信、直投、直邮														
(二) 印刷制作费														
印刷费														
现场包装制作费														
模型及户型图制作费														
导视制作费														
其他印刷制作费														
(三) 营销活动费														
营销活动														
展览展会														
活动礼品														
老带新及业主答谢														
其他活动费														
(四) 营销渠道费														
分销费用														
媒体电商费用														
自建渠道费用														
渠道拓展费用														
其他渠道费														
(五) 其他费用														
七、咨询服务费														
顾问咨询费														
其他咨询代理费														
八、销售代理费														
销售代理佣金														
销售代理激励														
营销招商费用														
九、客户服务费														
客户活动费														
赔付费														
客户关系维护费														
空置房物业管理费														
十、维修基金														
十一、分户产权交易费														
十二、折旧、摊销														
合计														

图 5-14　营销费用预算表示例

在编制预算时，营销部门要根据收入预算、营销规划详细排布各项费用的使用，并保证营销费率在项目要求的范围以内。

咨询服务费是房地产开发企业外聘营销顾问公司、销售咨询公司产生的费用，按合同约定金额填列。

销售代理费是房地产开发企业外聘销售代理公司，定期按其销售金额的一定百分比支付的代理费用。

客户服务费是房地产开发企业的客户服务部门产生的日常经营费用。房地产开发企业按部门工作计划及客户服务活动频次及规模等对客户服务费进行预估。

空置房物业管理费是在项目交付后未售商品房的物业管理费，由房地产开发企业承担并支付给物业公司。如在预算年度内项目交付，则房地产开发企业根据物业合同、房地产开发企业的政策及商品房销售情况等编制预算。

维修基金是房地产开发企业向政府缴纳的维修基金，按政策标准及缴纳时间编制预算。

分户产权交易费是项目交付后一定期间内企业为客户办理分户产权发生的费用。房地产开发企业按办理分户产权的户数及单价对分户产权交易费进行预估。

折旧、摊销与管理费用的折旧、摊销填列口径一致。

在编制完营销费用预算后，营销部门需将营销费用预算表中"合计"栏的金额填入现金流量表中。

在编制完收入预算、税费预算、开发成本预算和费用预算后，房地产开发企业还应编制资产负债表、利润表及现金流量表，并将预算经营指标与投资版经营计划、方案版经营计划的经营指标进行对比分析。

如预算经营指标低于经营计划的经营指标，则房地产开发企业应召开预算评审会，对各部门的预算进行评审，下达任务，确保预算经营指标达标。

如因经营环境发生重大不利变化，预算经营指标无法达到经营计划的经营指标，则房地产开发企业应召开经营决策会调整销售、开发方案，积极应对环境变化，快速销售，快速回款，尽快摆脱不利影响。

5.3.5 预算调整

预算管理的原则之一是"预算刚性原则",其要求如下:经审批的年度预算必须严格执行并进行硬性指标考核;凡超预算、超权限等关键、例外业务,都必须先报审批后执行。

然而,预算编制在是上年年末根据经营目标及预判未来一年的市场环境,基于一定的假设条件进行的。在实际经营过程中,各种环境随时变化,可能导致预算假设不适用,使得预算经营指标无法指导经营动作,因此预算管理应设置预算调整的机制。

预算调整分为定期调整与临时调整。定期调整一般以半年为期,在半年度结束后,房地产开发企业应组织半年预算回顾,总结各项经营指标的完成情况、经营动作是否到位、经营成果是否达标、市场环境是否变化等。临时调整是因发生重大预算外事项,为保障项目利益或减少损失,而进行的预算调整。

对于在预算执行过程中,发生以下情况的,项目应按审批权限申请调整。

(1)市场环境、经营条件、政策原因、战略发展需要及其他人力不可控的因素等客观条件发生重大变化,致使预算编制假设不成立或全年经营成果预测与年度预算目标发生10%以上的偏差。

(2)在进行半年预算回顾时,项目在经营中已发生且经审批的超预算、预算外事项,应在半年预算调整时被纳入全年的预算数据中。

对于临时预算调整,项目应严格实施"先审批后执行"管控模式,否则,任何单位、个人都不得办理其成本费用的结算和款项支付。在经营中发生的重大预算外事项包括但不限于以下几个。

(1)影响年度主要经营目标或预算目标达成的。

(2)单项预算与年度预算偏差10%以上且不能自平衡的。

(3)企业限制性业务费用(如业务招待费、单项5万元以上的资产采购及企业特别管控费用)超标的。

5.3.6 预算考核

预算考核是保证预算目标实现的重要措施,也是 PDCA [Plan(计划)、Do(执行)、Check(检查)、Act(处理)] 管理循环的重要推手。经营单位承担预算责任,奖优罚劣,都通过预算考核来实现。

项目应结合企业管理机制建立预算考核制度,明确考核内容、范围、时间等内容,提前通知各经营单位。预算考核不应仅限于财务成果的考核,而应从生产维度、客户维度、组织维度和财务维度设置若干指标,进行全方位的考核。预算考核指标表示例如图 5-15 所示。

川哲府预算考核指标表

序号	考核指标	目标值	指标权重	输出成果/计分规则	完成时间	数据来源	责任部门
1	销售签约						
2	销售回款						
3	目标成本达成率						
4	计划节点达成率						
5	专业巡检得分						
6	客户满意度						
7	专项工作						
	合计						

图 5-15 预算考核指标表示例

财务部门根据考核制度编制预算考核报告,并按权责流程报批。财务部门对预算考核报告的完整性、准确性负责。

财务部门应将经审批的预算考核报告发送给经营单位及人力行政部门,由房地产开发企业按既定的规则,对经营单位责任人进行奖惩。如经营责任人有重大偏差且无法说明原因或经营责任人的主观原因为主,则房地产开发企业可对经营责任人降职、降薪,直至与其解除劳动合同。

第 6 章
房地产项目全周期管理

通过前面几章的学习，我们基本掌握了房地产财务管理的 3 个主要内容：会计核算、税收管理及预算管理，从本章开始我们进入到一个新阶段的学习。

全周期管理从项目的整个经营周期进行业务管理，以保证实现项目经营目标。房地产项目的周期长，通过预算管理、税收管理，我们实现了项目的月度、季度、年度的经营管理，但短期目标的实现未必一定能保证长远目标的实现，我们还需要站高一点，从项目全周期维度进行管理，保证实现项目经营目标。

本章主要涉及的知识点：

- 房地产项目全周期管理体系。
- 房地产项目全周期管理工具。

6.1 房地产项目全周期管理体系

全周期管理是项目经营管理的总纲，是项目管理的标尺，项目的所有经营活动均应围绕全周期目标开展。全周期管理有 3 条主线——开发报建、生产建设和销售财务，这 3 条主线构成全周期管理的框架，如图 6-1 所示。

6.1.1 开发报建

从获取土地办理不动产权证书开始，直至办理分户产权为止，开发报建线的工作贯穿项目全周期，其工作进度与项目施工、销售、融资、交付等节点密切相关，是项目经营的关键线路之一。财务人员只有基本了解开发报建流程，才能做好全周期管理。

图 6-1 全周期管理的框架

在获取土地后，房地产开发企业需在项目所在行政区划内成立项目公司，办理营业执照、税务登记，开立银行基本账户，刻制公章、法人章、财务章及发票专用章。

在项目公司成立后，房地产开发企业应以项目公司的名义签订土地出让合同，缴纳土地款及契税。开发报建线负责在全部缴纳土地款及契税后，办理不动产权证书。不动产权证书的取得时间是项目重要的计划节点。不动产权证书是申报项目开发贷款所要求的"四证"之一。

在签订土地出让合同后，项目公司凭土地出让合同、加盖公章的土地地形图，向规划部门申请办理建设项目选址意见书。

项目公司凭勘测院出具的勘测放线成果、土地的规划设计条件，向规划部门申请办理建设用地规划许可证。建设用地规划证是申报项目开发贷款所要求的"四证"之一。

项目公司需向其所在地的发展和改革局申请办理项目立项，需提交房地产开发企业投资项目申请报告、项目公司的营业执照、建设项目选址意见书、土地合同等。项目公司所在地的发展和改革局向项目公司出具固定资产投资项目备案表，注明项目总投资额（总投资额的大小需与项目开发贷款的金额相匹配）、建设规模等信息。项目立项是申报项目开发贷款的重要资料。

在立项后，项目公司需完成文物考古、交通影响报告、安全评估报告等，由规划部门对项目建筑方案进行审查。项目公司需提供建筑设计总平面图、建筑设计方案（含平、立、剖面图）、效果图等。

项目公司凭立项批复、规划红线图、建筑设计总平面图等向环保局申办环境影响审批，环评报告也是申报项目开发贷款的必需资料之一。

市建设委员会（以下简称市建委）对设计图纸进行项目初步设计审查、施工图设计审查。同时，项目公司需进行工程总承包公司招标，确定总包单位，并在市建委备案；还需在市建委完成质量监督备案、安全监督备案。

当项目公司完成在市建委的上述工作后，市建委审核项目公司应缴纳的报建费。项目公司在缴纳费用后，就可以办理建设工程规划许可证了。建设工程规划许可证是申请项目开发贷款所要求的"四证"之一，其取得时间也是项目的重要节点。

在办理建设工程规划许可后，项目公司就可以办理建筑工程施工许可证了。建筑工程施工许可证是申请项目开发贷款所要求的"四证"之一。到了这个阶段，项目公司就可以进行项目开发贷款提款工作了。

以上是在项目正式施工前，开发报建线需办理的各类证件。其中"四证"的取得时间直接关系到项目正式施工时间，进而影响项目工期及首开，亦关系到项目开发贷款首笔提款，进而影响项目投入与收益，所以"四证"的取得时间是项目前期管理的关键线路。

在项目正式施工后，开发报建线的主要工作是配合营销部门取得项目预售许可证，以及配合财务部门，根据当地的预售监管政策，及时完成预售监管资金解除监管工作，盘活资金。

当项目建设到竣工阶段时，工程部门组织五方责任单位（建设、监理、施工、设计、地勘）进行建筑结构验收，出具五方验收单；开发报建线配合工程部门完成消防验收、人防验收、环评验收、市政公用设施验收、园林绿化验收。

在完成上述验收后，成本部门办理竣工结算，市勘测院进行工程竣工测量，项目公司将工程资料归档至市建委档案室，开发报建线办理建设工程竣工验收备案，取得建设工程竣工验收备案证。至此，工程建设施工阶段完成。

在取得建设工程竣工验收备案证后，项目进入交付阶段，开发报建线进入产权办理阶段。由房管局核准新建商品房所有权登记，项目公司提交营业执照、不动产权证书、建设用地规划许可证、建设工程规划许可证、建筑工程施工许可证、房屋竣工验收资料、房屋测绘成果、项目公司缴纳房屋维修资金证明及其他要求的资料，办理房屋初始产权证。

在完成初始产权登记后，项目公司在提交业主购房合同原件和身份证复印件、业主缴纳房屋维修资金证明、业主缴纳房屋契税和登记费证明、项目公司缴纳房屋手续费证明后，办理产权证分户登记。在分户产权办理完成后，项目公司应及时通知业主领取分户产权证，项目整个开发过程结束。

6.1.2 生产建设

在获取土地后，从总平面图设计开始项目就进入生产建设阶段前期，项目动工标志着生产建设阶段正式开始。

生产建设阶段的全周期管控重点是工期管理：房地产开发企业在获取土地后，设计项目总平方案定稿并使其通过项目的评审会；在开盘前，抢开盘节点，抢示范区呈现节点；在开盘后，结合销售情况，以销定产；在交付前，需保证交付时点，高质量地交付项目。因此，生产建设线是项目正常经营的关键线。

为了保证项目工期可控，房地产开发企业会建立节点计划管控体系，定期回顾节点完成情况，及时纠偏。节点计划管控体系一般分为以下4级。

里程碑计划是地产集团层面对项目的管控计划，一般包括以下节点：项目定位、规划方案、初步设计、施工图设计、总包监理单位确定、正式开工、达到预售条件、结构封顶、竣工备案及交付入住。

一级计划是地区公司层面对各项目的管控计划，是对集团管控计划的细化，"四证"的取得时间是此级计划的重要组成部分。

二级计划是一级计划分解到地区公司各职能部门所负责的项目计划，是各职能部门围绕项目建设规划而制订的本部门的工作计划。

三级计划是二级计划分解到个人或小组所负责的项目计划。

节点计划管控体系是一个从上到下、颗粒度由粗到细的体系，工作计划从个人或小组到地区公司再到集团，过程管控从集团到项目再到个人或小组，通过从上到下，再从下到上的过程使生产建设进度达标。节点计划管控的线路图如图 6-2 所示。

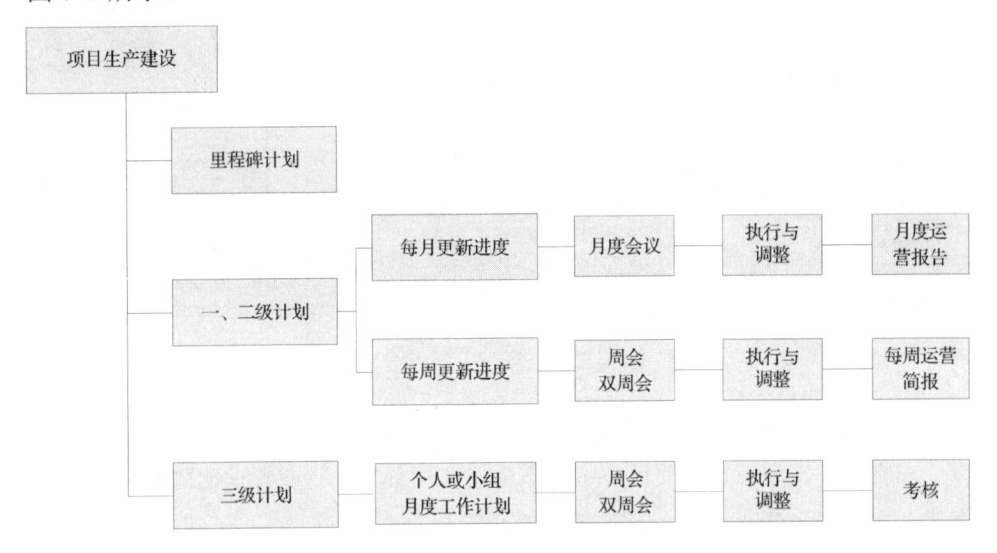

图 6-2　节点计划管控的线路图

房地产开发企业为了保证工期可控，除了要设置 4 级节点计划管控体系，还要根据不同地下施工要求及不同业态，确定符合自身情况的标准工期，以标准工期作为标尺来确定不同项目的施工周期。标准工期示例如图 6-3 所示。

通过节点计划和标准工期两个工具，项目公司能对生产建设阶段的进度有基本的把控，保证按期按质交付项目。

项目公司在生产建设阶段还需结合以销定产的原则，安排楼栋工期。在开工前，项目公司需召集工程部门、营销部门、成本部门、设计部门及运营部门召开施工规划会，确定示范区、首开区的施工范围与进度要求。

在进入持续顺销阶段后，项目公司应结合不同业态的销售情况，确定楼栋的施工计划。对于滞销的产品，项目公司应要求总包单位划小施工班组，小批量、小班组进行穿插施工，以减少因施工计划变动对成本的影响。

川哲府标准工期

关键分部工程	30层高层，2层地下室			关键分部工程	30层高层，2层地下室		
	单项时间/天	累计时间/天	说明		单项时间/天	累计时间/天	说明
土方/桩基工程	60	60	灌注桩	电梯工程	90	462	主体结构封顶后60天开始安装，90天完成
垫层至底板完成	20	80	垫层+底板，共计20天	外立面施工	120	492	主体结构封顶后60天开始施工，120天内完成
地下二层	15	95	地下部分：1层10天	门窗工程	—	507	主体结构封顶后195天完成
地下一层	10	105	地下部分：1层10天	室内基层装修	—	577	室内精装场地移交开始后105天完成
主体达到预售形象进度	22	127	首层7天，标准层5天/层	面层装修部品设备安装	—	567	室内精装场地移交开始后150天；室内基层装修10层插入
主体结构封顶	185	312	标准层7天/层，顶层10天	精装销项整改保洁	—	652	室内精装场地移交后180天完成
屋面工程	40	352	屋面（26天）+机房结构（14天）	室外总体	150	582	最晚主体结构封顶后120天开始，150天完成，园林不少于60天
砌体工程	—	372	主体结构封顶后60天完成；结构10层插入	竣工备案（毛坯）	30	612	项目整体完工后30天完成竣工备案
室内粗装（含公区精装）	—	492	主体结构封顶后180天完成	竣工备案（精装）	30	682	
室内精装场地移交	30	502	主体结构封顶后160天开始，30天完成	集中交付	60	642	项目整体完工后60天完成交付
室内精装湿作业	75	547	场地移交开始后75天完成；主体结构封顶后265天完成	集中交付（精装）	60	712	项目整体完工后60天完成交付

图6-3 标准工期示例

当项目建设至竣工备案阶段时，项目公司应与开发报建部门一并完成竣工备案。在完成竣工备案后，项目公司还需组织客服部门、物业管理部门对项目交付条件进行细检并整改，以实现高质量交付。

6.1.3 销售财务

销售回款是项目全周期管理的重点。以销定产，销售是源头，去化速度决定回款速度、决定生产供货节奏，从而决定成本支付节奏，进而影响项目收益。

销售的管控重点在于各业态的销售价格、去化速度是否达到项目方案版项目测算的目标。对于销售回款的全周期管理，财务部门应通过专业的分析，揭示销售、供货、资金等的匹配关系，设置系列指标及时反映各业态的去化、动态利润情况，为项目经营团队提供充分的信息，实现项目经营目标。第7章会详述项目财务分析。

回款管理的重点在于速度，如果说销售部门负责"卖房子"，那么财务部门应负责"回票子"。回款速度直接决定项目现金流回正时间、股东投资回收期及投资回报。财务部门作为回款的核心部门，需要前推营销人员将认购转为签约、客户按揭资料齐备,后追银行审批速度、按揭额度等,采用系统方法实现项目全周期回款管理。第 10 章将详述回款管理的方法。

房地产项目财务的全周期管理主要是税费全周期管理及利润全周期管理。

税费全周期管理的重点在于根据项目税收规划确定的三大税种税负所需经营端配合的经营动作是否到位、税收成果是否实现、是否存在"先盈后亏"的情况;如果经营动作未到位、税收成果预计无法实现,那么经营过程应该如何纠偏,以保证项目税负合理。

利润全周期管理的重点在于用动态利润跟踪利润实现情况。由于房地产行业存在预售制,销售在前,收入成本确认在后,如果等到收入成本结转时才发现利润目标未实现,就太晚了,此时销售、建造活动都已完成,经营结果已成现实。

为了做好 3 条线的全周期管理,房地产开发企业需要建立全周期管理机制来跟踪经营动作与经营成果的实现进度,及时发现问题、调整经营策略,保证实现经营目标。

6.1.4 全周期管理机制

房地产开发企业应建立企业级别的全周期管理机制,创建全周期管理工具,明确全周期管理的原则、全周期管理组织及其职责。

1. 全周期管理的原则

全周期管理的重点在于及时跟踪、发现问题,因此全周期管理的原则如下。

(1)据实发生原则:全周期管理工具中的各项数据应以项目经营实际数据为准,每月的经营成果需被如实反映在全周期管理工具中;对未来的预期应基于当前政策、市场情况合理预计。

(2)全覆盖原则:房地产开发企业所有管理层级、所有部门全面参与;对各专业部门、各种业态进行全面跟踪。

(3)风险预控原则:全周期跟踪除了关注项目经营目标达成情况,各级管理层还应关注业务实际开展中的潜在风险,及时预警,提前采取措施,规避风险或减少损害。

（4）及时性原则：全周期跟踪的关键在于及时更新数据以及时反映问题，各项目应于每月 10 日前完成数据更新。

2. 全周期管理组织及其职责

房地产开发企业应在企业层面及项目层面建立全周期管理小组，统筹全周期管理事项。

（1）企业层面的全周期管理小组由企业经营管理最高领导任组长、各职能部门负责人任组员。其主要职责如下。

① 全面指导、监督企业的项目全周期管理工作。

② 审议项目全周期管理的相关流程、制度、办法及全周期月度报告。

③ 审核专业分工范围内的方案及相关指标。

④ 制定各类项目分专业管控目标、审核标准、相关文件模板。

⑤ 确定全周期管理中各责任部门的奖罚措施。

（2）项目层面的全周期管理小组由项目总经理任组长、项目公司各专业部门负责人任组员。其主要职责如下。

① 编制项目全周期管理报表，对报送报表的数据质量负责。

② 实现全周期经营目标并推动整改措施落地。

③ 收集、整理项目经营工作的难点、意见和建议，并向项目公司各专业部门反馈。

④ 执行企业管理层对全周期管理各阶段的决议。

项目公司各部门的工作分工如下。

财务部门：负责宣传、组织、指导、统筹、督办项目相关业务部门的全周期管理工作，并复核、加工、报送工作成果；跟踪全周期管理达标情况，确定纠偏整改、经营决策或重新立项等措施，并推动措施落地；每月根据全周期管理成果出具项目全周期月度报告。

各专业部门：负责组织、督办和复核本专业部门的全周期管理工作；指定本专业部门项目全周期管理报告的填报人、审核人，细化分工，明确职责，组织并督办各项目全周期管理数据的跟踪填报；推动本专业部门的整改等措施落地；汇总、分析本专业部门的数据，配合财务部门完成全周期月度报告。

6.2 房地产项目全周期管理工具

房地产项目的经营测算是一个逐渐细化、明确的过程，投资版经营测算是项目经营目标的基线。全周期管理工具以项目投资版经营测算为目标，反映各项指标的变化过程，定期根据实际情况更新经营数据，模拟项目经营目标实现情况，及时发现差异、找到问题、调整策略、实现目标。这样的 PDCA 循环推进越快，项目经营管理的颗粒度越细，越有利于实现目标，当然，这也受到成本效益原则的限制。房地产开发企业需要根据企业管理架构、各专业部门的成熟度确定适合的管理颗粒度，适用就好，而非越细越好。

6.2.1 规划指标表

规划指标反映项目的营销定位、业态配比、绿地率、车位数、公共配套设施及总建筑面积，是项目销售、成本、税金等测算的基础。规划指标的变化将对项目经营目标产生重大影响。

房地产开发企业获取的每个地块都有当地政府给定的规划条件，列明地块的位置、用地范围、主要控制点、用地性质、用地面积、规划技术指标（建筑限高、建筑密度、容积率和绿地率）、建筑及场地设计要求、交通规划要求、公共配套设施要求、市政设施要求、规划布局及建筑造型要求、环境景观要求等。

房地产开发企业在投资阶段根据地块的主要规划技术指标进行建筑初步设计，确定各业态面积及建筑形态；在获取土地后，需根据当地的设计规范及地块规划技术指标进行建筑方案设计，并将建筑方案报当地规划部门审批，审批后的建筑方案就是项目建筑的最终方案。此时，规划指标就确定了。

在全周期管理中，规划指标表，特别是各业态的面积，应反映投资阶段、方案阶段、开发建设阶段及交付实测阶段的各类指标变化情况，反映指标变化对经营目标的影响，从而区分项目经营团队的经营责任。规划指标表示例如

图 6-4 所示。

川哲府规划指标表

产品类型		投资版						方案版						预售证面积						竣工实测面积					
		①地上建筑面积	②地下建筑面积	③附加	④规划建筑面积	⑤成本建筑面积	⑥可售面积	⑦套数/个	①地上建筑面积	②地下建筑面积	③附加	④规划建筑面积	⑤成本建筑面积	⑥可售面积	⑦套数/个	①地上建筑面积	②地下建筑面积	③规划建筑面积	⑤成本建筑面积	⑥可售面积	⑦套数/个	①国标地上建筑面积	②国标地下建筑面积	③附加	④国标总建筑面积	⑤成本建筑面积	⑥可售面积	⑦套数/个
	合计																										
住宅	住宅小计																										
商业	商业小计																										
地下室	地下室小计																										
车库	车库小计																										
配套	配套小计																										
住宅	高层																										
住宅	洋房																										
商业	独立商业																										
商业	底商																										
地下室	地下室																										
车库	地下普通车库																										
车库	地下人防车库																										
公共配套设施	幼儿园																										
公共配套设施	其他公共配套设施																										

图 6-4 规划指标表示例

规划指标表由设计部门负责填列。规划指标表纵向列根据项目实施进度，按不同阶段的指标数据填列，数据从"投资版"到"竣工实测面积"越来越准确。规划指标表的横向栏次是不同业态的相应设计指标，按纵向列的指标分别填列。规划指标表中的指标，对财务测算影响最大的是建筑面积和可售面积。

建筑面积：以最新的建设用地规划许可证或建筑工程施工许可证上标注的为准，及时更新。

可售面积：地上可售面积，在取得建设用地规划许可证前，以投资方案指标为准；在取得建设用地规划许可证后，更新为建设用地规划许可证上标注的面积；在取得商品房预售许可证后，更新为商品房预售许可证上标注的面积；在完成竣工备案后，更新为竣工备案的实测面积，并与售楼系统的销售台账进行核对。

所有产品类型均应包含在"产品类型"栏中的业态类别中，产品类型应与项目成本对象的分类保持一致，且应满足在进行土地增值税清算时对普通住宅、非普通住宅及非住宅的业态划分要求，便于税收测算取数。

住宅业态包括高层、小高层、超高层、洋房、叠拼别墅、联排别墅、双拼别墅、独栋别墅等产品。

商业业态包括底商、独立商业、公寓 SOHO（商业产权）、写字楼、酒店等产品。

车库包括地下普通车库、地下人防车库、地下机械车库、地上车库等产品。

公共配套设施包括保障房、学校、幼儿园等产品。

6.2.2 节点计划表

节点计划的重要性前面已有叙述，此处不再强调。在全周期管理报表中，节点计划除了可横向划分为里程碑计划、一级计划、二级计划、三级计划，还需结合以销定产的原则纵向排布不同标段，甚至不同楼栋的节点计划，并动态更新，关注与投资立项时计划的差异。节点计划表示例如图 6-5 所示。

川哲府节点计划表

节点等级	节点名称	投资目标			动态跟踪			动态跟踪与投资差异		
		项目整体	标段1	标段2	项目整体	标段1	标段2	项目整体	完成情况	标段1	标段2
1	成交确认书/土地确权										
里程碑	取得不动产权证书										
里程碑	规划方案通过政府审批										
里程碑	取得建设工程规划许可证										
1	完成施工图设计及审查										
1	取得建筑工程施工许可证										
1	示范区开工										
1	展示样板验收										
1	示范区开放										
里程碑	具备进场条件										
1	土方/桩基开工										
1	基础工程										
1	施工至正负零										
里程碑	主体施工达到预售条件										
1	定价审批										
里程碑	取得商品房预售许可证										
1	第一次开盘										
1	主体结构封顶										
1	交房样板验收										
1	景观绿化工程										
1	消防验收										
1	规划验收										
里程碑	取得建设工程竣工验收备案证										
里程碑	集中交付										
1	取得大产权证										

图 6-5 节点计划表示例

节点计划表由运营部门负责填列并更新。

第一次开盘的时间应与销售计划表预计的开盘时间一致。标段可按交付批次划分。

动态跟踪数据按月分标段据实填列。对于未到期的节点,项目公司需根据当前工程施工的实际情况,合理预估后续节点时间,以判断重要节点的达成情况。

如里程碑节点、一级节点有延迟或有延迟风险,则项目公司需详细描述每个节点的推进情况,分析差异原因,提出解决措施及需房地产开发企业提供的资源。

6.2.3 销售及回款计划表

销售及回款计划表由一系列子表构成,主要用于跟踪项目各种产品的销售均价、去化情况、存量情况、销售回款情况,以及实际数与投资版的差异和分析说明。

销售节奏对比表反映项目已售部分的当月均价、累计均价及去化周期;未售部分的预估均价(根据对未来市场、政策的合理预计)、实现时间及去化周期。已售部分的相关数据加上未售部分的相关数据,构成项目当月动态的销售价格,将其与投资版的销售价格进行对比,分析重大差异、不利差异。项目管理团队需根据差异分析,找到业务原因,给出业务策略及计划,推动销售节奏,实现投资目标。销售节奏对比表示例如图6-6所示。

川哲府销售节奏对比表

产品类型	全周期					已售部分				未售部分				差异说明
	投资版均价	本月动态	差异率	去化周期	月均涨跌幅	本月均价	累计均价	去化周期	月均涨跌幅	预估均价	实现时间	去化周期	月均涨跌幅	
合计														1. 针对本月与投资版的差异进行说明 2. 针对未售部分异常涨跌幅进行说明
高层														
洋房														
叠拼别墅														
商业														
地下车位														

图6-6 销售节奏对比表示例

销售节奏对比表的数据来源于月度均价表、签约面积进度表、签约金额进度表及回款进度表等子报表。月度均价表示例、签约面积进度表示例、签约金额进度表示例、回款进度表示例如图6-7~图6-10所示。

川哲府分业态月度均价表

产品类型	项目均价	累计应实现	2020年											
			1月	2月	3月	4月	5月	6月	7月	8月	9月	10月	11月	12月
合计														
高层														
洋房														
叠拼别墅														
商业														
地下车位														

图 6-7　月度均价表示例

川哲府签约面积进度表

产品类型	合计	累计应实现	2020年											
			1月	2月	3月	4月	5月	6月	7月	8月	9月	10月	11月	12月
签约合计														
高层														
洋房														
叠拼别墅														
商业														
地下车位														

图 6-8　签约面积进度表示例

川哲府签约金额进度表

产品类型	合计	累计应实现	2020年											
			1月	2月	3月	4月	5月	6月	7月	8月	9月	10月	11月	12月
含税合计														
高层														
洋房														
叠拼别墅														
商业														
地下车位														

图 6-9　签约金额进度表示例

川哲府回款进度表

产品	合计	累计应实现	2020年											
			1月	2月	3月	4月	5月	6月	7月	8月	9月	10月	11月	12月
合计														
高层														
洋房														
叠拼别墅														
商业														
地下车位														

图 6-10 回款进度表示例

在投资版回款进度表中，项目公司应对回款节奏进行预估，通常考虑以下几点。

（1）按揭客户、一次性付款客户及分期付款客户的占比；分期政策是半年分期还是一年分期，分期付款的进度等。

（2）当地银行按揭政策：1套房首付比例、2套房首付比例和3套及以上房的付款比例。

（3）客户使用银行按揭贷款及公积金贷款的比例，银行按揭款的放款速度和公积金贷款的放款速度。

项目公司在编制投资版分业态月度均价表时，应按不同业态的推售批次、推售价格预计各月的销售均价；在编制月度动态跟踪版月度均价表时，应根据当月不同业态实际销售均价据实填列。

签约面积进度表的填写方法与月度均价表相同，项目公司需填列投资版签约面积进度表及动态跟踪版签约面积进度表。

签约金额进度表由各业态当月的销售均价乘以签约面积得到，单位为万元。

投资版回款进度表的数据由签约金额乘以预计的各月回款比例得到，动态跟踪版回款进度表则需项目公司根据实际回款数据及预计后期待售产品的销售金额分析填列。

6.2.4 成本及支付计划表

成本及支付计划表也是由一系列子报表构成的，重点在于跟踪成本发生情况，预估项目成本是否超支，及时发现重大不利差异，并在项目实施过程中予以解决。成本差异通过每月的动态成本与投资版成本的对比反映。动态成本差异表示例如图6-11所示。

川哲府动态成本差异表

科目名称	全周期成本	本月动态成本	本月与投资版偏差率	上月动态成本	本月与上月偏差率	累计支付比例	差异分析
合计							1. 针对本月与投资版的不利差异的说明和纠偏措施
土地成本							
有票价款							
无票价款							
五成本小计							
前期工程费							2. 针对本月与上月的不利差异的说明和纠偏措施
基础设施费							
建筑安装工程费							
公共配套设施费							
开发间接费							

图6-11 动态成本差异表示例

第3章讲述了动态成本的构成，项目公司应每月根据工程实施进度、签证变更情况编制项目动态成本并与投资版全周期成本、上月动态成本进行对比分析，重点关注成本超支的不利差异，明确纠偏措施及整改计划、责任人，并且每周召开项目会议，跟踪措施落地情况，从而确保项目成本可控。

土地成本中的无票价款常见于"收并购"项目，土地转让方要求的转让溢价无法取得发票的部分填列在此处。

累计支付比例是截至当月各成本项目累计支付的款项（包括现金支付、商票支付、工抵房支付等全口径）和当月动态成本分项金额的比值，用于反映项目付款进度及整改措施的保障情况。如项目累计支付比例过高，则项目管理方对施工方的可控状态变差，如此时发生不利情况，管理方要求施工方整改，则可能出现施工方不予理睬的情况。

动态成本差异表是一个汇总表，其数据来自成本明细表。成本明细表示例如图6-12所示。

房地产开发企业在计算成本总额及单方成本时都采用含税金额，这是因为在缴纳营业税的时代，成本金额是包含营业税金额的，为了便于不同项目间成本水平的对比,在"营改增"后,仍采用含增值税的金额。但从税收管理上来看,增值税是价外税,在财务核算上并不计入项目的成本金额,因此在成本明细表中,需根据每个工程项目适用的税率计算出不含税成本金额及不含税的单方成本,便于和财务核算对账,也便于增值税的测算。

川哲府成本明细表

序号	科目	含税总额	不含税额	进项税率	进项税额	不含税建面单方	不含税可售单方	累计应付(含税)	占总额的比例	2020年 1月	2月	3月	4月	5月	……
	六成本合计														
1	土地获得价款														
1.1	地价款			9%											
1.2	土地税费														
1.3	无票金额														
	五成本合计														
2	前期工程费														
2.1	勘察丈量费			6%											
2.2	……			6%											
3	基础设施费			0%											
3.1	总平及道路			9%											
3.2	……			9%											
4	建筑安装工程费			0%											
4.1	建筑工程			9%											
4.2	……			9%											
5	公共配套设施费			0%											
5.1	公建配套			9%											
5.2	……			9%											
6	开发间接费			0%											
6.1	监理费			6%											
6.2	……			9%											

图 6-12 成本明细表示例

投资版成本明细表的每月支付额度根据项目的节点计划确定的支付进度分析填列;动态跟踪版成本明细表的每月支付额度则根据实际付款金额按月填列,未来月份的支付额度根据施工计划、成本支付计划分析填列。

前文已经说过,房地产项目财务的全周期管理的重点之一是利润全周期管理,因而在成本及支付计划表中还需根据动态成本计算不同业态的成本总额及单方成本,便于计算动态利润。分业态动态成本表示例如图 6-13 所示。

所有成本项目均需按可售成本分摊至各业态,如有对象化的成本,则应将其列入对应的成本对象,不必分摊。具体分摊原则及方法已在第 3 章详述,本节不再赘述。

土地溢价属于项目获取的支出,应由项目各业态承担。但溢价有无票据,或票据类型不同,对税收的影响不同,有的可以抵减三大税,有的仅可抵减企业所得税，因此项目公司在计算单方成本时应将溢价单列。

川哲府分业态动态成本表

业态名称	可售单方六成本（含溢价）	可售单方六成本（不含溢价）	可售单方六成本	可售楼面地价	土地成本	前期工程费	基础设施费	建筑安装工程费	公共配套设施费	开发间接费	可售面积	占地面积	建筑面积	可售单方七成本（含税）	可售单方土地外成本（含税）
合计															
高层															
洋房															
叠拼别墅															
商业															
地下车位															

图 6-13　分业态动态成本表示例

一般来说，土地成本按占地面积分摊，其他成本按建筑面积分摊，而且土地成本对地下车位成本的影响，在计算企业所得税与土地增值税不一样，因此项目公司需将土地成本单列出来。

在"营改增"后，计算增值税的单方成本应是不含税成本，而在计算动态利润时，各业态的售价采用含税价，对应的成本也采用含税成本，因此需区分不含税单方建安成本与含税单方建安成本。

6.2.5　费用及支付节奏表

费用包括管理费用、营销费用及财务费用，全周期管控的重点是管理费用及营销费用。管控方法是跟踪管理费率及营销费率是否超过投资版费率。其管控逻辑是"多卖多用、少卖少用"，引导项目达到或超过销售业绩。

在管控工具上，费用管控与成本管控一样，通过动态费用差异分析表反映各类费用、费率的实际情况。动态费用差异分析表示例如图 6-14 所示。

川哲府动态费用差异分析表

科目名称	全周期（含税费率）	本月动态	本月与投资版偏差率	上月动态	本月与上月偏差率	累计支付比例	差异及措施
合计	0.0%	0.0%	0.0%	0.0%	0.0%		
营销费用	0.0%	0.0%	0.0%	0.0%	0.0%		
管理费用	0.0%	0.0%	0.0%	0.0%	0.0%		
财务费用	0.0%	0.0%	0.0%	0.0%	0.0%		

图 6-14　动态费用差异分析表示例

费用及支付节奏表反映项目全周期各类费用每月的实际支付情况及后期的支付计划,主要用于计算增值税进项税额和及时反映项目执行情况。费用及支付节奏表示例如图6-15所示。

川哲府费用及支付节奏表

序号	科目	含税总额	不含税额	进项税率	进项税额	含税费率	可售单方	累计应已支付(含税)	占总额的比例	2020年 1月	2月	3月	4月	5月	……
	期间费用合计														
	营销费用小计														
1	营销设施建造费														
2	广告推广费														
3	……														
	管理费用小计														
1	薪酬福利														
2	房租														
3	……														
	财务费用小计														
1	手续费														
2															

图6-15 费用及支付节奏表示例

6.2.6 税金及支付节奏表

税金全周期管理重在将项目税收规划落地,第8章将详细讲解项目税收规划的编制,本节讲解税收支付跟踪管控。

税金管控以税负率为指标,项目货值变化、成本费用变化都会影响税金金额,而税金绝对额的差异无法反映税金管控的效果。因此,税金应以税负率不超过投资版税负率作为目标。税金差异分析表示例如图6-16所示。

川哲府税金差异分析表

科目	全周期(税率)	本月动态	本月与投资版偏差率	上月动态	本月与上月偏差率	差异及措施
合计						
增值税						
土地增值税						
企业所得税						

图6-16 税金差异分析表示例

税收管控以三大税为主,如项目增值税税负低于预交率(3%),则项目公司需要关注增值税的留抵退税；如企业所得税税负低于按预计毛利率计算的企业所得税税负，则项目存在"先盈后亏"的情况，项目公司需要关注企业所得税预缴控制；如土地增值税税负低于综合预交率，土地增值税清算需要退税，则项目公司需要考虑交付后加快结算进度，尽快清算实现退税到账。

投资版税金及支付节奏表与动态跟踪版税金及支付节奏表需要将所有税种、预缴、清缴等全部计入。税金及支付节奏表示例如图 6-17 所示。

川哲府税金及支付节奏表

序号	科目	计税基数	税率	税额	清缴时间	税负率	累计应已支付（含税）	占总额比例	2020年 1月	2月	3月	4月	5月	……
	合计													
1	增值税预征		3%											
2	增值税清缴													
3	附加税		12%											
4	土地增值税预征		2%											
5	土地增值税清缴													
6	企业所得税预征		3%											
7	企业所得税清缴		25%											
8	其他税金													
8.1	印花税													
8.2	土地使用税													
8.3	房产税													
8.4	其他													

图 6-17 税金及支付节奏表示例

6.2.7 现金流量表及业态利润表

通过上面各项报表的填写与分析，项目公司就可汇总生成现金流指标差异分析表及分业态利润表，并进行差异分析了。现金流指标差异分析表示例如图 6-18 所示，分业态利润表示例如图 6-19 所示。

汇总前述销售及回款计划表、成本及支付计划表、费用及支付节奏表、税金及支付节奏表可形成现金流量表。现金流量表的分析重点在于 IRR（Internal Rate of Return，内部收益率）、现金流回正时间、资金峰值等关键指标，动态跟踪版指标与投资版指标的差异，反映实际经营的现金流量是否符合预期。

川哲府现金流指标差异分析

指标	全周期	动态跟踪	差异值	差异说明
IRR	0.0%	0.0%	0.0%	
现金流回正时间				
现金流回正日期				
资金峰值				
资金峰值时间				
项目净现金流				
截至当前现金流				

图 6-18　现金流指标差异分析表示例

川哲府分业态利润表

产品类型	净利润额	利润率	毛利额	毛利率	货值	可售面积	套数/个	均价	开发成本	可售单方成本	可售单方五成本	可售楼面地价	期间费用	税金
合计														
高层														
洋房														
叠拼别墅														
商业														
地下车位														

图 6-19　分业态利润表示例

分业态利润表需填写 3 个口径的数据，分别是投资版全周期口径、动态跟踪版全周期口径及已销售实现口径。3 个口径的数据主要用于项目整体各业态利润的对比及确定已实现的利润，形成关键指标对比表（见图 6-20），便于项目经营层进行利润分析，指导经营动作。

关键指标对比表列示项目主要经营指标，包括业绩指标、成果指标及现金流指标，并从全周期跟踪对比、累计实现对比及年度任务对比 3 个维度对项目经营成果进行全面反映。关键指标对比表是经营管理人员了解经营动作成果的有效工具，可实现经营成果反映经营动作的作用。

第6章 房地产项目全周期管理

川哲府关键指标对比表

序号	指标	投资版vs动态跟踪版				全周期上月vs本月		投资版默读应实现vs实际已实现			年度预算目标vs年度动态vs年度已实现				
		投资	本月动态	差异	偏差率	上月动态	偏差率	累计目标	累计实现	偏差率	年度预算目标	年度动态	偏差率	已实现	完成率
1	签约(含税)														
2	回款(含税)														
3	目标成本(含税)														
4	目标成本(不含税)														
5	净现金流														
6	净利润额														
7	销售净利润率														
8	资金峰值														
9	现金流回正时间														
10	投资净收益率														
11	自有资金净收益率														
12	IRR														

图 6-20 关键指标对比表示例

第 7 章
房地产项目财务分析

财务分析是财务管理工作的重点之一。财务报表是对企业财务状况和经营成果的综合反映。企业各利益相关者可通过财务指标了解企业财务状况的好坏、盈利能力和偿债能力的大小,企业经营管理层也可通过财务指标分析经营得失。因此,企业应建立多维度的财务指标体系,以洞察企业的经营状况、战略执行情况,以及市场竞争状况等,实现企业生存与发展。

本章主要涉及的知识点:

- 财务分析的逻辑框架。
- 房地产项目财务分析体系。

7.1 财务分析的逻辑框架

企业财务报表的各项指标为企业相关利益方(如所有者、债权人、经营者等)了解企业的过去、评价企业的现在、预测企业的未来、做出正确的决策,提供有用的信息。财务分析就是以企业财务报表及相关数据为基础,建立一套分析指标体系,采用专门的分析技术与方法,对企业的投资、筹资、经营活动所产生的财务成果进行分析,评价企业的盈利能力、运营能力、偿债能力、增长能力,为企业生存与发展提供指导。

财务分析的基础是企业经营。财务人员在编制财务分析报告时经常陷入对指标数据、实际与计划的差异的分析和解释中,缺乏对经营状况的分析、解释、判断,使得财务分析起不到指导经营的作用,最后进入"财务人员月月做财务分析,做出来却无人看"的尴尬境地。

7.1.1 现金流循环

企业经营的财务目标是获取利润,实现业务增长。然而,利润不是企业的现金流,而现金流是企业的血液,如果现金流转不畅或中断,企业就会破产。因此,我们在做财务分析时,需要时刻记住以下关键点。

(1)企业的财务与经营是紧密联系的。企业的生产活动、经营策略及竞争战略是形成企业财务成果的基本要素,同样,企业的财务决策对企业经营活动的影响也很大。

(2)企业经营的本质是实现业务增长,而现金流是企业经营的血液,财务分析必须重视现金流分析。现金是循环流动的,现金流循环显示了企业的经营活动与财务成果的内在关系。企业资源从现金到存货、再到应收账款,最后回到现金的过程就是企业经营资本的流动。财务分析需根据现金流循环运动的特征,结合企业的经营状况,找出问题,给出建议。现金流循环如图7-1所示。

(3)除了经营现金流循环,企业另一个主要的经营活动是资产的投入与消耗。企业投入资金购置资产,资产在生产产品的过程中被逐渐消耗,这个过程通过资产折旧被体现在报表中。企业为了保持其生产能力,需要增加对新资产的投入。

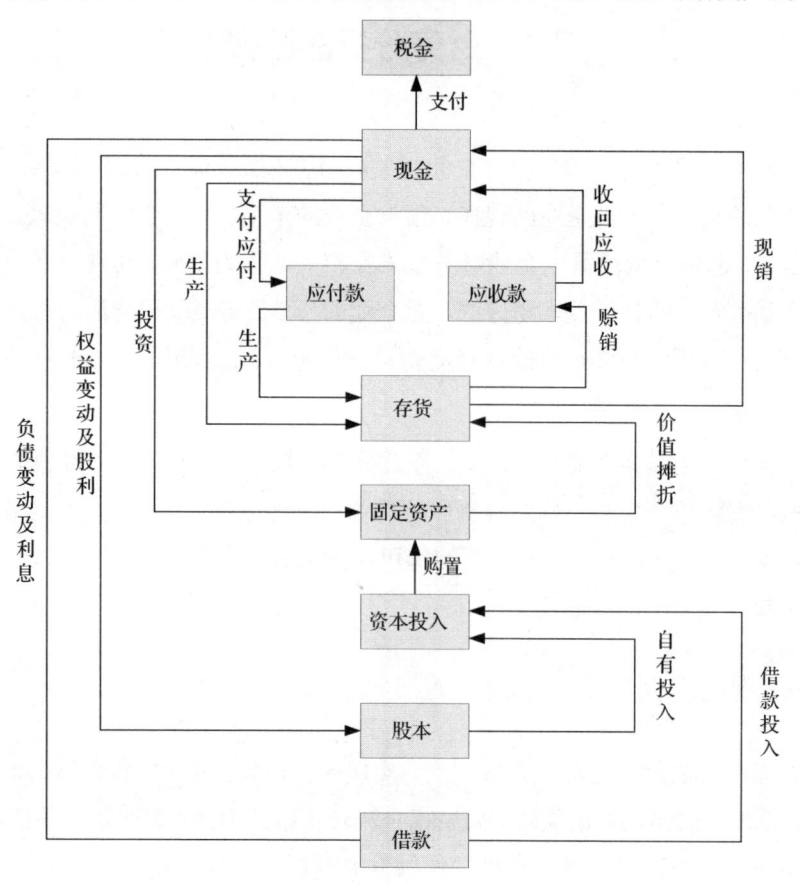

图 7-1 现金流循环

因此,企业的经营活动的目的是保证运营资本循环和投资循环产生的现金多于其初始投入的现金。财务报表是能非常有效地反映企业经营状况的窗口。企业的经营策略、生产技术及存货和信用体系等决定了企业的财务报表表现。企业的经营活动和财务成果的这种关系是财务分析的基本逻辑。

现金流循环显示了企业经营的实质。我们以川哲府项目为例。在项目启动时,企业需要投入资金,资金有两个来源:股东自有投入、借款投入。在筹集好资金后,企业开始投资买地、寻找供应商开工建设,生产产品——商品房。在项目取得商品房预售许可证后,企业开始销售商品房,回收现金、按揭款、分期款等。此时完成了现金的第一个循环,即从投入、生产到变现,如图7-1右侧所示。

企业要进行项目建设，就需要支付工程款、购买材料，此部分投入直接用于生产产品，和销售回款结合在一起就是房地产营运资本的管理。

在项目获取现金后，贷款人需支付借款利息、偿还本金，实现自己的收益；还需支付股利，实现股东的收益。这一部分和投资结合在一起就是房地产资本运营的管理，如图7-1左侧所示。第9章和第10章将分别详述这两部分内容。

整个现金流循环中只有一个节点流出了循环——支付税金。国家是不请自来的第三方，企业只要在经营，就脱离不了税金对现金流的"侵蚀"，所以税收管理是房地产财务管理的重点，第4章已讲述过税金的基础部分，第8章将讲述税金的高阶部分。

从图7-1中可以看出，企业经营的实质就是现金完成一次循环后的金额大于初始金额，循环得越快，每次循环后的结余越多，企业增长越快，收益越高，这就是房地产开发企业"快周转"战略的财务逻辑。

7.1.2 财务报表的计量问题

财务报表的计量问题主要是以历史成本为基础的账面价值和以当前价值为基础的市场价值之间如何运用的问题。

计量问题主要在于股权如何计量。如果企业正常持续经营，其投入的现金处于正常的现金流循环中，那么通常不存在对其资产、负债进行市场价值和账面价值选择的问题，因为投入的资产最终会变成现金被收回。企业的现金流是价值评估的基础。而当企业的股权发生变动时（如股权转让、破产清算等），对股权价值的计量会直接影响股权交易的价格，此时股权价值的确认就很重要了，这时就出现计量问题了。

按照"资产=负债+所有者权益"的会计恒等式，股权的价值取决于资产和负债的价值，而资产的价值变化一般都很大，从而造成股权的账面价值与市场价值差异巨大。资产的价值变化大的原因有以下几个。

（1）财务报表基于历史成本。例如，企业购置资产，资产的价值以扣除折旧的净值被列示在财务报表上，但实际上因为技术进步等，资产在当前的市场价值可能更低；或者因为通货膨胀等，资产的市场价值更高，特别是土地，其市场价值可能比账面价值高得多。

（2）从理论上讲，财务报表应提供对长期资产更有意义的市场价值而非账面价值，但问题在于很多资产缺乏透明、可信的市场价值信息。面对主观的与经营相关性大的市场价值和客观的与经营相关性小的历史成本，出于谨慎性考虑，会计准则更趋向于采用历史成本。这也意味着，我们在做财务分析时应根据需要调整报表列示的资产的价值。

企业的价值在于创造未来的收入而非拥有当前的资产，对股权的会计核算问题在于权益的账面价值与历史成本相关，与未来的收入无关。会计数据只反映过去及历史成本，很少提供企业未来收入的信息；企业有许多资产和负债并未被反映在财务报表中，但对未来收入有影响，如专利、商标、客户忠诚度等。因此，财务分析不能仅仅依据财务报表的指标，还需结合非财务指标进行分析和评价。

7.1.3 财务指标的经营含义

财务分析方法通过设置一系列指标，反映企业的经营状况、财务状况、增长情况、风险情况及关键绩效情况等，为利益相关方决策提供信息支撑。

我们可以将企业经营视为飞机航行，飞行团队是经营决策层，机长是总经理，仪表盘是财务分析指标。总经理的工作就是保证飞机安全而高效地航行，他调整飞行姿态的决策来源于仪表盘给他的反馈，调整飞行姿态的决策是他控制飞机飞行表现的驾驶杆。

财务分析应根据使用对象的不同而有所侧重。企业股东、贷款人、经营管理层等对企业的需求不同，他们想要的财务分析也不同。本章所讲述的财务分析是面向企业经营管理，站在股东角度而进行的，财务分析需要了解财务指标与企业经营的基本逻辑关系。下面以 ROE 分析为例进行说明。

1. ROE

从股东角度出发，ROE（Reture of Equity，净资产收益率）是财务指标中最重要的指标之一，因为它是评估股东投入资本运行效率的指标，反映股东每投入一元资本所获得的收益。ROE 的计算公式为

$$ROE = \frac{销售净利润}{股东权益} = \frac{销售净利润}{销售收入} \times \frac{销售收入}{资产总额} \times \frac{资产总额}{股东权益}$$
$$= 销售净利率 \times 资产周转率 \times 权益乘数$$

销售净利率衡量每一元销售额中有多少被计入利润表的利润中。这个指标对经营管理非常重要，因为它反映了企业的价格策略及成本控制能力。

我们要特别注意销售净利率和资产周转率的反向变动关系——销售净利率高的企业，资产周转率低；销售净利率低的企业，资产周转率高。因为企业的生产经营会为产品增加价值，产品价值增加越多，售价越高，销售净利率越高，而增加产品价值通常需要更多的资产，这样资产周转率就会降低。

反之亦然，如便利店在购回商品简单摆放后就对外销售，其为商品增加的价值少，销售净利率就低，但周转速度很快。因此，我们要清楚销售净利率高的企业并非一定比销售净利率低的企业更好，需要综合考虑净利率和资产周转率的影响。

2. ROA

综合了销售净利率和资产周转率的指标是 ROA（Return on Assets，资产回报率）。ROA 的计算公式为

$$\text{ROA} = \frac{\text{销售净利润}}{\text{资产总额}} = \frac{\text{销售净利润}}{\text{销售收入}} \times \frac{\text{销售收入}}{\text{资产总额}}$$

$$= \text{销售净利率} \times \text{资产周转率}$$

ROA 是评估企业分配及管理其资源效率高低的基本指标。ROA 和 ROE 的区别在于，ROA 衡量销售净利润占所有资金来源（股东及借款）的百分比，而 ROE 只反映股东投入的资金的回报率。

我们在做财务分析时一定要时刻保持这样的认识：同样的财务指标背后的经营策略可能是南辕北辙的，我们不能仅凭财务指标的分析就做出判断。例如，同样的 ROA 指标，有的企业通过高销售净利率和低资产周转率的策略来取得，而另一些企业通过低销售净利率和高资产周转率来获得。高销售净利率和高资产周转率是所有企业都想达到的理想状态。

3. 固定成本和变动成本

销售净利率反映企业在全成本情况下的盈利能力，但我们如果把企业的变动成本和固定成本分开来看，就可以看到固定成本占比高的企业在销售量（额）下降时相比于固定成本占比低的企业更危险。因为当销售量（额）下降时，固定支

出无法减少，这意味着对固定成本占比高的企业来说，销售量（额）下降会造成企业的主营业务利润减少。

然而，企业的利润表数据无法区分固定成本和变动成本。我们通常假定企业的货物成本是变动成本，其他成本是固定成本。因此，毛利率在数据可得的情况下被近似地用于区分变动成本与固定成本，反映企业基本的盈利能力。

4. 资产周转率

资产周转率衡量每一元资产投入所产生的销售净利润。它是资本密集度的衡量指标。资产周转率低，表明资本密集度高；资产周转率高，表明资本密集度低。

通常，大家会认为企业的资产越多，规模越大，实力越强，所以资产越多越好。但事实正好相反。如果企业持续经营，其价值在于生产经营产生的净现金流，那么资产的价值仅反映企业营业终止时的价值。事实上，理想的企业是没有资产也能产生收入的企业，没有任何资产就有收入，其ROE非常高，这也是当前一些房地产开发企业追求轻资产经营的原因所在。

ROE的计算公式告诉我们，资产周转率越高，企业的财务业绩越好。资产周转率是企业业绩管理的关键点之一。

资产周转率受企业产品特性及竞争策略的影响很大，如房地产开发企业的产品生产至少需要两年，即使在预售制下，也需要数月的时间才能开始销售，而零售企业的产品只需数天即可销售。但对同一行业的企业来说，企业对资产的运用效率与其管理水平和资产运用能力密切相关。当竞争者的技术水平相当时，对资产规模的控制常常是竞争胜出的关键因素。

企业对流动资产的管理非常关键。流动资产（特别是应收款和存货）的经营含义：首先，如果经营情况变差，如销售量（额）低于预期、客户推迟付款等，那么企业的流动资产会突然增长，如应收账款、存货快速增长；其次，流动资产是企业现金的一个来源——当销售量（额）下降时，企业的应收款和存货也会下降，从而释放了现金。

在对资产的使用效率进行分析时，我们可以计算和分析各类资产的周转率，以企业的收入除以企业投入的资产。将资产与收入进行对比的原因是，资产的增长可能是业务增长带来的，也可能是经营政策变动带来的。例如，应收账款增加，可能是由企业销售收入增长而拉动的，也可能是因为企业管理层放松了收款政策。我们将收入与资产进行对比，通过指标的变化提示经营管理层应更关注管理动作变化带来的影响。这样就区分了资产变动是由销售引起的还是由其他原因引起的，而其他原因或许是我们更应关注的风险因素。

要分析资产周转率，我们一般需要计算和分析以下几个指标。

（1）存货周转率=货物成本/期末存货，反映存货一年周转几次，或存货在销售出去之前在库房放了多长时间。

（2）收款期=应收款/每天赊销额。

（3）固定资产周转率=销售额/厂房、设备等资产净值，反映资本密集度。

5. 权益乘数

权益乘数是影响 ROE 的关键因素。权益乘数并不是越大越好，它需要在收益和债务成本之间取得平衡。

企业的业务性质和资产性质对权益乘数有较大影响。业务预期和现金流稳定的企业，与面临高度不确定性的企业相比，可以在保证安全的情况下使用更大的权益乘数。

权益乘数和 ROA 是紧密联系的。一般而言，ROA 低的企业可使用更大的权益乘数，如商业银行一般投资安全的、稳定的、期限不长的项目，这些项目的 ROA 通常都不高，但其借贷能力很强，权益乘数很大。

在评价企业的权益乘数水平时，我们通常计算和分析以下几个指标。

（1）资产负债率＝负债总额/资产总额，反映企业的资产有多少是由负债形成的。

（2）偿债能力。评估企业的偿债能力的重点在于评估企业按期支付本息的能力。评估企业债务融资的财务压力不在于进行债务规模与资产或权益的对比，而在于评估企业偿还债务的现金支付能力。

利息保障倍数和偿债倍数的计算公式为

$$利息保障倍数 = \frac{息税前利润}{利息费用}$$

$$偿债倍数 = \frac{息税前利润}{利息费用 + \dfrac{债务本金}{1 - 企业所得税税率}}$$

这两个指标都很重要，前者评价企业对应付利息的偿还能力，后者评价企业对所有有息负债的偿还能力。如果一个企业总是可以借新债还旧债，那么它的财务负担就只是需支付的债务利息。而实际上，企业不可能总是借新债还旧债，企业的真实财务负担是应支付的利息和应偿还的本金。

对债权人而言，企业真实的偿债能力并非财务报表上列示的历史价值，而是企业资产、权益的市场价值，因此我们还可以按市值计算企业的真实偿债能力。相关指标的计算公式为

$$市值杠杆率 = \frac{负债总额}{股东权益的市场价值}$$

$$市值资产负债率 = \frac{负债总额}{资产市值总额} = \frac{负债总额}{负债市值总额 + 股东权益市值总额}$$

市值基于投资者对企业未来现金流量的预期，其问题有两个：一是忽略了展期风险；二是股价波动频繁，使得市值比率波动较大，实际应用比较困难。

6. ROE 存在的问题

ROE 是重要而有用的指标，但它存在的问题也很明显，我们不能想当然地认为 ROE 高就一定比 ROE 低更好。ROE 存在以下问题。

（1）期间问题。我们都知道企业经营是面向未来并期于长远目标做出决策的。而 ROE 恰恰相反，它反映经营的历史并且只关注一个期间，所以 ROE 有时会对业绩做出曲解。

（2）经营风险问题。在企业经营中，管理层会面临一个困境——如果想取得优秀的业绩，就得为追求高收益而做好承担风险的准备；如果想保证安全性，就只能放弃高收益业务。而 ROE 不反映任何经营风险。

（3）计量问题。ROE 衡量股东投入的回报，但投资数据是账面金额而非市场价值，而市场价值对股东更重要。

我们通过对 ROE 的分解，系统讲解了财务指标的经营含义，搭建了一个通用的财务分析指标体系，如图 7-2 所示。

第7章 房地产项目财务分析

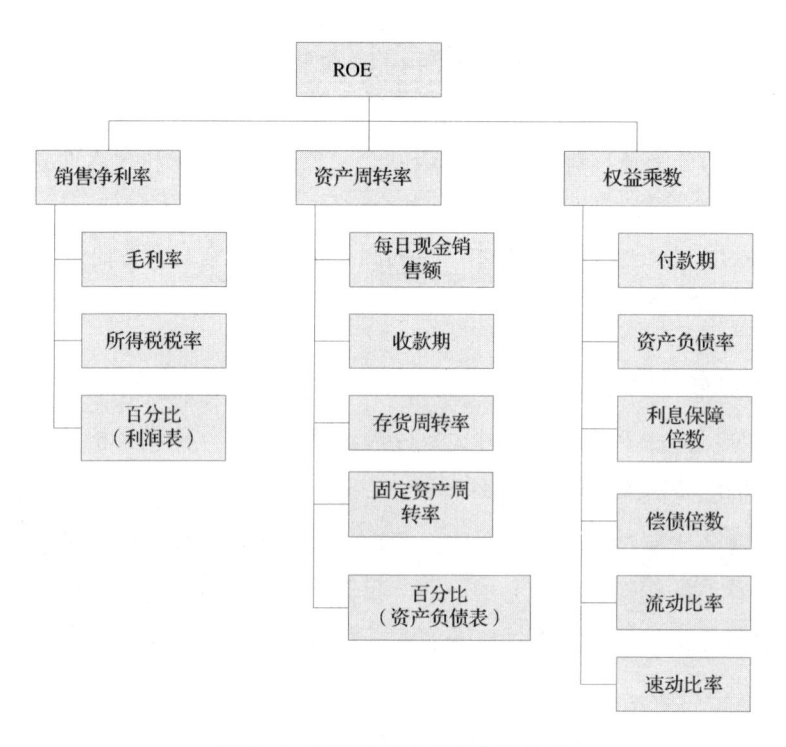

```
                        ROE
         ┌───────────────┼───────────────┐
      销售净利率        资产周转率        权益乘数
       ├─毛利率         ├─每日现金销售额   ├─付款期
       ├─所得税税率     ├─收款期          ├─资产负债率
       └─百分比         ├─存货周转率      ├─利息保障倍数
         （利润表）     ├─固定资产周转率  ├─偿债倍数
                       └─百分比          ├─流动比率
                         （资产负债表）   └─速动比率
```

图 7-2　通用的财务分析指标体系

所得税税率是指企业适用的企业所得税税率。

百分比（利润表）、百分比（资产负债表）是指将利润表和资产负债表的数据以百分比的形式披露。百分比（资产负债表）反映资产、负债、权益的结构占比。百分比（利润表）是各项收支占销售收入的百分比，反映各项费率情况。

每日现金销售额是指企业每日因销售而收到的现金额，可用每月、每周的数据用算术平均法计算，反映企业现销的能力。

付款期是企业支付各类款项的账期，主要是工程款的支付天数，反映合同约定的付款时间至实际付款时间之间的天数。

流动比率是流动资产和流动负债的比值，速动比率是速动资产和流动负债的比率。

为了规避 ROE、ROA 的弊端，我们可使用 ROIC（Return on Invested Capital，资本回报率）。RIOC 的计算公式为

$$\text{ROIC} = \frac{\text{息税前利润} \times (1 - \text{企业所得税税率})}{\text{有息债务} + \text{股东权益}}$$

该公式的分子是息前税后利润,表示企业全部用债务融资投入而获得的税后净利;分母是企业投资的资金来源,此部分仅包括企业必须支付使用成本的资金。实质上,ROIC 是企业投入总资本产生的回报率,不管它是债务还是股权。ROIC 反映企业基本的盈利能力,忽略了权益乘数对盈利的影响。

7. 财务分析的注意事项

财务分析方法就是运用各种比率分析企业的状况。比率分析的应用非常广泛,但我们应特别关注以下几点。

(1) 财务比率是两个数字的比例关系,因此我们不要期望通过一个或几个比率的计算就能洞察企业经营的一切。我们应将比率分析看作线索,通过一个或几个财务比率显示的问题,以及企业经营管理和经济环境等相关信息,来揭示企业经营的状况。

(2) 任何一个财务比率都不会有一个所谓正确的值。例如,流动比率,对债权人来说,高流动比率是让人安心的信号,因为这意味着更好的流动性和更高的偿还性;但对股东来说,高流动比率却是一个不好的信号,说明企业的资产利用率不高。此外,从企业经营角度来看,高流动比率是管理保守的信号,是企业管理层经营策略的结果。因此,重要的问题不是流动比率是高还是低,而是企业经营策略的优劣。

(3) 如果所有的财务比率都没有一个正确的值,那么我们应该如何解释、运用它们呢?我们可以采用以下 3 种方法来解释、运用它们。

① 经验法则。我们可以利用自己的行业经验,并结合企业的具体情况来确定相关财务比率的合适值。

② 行业对比。我们通过行业对比可以看出企业与竞争对手的差距,但问题在于每个企业都是有差异的,企业的某些特定差异是完全有理由偏离行业标准的。

③ 趋势分析。相对来说,趋势分析法是最好的指标评价方法,通过计算企业财务比率的变化趋势,我们可以对企业经营状况及其变化做出更确切的判断。

总结一下,上述内容可以用财务分析的逻辑框架来表示,如图 7-3 所示。

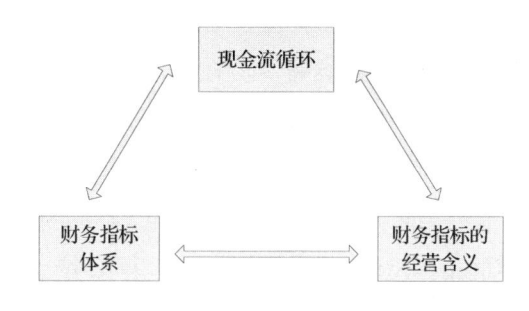

图 7-3 财务分析的逻辑框架

7.2 房地产项目财务分析体系

房地产作为资金密集、周期长的行业，其财务分析体系有自身的特点。要对企业的整体运营情况进行分析，我们需建立财务指标与非财务指标。要构建企业适用的指标体系，我们需从以下几个方面去考虑。

1. 可量化

指标的设置需明确企业各级组织与个人的目标，并以此为导向，组织、协调企业的资源去实现目标。

2. 正向激励

指标需提供对各级组织与个人的有效评价信息，反映组织与员工的能力。企业应以指标为奖惩依据，激励各级组织实现目标。正向激励要求考核政策需考虑实施效果，起到正向的作用。例如，有的企业为了解决流程审批时效的问题，设置超过时效审批就要受到处罚的措施，其可能导致的结果是，为保证时效而忽视审批质量，形成负向激励，反而不利于工作。

3. 长、短期利益结合

指标设置需考虑长、短期绩效的平衡。正如 7.1 节所说的 ROE 的期间问题，有的决策是为企业的长期利益着想的，可能短期指标表现不佳，但不能因此评价组织或员工的绩效低。如果企业的所有指标都关注当期，那么企业可能在未来某个时间出现不可避免的损失。

4. 全面性

指标不能全为财务指标，还应包括非财务指标。因为一方面财务指标反映历史成果，而企业经营是面向未来的；另一方面，企业是一个复杂的系统，企业文化、管理水平、员工能力等都会影响财务成果，要取得好的财务成果，管理层就需要依据企业各维度的指标反馈来做出决策。

7.2.1 非财务指标体系

房地产行业发展到今天，走过了政策红利阶段、规模红利阶段，正进入管理红利阶段。企业需要构建非财务指标体系，评估自己的管理能力，以提高管理效率。有时非财务指标提供的信息可能更有用。例如，有的企业经营严重依赖政府补贴或税收优惠，虽然其阶段性的财务指标优异，但其竞争能力很弱。构建非财务指标体系可以从以下几个方面着手。

1. 生产能力指标

企业的生产能力主要体现在供货能力与质量上，主要包括计划管理、质量管理、节奏管理。

计划包括项目施工计划、开发报建计划等。其考核指标一般有计划节点完成率（其中里程碑计划、一级计划的完成率是评估生产能力的重要指标）、计划节点变更率、供货达成率（项目楼栋达到预售节点的完成率）等。

质量管理的主要内容有企业月度质量检查评分、第三方飞检得分等，通过内部横向对比、外部纵向对比评价各项目的生产质量。企业还可以用签证变更率、成本完成率、招采成本下降率等指标反映设计、生产、招采、成本管理的成果。

节奏管理主要考察供销平衡情况，通过供销比指标来实现。供销比的计算公式为

$$供销比 = 供货面积/销售面积$$

供销比反映每销售一平方米产品有多少平方米的供货，也可以用套数表示。供销比可细分到每一个业态，计算每个业态的供货支持销售的情况。供销比大，

说明供大于求，生产出来的产品卖不掉，产品滞销，成本增加；供销比小，说明供不应求，生产节奏跟不上销售节奏，使客户流失。此指标的经验取值是 2，也就是同样的产品有 2 套可供客户选择。

2. 营销能力指标

销售是生产的目的，是企业获得收入、实现利润的直接手段。我们一般从市场营销和客户两个方面来评价企业的营销能力。

从市场营销方面来说，企业可以用营销费率（营销费用/签约额）、营销费用增长率/签约额增长率等指标反映企业在市场营销方面的投入强度，还可以将营销费用细分，进行对比分析；企业可以用品牌知名度、市场占有率、行业销售额排名、新市场开拓等指标反映企业的竞争地位。

从客户方面来说，企业可以用客户满意度、客户投诉处理完成率、重要客户维护率、关键客户推荐购房率等指标反映企业在客户关系方面的能力水平。

3. 财务能力指标

企业的财务能力主要表现为融资能力与投资能力。

企业可以用融资金额、融资成本、融资杠杆率（融资金额/项目投资额）、融资计划完成率等指标反映企业的融资能力与效率；用取地数量、取地货值、地货比（总货值/总地价）、投资任务完成率等指标反映企业的投资能力与效率。

4. 人力资源能力指标

在现代企业中，人力是创造企业价值的第一要素，人力资本可以说在一定程度上决定了企业未来的发展前景。人力资源能力可以从人事管理、创新管理、组织管理等几个维度进行评价。

人事管理指标有员工满意度、内部流动率（内部调动人数/总人数）、全员/绩优/高级员工离职率（离职人数/总人数）、关键人员到岗率等。这些指标反映企业对员工的吸引力及企业的人力管理水平。

创新管理指标有员工平均培训次数/时间、员工（人均）培训支出等。这些指标反映企业对员工能力提升的投入。

组织管理指标有人均效能（人均签约额/人均签约面积）、元均管理费用利润率（销售净利润/管理费用总额）等。这些指标反映企业的组织能效。

7.2.2 财务指标体系

企业应从股东层面出发，到企业运营，再到项目经营，建立财务指标体系。

（1）在股东层面，以 ROE、ROIC 为核心财务指标，这两个指标分别反映股东的收益水平及企业基本的盈利能力；将这两个指标进行明细分解，可以深入刻画企业各项业务的经营状况。

（2）在企业运营层面，从规模性指标、成长性指标、营利性指标、风险性指标、运营效率指标 5 个维度建立体系。

规模性指标包括签约额、回款额、土地储备面积、土地储备货值。在房地产行业的规模红利阶段，销售规模代表着企业的行业地位，也是各类金融机构非常看重的指标。金融机构对房地产销售排名前 10 名、前 50 名、前 100 名的企业有着差异巨大的贷款条件，排名越靠前，企业可享受的贷款条件越优厚。土地储备代表企业的未来，土地储备多的企业，未来的开发量有保障，未来的收益更稳定。

成长性指标主要为规模性指标的增长率，规模性指标的增长率高，说明企业成长迅速、发展后劲强。但我们还需结合企业资金来源来综合评价成长性指标。我们不难看到市场中一些企业昙花一现，这些企业对财务杠杆的运用过于充分，使得快成长伴随着大风险，一旦市场环境变化，现金断流，企业就被迫清盘结束。

营利性指标主要有毛利率、销售净利率、净现金利润、管理费率、营销费率、税负率等。毛利率可以被近似地看成变动成本率，其随销售额变动而变动，反映企业的成本控制能力和产品溢价能力；销售净利率是综合性指标，反映企业的整体盈利状况，此指标还可被进一步细分为息税前利润率来评价企业基本的盈利能力；净现金利润（销售净利润-滞销产品的货值）反映企业真实的盈利水平，房地产项目有部分产品长期滞销、难以去化，这部分产品的货值仅是纸面上的，在可见预期内无法实现，因此我们应将这部分产品的货值从销售净利润中扣除，以反映企业真实的盈利；管理费用可以被视为企业的固定成本，管理费率反映企业的费用控制能力，我们结合非财务的人均效能指标，并做行业对比，可以评价企业的组织管理能力及员工的价值创造；营销费率一方面反映企业的市场投入，另一方面反映企业的投入产出效率；税负率（税费支出/签约额）反映企业的税收管控能力和企业对税收资源的运用能力，它还可被细分为增值税税负率、企业所得税税负率和土地增值税税负率。

风险性指标反映企业的偿债能力，除了7.1节所讲的指标，房地产行业还有自己的特色指标。净负债率［（负债总额－预收账款余额）/资产总额］是扣除了预收账款的负债金额与资产总额的比，因为房地产行业的预售制使得财务核算的预收账款实质是已销售未结转的收入，不是企业的债务负担，而是会计收入的资源。现金流是企业的血液，也是企业风险的根本保障，现金流指标的好坏决定企业偿债能力的大小。例如，经营现金流净额、经营现金流回正时间、资金峰值及融资杠杆等，这些指标反映企业的资金需求与来源，以及经营现金流情况。

运营效率指标主要是反映企业资源使用情况的各类资产周转率，以及反映员工价值创造的各类人均效益指标等。通过这些指标在企业内部各经营单位间的横向对比，以及在某个特定单位的多个期间的趋势对比，我们可以发现企业运营效率的高低与变化趋势，便于管理层对症下药。

（3）项目经营层面的财务指标体系需对标企业对项目设置的考核指标。企业对项目设置的考核指标一般有签约额、回款额、累计回款率（项目从开始销售至当期的累计回款额与累计签约额的比值）、经营净现金流（按会计口径确认）、管理利润（与会计利润不同，是企业基于经营需要对会计利润进行调整而得到的当期利润，主要用于对项目经营团队的考核）、销售净利润（按会计口径的销售净利润确认）、管理费率、营销费率、建设支出现金比等。

对标考核指标，企业在项目经营层面需设置货值指标，如年初存货（上年年末存货金额）、本年新增供货（本年新增的存货金额）、产销比、存销比等指标。

存销比＝存货面积/月均去化面积，反映现有存货还需多长时间才可以销售完毕，经验取值为6，即现有存货应在6个月以内销售完毕，否则，如有新增供货,则会造成供过于求,形成滞销。我们还可分业态细化存销比,以进一步分析各业态的销售与供货的平衡情况。

签约额可进一步分解为:年初存货本年签约,分析年初存货在本年的去化情况,应特别关注长期存货的销售情况;本年新推本年签约,分析本年新推各业态的销售情况;签约周期,从认购到签约的平均天数,反映营销工作的质量。

回款额应设置累计回款率指标,年初应收款本年回款率应达到95%以上,当年新售当年回款率应不低于90%。应收款的账龄分析,按账龄30天、60天、90天、180天及以上划分应收款客户,重点关注账龄超过90天的客户。企业还应进行结构分析,分按揭未回款、分期未回款等分别进行分析。按揭回款周期(从客户按揭资料齐备到银行放款的天数)反映财务的工作质量。

在经营净现金流方面,企业应设置受限资金金额、资金盘活任务完成率、商票支付计划完成率及建设支出现金比等指标,对影响经营净现金流的因素进行分析。受限资金主要是预售监管资金、农民工保证金、开发贷款监管资金,这些监管资金占用企业的可用资金,企业需密切跟踪下达的盘活任务,考核资金盘活任务完成率;商票是企业的一个重要的融资渠道。

建设支出现金比=当月工程建设支出计划金额/当月销售回款计划金额,设置此指标的目的在于根据回款完成情况确定工程支出额度,从资金角度控制供销平衡。建设支出现金比的经验取值为30%。

7.2.3 财务分析报告的运用

我们在通过财务分析洞察企业的状况后,需将分析成果应用到企业经营中。所谓运用,就是将分析成果转化为各部门的工作目标,减少不利差异,实现经营目标。要实现这个目标,我们需要找到财务分析成果与经营动作的内在逻辑关系,将财务分析成果转译为各部门的业务术语。

以回款为例,假设我们分析出回款任务完成率不高,在给管理层提供的财务报告中写"××项目回款任务完成率为××%,未完成回款任务,企业应加强销售回款管理,努力完成回款任务"。相信大家在财务分析报告中一定见过类似的话语,但这样写对项目经营有任何作用吗?这样的话几乎没有营养。

我们应该怎样做呢？我们应从问题向前追，追到业务前端，找到真正的原因，提出业务目标。

我们分析出回款任务完成率低，应向前追问为何会这样。

是因为签约额低，为何签约额低？

是因为客户认购低，为何客户认购低？

是因为客户来访少。

到此，我们可以将回款与营销的业务关系表述如下：

$$回款额 = 签约额 \times 回款率 = 认购额 \times 签约率 \times 回款率$$
$$= 来访量 \times 认购转化率 \times 签约率 \times 回款率$$

如果认购转化率为 20%，签约率为 50%，回款率为 80%，回款任务是 1 000 万元，那么签约额应不低于 1 250 万元；认购额应不低于 2 500 万元；来访量应不低于 125 人次（假设每套房价为 100 万元，来访金额不低于 12 500 万元）。

此时，财务分析报告应提出明确的业务目标：为完成回款任务，营销部门需实现 125 人次的到访。我们还可通过分析来访渠道，给出不同渠道的来访目标任务。例如，我们根据过往的经验得知，每拨打 20 个电话就可以实现 1 人次到访，电 Call 的来访占比为 30%，则通过电 Call 需来访 42 人，那么需要拨打 840 个电话，如果在一个月内完成，那么需要多大的电 Call 团队来完成等。

通过财务分析，将成果转化为业务部门的经营目标，铺排项目的经营动作，这样才能起到财务分析指导经营的作用。

另外，财务人员做财务分析喜欢做大而全的财务分析报告，从资产到负债、从收入到利润、从投资到融资，全都包括。事实上，大而全的财务分析报告很少有人需要，因为大而全的财务分析报告通常都"浅而泛"，无法深入经营实质。财务人员应将财务分析报告看作他们对外提供的产品，而财务分析报告的使用对象是财务人员的客户，财务人员的产品一定要契合客户的需求，否则，产品质量差，需求就少。

通常而言，财务分析报告的使用对象有两类：经营决策层和经营管理层。经营决策层的需求点是企业的盈利能力、经营状况、经营资源的来源与利用、经营难点及风险、经营方向等；经营管理层的需求点是经营业绩、经营资源匹配、企业内外部对标、经营卡点、解决策略与落地计划等。

而财务人员能提供的产品通常是准确的数据、数据分析、对数据所反映的经营风险的解决能力、税收规划与风险、预算管控与经营业绩、预算分析与经营风险、与风险控制及资产管理等。

财务分析作为供需结合点，以财务分析报告满足客户的需求，发挥财务价值点，提升企业经营绩效。

第 8 章
房地产税收管理进阶

第 4 章系统地讲解了增值税、土地增值税和企业所得税的基础知识,以及房地产开发各阶段的税收管理。本章从房地产开发企业税收管理的角度讲解管理体系及房地产重点涉税问题的相关知识。

本章主要涉及的知识点:

- 房地产税收管理体系。
- 房地产项目的税收管理。
- 房地产重点、难点问题解析。

8.1 房地产税收管理体系

房地产开发企业经营以单个项目开发为基础,项目的经营状况是企业经营成果的基本保障。不同于经营端的管理逻辑,房地产开发企业的税收管理需要从企业整体及项目层面建立两级管理体系。

8.1.1 企业层面的税收管理

房地产开发企业的架构多为"企业-项目"的二级架构或"企业-城市(区域)-项目"的3级架构。企业作为管理中心,是项目开发的支撑、决策机构;项目作为前线团队,是企业收益的实现机构。这使得收入和利润在项目端实现、费用支出由企业端承担。另外,房地产项目的收益水平参差不齐,甚至有的项目亏损。以上因素都会造成企业内各法人单位税负不均,这在项目层面是无法解决的,需要在企业层面进行综合统筹。

一定规模的房地产开发企业会在多个省、市开发项目,从而面临复杂多变的税收环境,而每个会计人员的税务操作习惯也不相同,造成不同城市的不同项目税收处理差异大,税收风险显现。

因此,房地产开发企业应在企业层面建立税收管理组织,统筹管理企业整体及各项目的税收事项,研究税收政策,规范税收操作,平衡企业整体税负,实现税收利益。

企业层面的税收管理主要包括税收组织管理、计税事项管理、发票管理、税收稽查及风险管理、税收规划管理、税收关系管理、税收统计及分析等内容。

1. 税收组织管理

企业应建立适合企业组织架构的税收管理组织。通常,企业在各级财务组织内设税务专岗或兼职税务人员,亦有较大的企业设立专门的税务管理部门,单独向财务负责人汇报税收工作。

企业的税务管理部门的主要工作内容如下。

（1）研究国家税务总局和项目所在地省、市税务局发布的税收政策。

（2）统一组织整个企业的税收管理工作，统筹税务安排，平衡企业整体税负。

（3）编制企业年度税收方案，审核和评估各项目税收规划方案。

（4）处理企业或各项目的重大涉税问题，维护企业的整体利益。

（5）建立企业级税收法规库、案例库、知识库。

2. 计税事项管理

企业的计税事项管理主要包括以下内容。

（1）税种税率、客商及合同管理。企业在开发经营各阶段涉及的税种不同，同一税种的税率也会变化，如在"营改增"后，国家多次降低增值税税率。企业在对外合同签订中需考虑此变化的影响；企业对于在销售过程中面临的税率变动，也要结合项目所在地税务机关的要求规范操作。

企业需建立统一的客户管理系统、供应商管理系统、合同管理系统，作为企业税收管理的基础。

（2）税务登记与变更。在"三证合一"（工商营业执照、组织机构代码证和税务登记证合为一证）后，税务登记与变更事项已经很方便了，企业只需到税务大厅进行网上认证，确定税种、税率、发票、增值税纳税人资格等。

（3）定期税收计算、缴纳。企业需特别关注预缴的土地增值税不同业态的预征率、企业所得税的预计毛利率的规定，不同项目之间存在差异；增值税计税的价税分离、交易认定。企业的税务管理部门需建立月度报表制度，审核各项目计税事项的准确性、完整性和及时性。

3. 发票管理

企业应严格按照《中华人民共和国发票管理办法》及实施细则等有关规定，规范企业内各成员单位的发票事项，不得以白条、收据、虚假或作废发票列支成本、费用。

企业应建立严格的发票购、销、存、盘点等日常管理制度，应将发票存放于保险柜中，严禁代开发票，严禁开具"鸳鸯"发票。

在取得发票时，对建安类发票，企业应特别关注备注栏项目情况的规范性填写，避免在后期税收清算时产生票据不合规的风险。

企业的财务部门应对各单位的发票管理情况进行监督、检查和考核。

4. 税收检查及风险管理

税务机关会根据上级要求及工作需要，抽取部分企业进行税收检查。企业对税务机关依法进行的检查，应密切配合，通过各种渠道了解税收检查的目的、要求，在工作中周密部署，积极应对。

企业在签订重大合同（如投资合同、融资合同、总承包合同等）前，应前置税收审查程序，由企业税务条线进行专业审查，提示风险并给出专业意见。

企业可根据需要，外聘第三方税务顾问，定期对企业涉税事项进行检查，就账务处理、发票处理、税收处理等可能的、潜在的税费风险给出建议及相应的防范措施。

企业应根据本企业或行业内其他企业发现的税收风险事件，设立税收案例库，并建立税收风险事项清单，在企业范围内定期自查、自纠。

企业需根据税务机关的管控要求，建立税务风险评估及预警指标体系，企业及各项目要定期对照指标评估税收风险并预警：资金及往来异常指标（如新增应收款超过当期收入的 80%）、货物异常指标（如存货大于销售收入的 30%）、收入异常指标（如存货减少但收入未增加）、成本费用异常指标（如销售成本大于销售收入）、税负异常指标（如增值税一般纳税人的税负异常变动）、抵扣异常指标（如固定资产大额抵扣导致当期不缴纳增值税）等。

5. 税收规划管理

企业的税收规划管理应分为两个层次：企业层面的税收规划管理在于整体税务安排、均衡税负、减小税收风险；项目层面的税收规划管理在于项目税收规划，实现项目利益最大化。

企业层面的税收规划管理重点在于提前规划业务安排，从业务流、合同流、资金流、发票流等几个维度提前规划，充分利用企业的各项资源（如亏损资源、优惠政策、产业链资源等），实现税收收益。

项目层面的税收规划管理重点在于落实企业层面的税收规划措施；同时，结合项目实际情况，规划项目各业态收入、成本的配比，实现项目税负最优。

6. 税收关系管理

企业各级税务组织都应建立和谐的税企关系，即企业应建立多层次、多渠道的沟通关系，正常的商务洽谈关系，对业务处理的讨论关系。

7. 税收统计及分析

企业需建立税收统计及分析报表体系，进行发票信息统计、税种分析、趋势分析、城市项目分析及项目接受税收检查的进度跟踪、税收预算完成情况跟踪分析、项目税收规划执行情况跟踪分析等，并形成专项报告，向管理层报告税收收益与风险情况，便于经营决策。

企业层面的税收管理需要打通税务、会计核算、资金、采购、销售、合同等各业务板块，形成有机、统一的管理体系，借助信息化的手段实现动态管控。房地产开发企业的税收管理体系如图8-1所示。

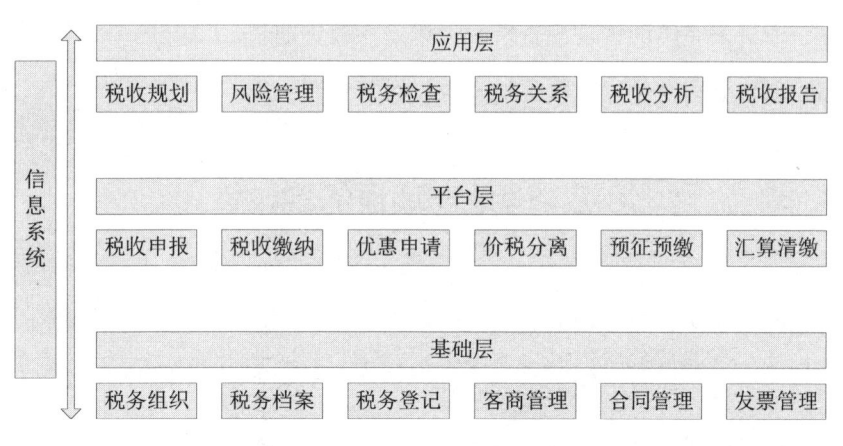

图 8-1 房地产开发企业的税收管理体系

8.1.2 项目层面的税收管理

房地产项目是税收管理措施落地的关键，项目公司应在每年年初根据企业的整体税收安排及项目税收规划编制项目层级的年度税收规划（并按季跟踪执行情况与卡点），以及需采取的措施或需要的资源。

项目公司年度税收规划主要包括以下几个方面。

（1）企业的整体税务安排涉及本项目的相关事项的工作安排：集团管理费用的分摊、关联交易的定价及安排、集团借款利息的支付与安排等。

（2）如项目在新的年度存在交付的情况，则项目公司需编制年度结利的方案，重点说明：项目销售预计、成本预计、毛利预计，实际毛利与企业所得税的预计毛利的差额，以及补缴税金或多缴税金情况等，对不利差异准备采取哪些措施，如何实施这些措施等。

（3）税收优惠、税收退税规划，包括不限于：增值税留抵退税计划、符合条件的税收优惠政策的申报。

（4）项目公司的纳税信用级别维护及提升：税务机关一般于每年年初对所辖企业的纳税情况进行评估，评定企业的纳税信用级别。项目公司应于年初总结上年税收缴纳情况、接受税收检查情况、税收处罚情况，对自己在新一年的纳税信用级别进行维护及提升，保证自己的纳税信用级别满足增值税留抵退税等政策的要求。

（5）项目未完结的税收检查情况，以及应对策略等。

（6）项目公司常年税收顾问的安排及预算情况。

8.2 房地产项目的税收管理

房地产项目的税收管理的重点在于两个方面：一是在获取土地后需完成项目税收规划；二是在经营阶段完成成本对象化工作。下面分别介绍。

8.2.1 项目税收规划

通常，房地产开发企业在获取土地之前，进行项目可行性研究时就会对项目税收情况进行测算，并提出税收管控措施。但在获取土地之后，房地产开发企业应根据确定的方案、技术指标，结合可研阶段的税收控制方向及措施，编制项目实施阶段的整体税收规划方案，并落实责任人、完成时间，定期跟踪、回顾，确保税收措施执行到位。

项目税收规划分为一般措施与特殊要求。

1. 一般措施

一般措施是所有项目都需要考虑的基本点,主要包括以下内容。

(1)土地计税成本的确认。对于土地作价投资的,项目应取得土地的原始合同与票据;在作价投资时,投资方缴纳的土地增值税、增值税、企业所得税的申报表和完税证明;土地作价的评估报告、合规票据。

对于通过"收并购"方式获取的土地,项目应审核并取得土地原始合同与票据;确定可抵扣的土地成本。

对于涉及拆迁的,项目应取得县级以上人民政府颁发的拆迁文件、拆迁合同、拆迁个人身份证复印件、拆迁款领取凭证、拆迁花名册等。

(2)关注土地出让合同的相关约定。若土地出让合同约定了项目需配建并无偿移交公共配套设施,则项目应明确公共配套设施无偿移交的程序及政府接收的部门;若约定了自持面积,则项目应明确自持的范围、面积及清算范围;若对红线外建设有约定,则项目应确定红线外成本的归集原则与方法。

(3)售楼部和样板房。项目应建设实体售楼部和样板房,在项目主体内修建,其建造成本计入建安成本,土地增值税可加计扣除;将商业会所作为售楼部、样板房的,如后期可用于销售,则其成本也可计入建安成本;若项目需修建临时售楼部、样板房,则其建造费用计入营销费用,土地增值税不能加计扣除。

(4)管理费用。房地产开发企业的管理费用需由项目公司承担部分,房地产开发企业应按要求将人员划分至项目公司,使人员的劳动合同、薪酬、社保、公积金等由项目公司承接。

(5)人防车位。项目在完成土地增值税清算前,不得租售人防车位。人防设施建造成本应作为公建配套全额计入项目建安成本。若在土地增值税清算前,部分人防车位被租售,则税务机关可认定人防车位属于可租售的资源,其成本应与收入配比,不能全额扣除。

2. 特殊要求

(1)"收并购"项目的土地溢价处理是否按要求完成。

（2）人防设施可以选择自建或在交纳异地建设费后由人民防空办公室负责修建事宜，本项目不再修建。人防设施是否修建取决于建造成本与异地建设费的金额对比，一般来说，本项目自建人防设施更经济。

（3）项目分期及产品业态布置需经财务人员测算后确定。

（4）普通住宅优惠需尽量享受，严格根据定位控制户型面积。

（5）积极争取享受西部大开发关于"绿色住区"的税收优惠政策。

（6）关联方利息支付应提前规划，按税法的要求完善相关手续，据实扣除。

（7）销售策略需结合土地增值税三分法的要求，实现收益最大化。

（8）竣工结算安排应结合全周期税收情况进行，如涉及退税，则应在交付后半年内完成结算，并申报清算退税；如涉及补税，可适当延后，在交付后一年内完成结算，根据税务机关的要求适时清算。

项目在编制完成全周期税收规划后，应报房地产开发企业的税收管理部门、主管领导等审批同意。项目以经审批的项目税收规划编制税收规划任务分解责任表，将各项工作分解到各责任部门，落实工作成果、责任人及完成时间。税收规划任务分解责任表示例如图8-2所示。

川哲府税收规划任务分解责任表

序号	实施阶段	税收策略关键点	税费影响金额	关键工作事项	工作成果	责任部门	责任人	完成时间
1								
2								
3								
4								
5								
6								
7								
8								
9								
10								

图8-2　税收规划任务分解责任表示例

8.2.2 成本对象化

成本对象化是指项目根据事先划分的成本对象,将可直接归属于某个成本对象的开发成本,采用一定的方法直接归集、结转、核算,以准确反映项目各开发产品的直接成本。对于所有成本对象受益的共同成本,则采用第3章介绍的方法予以分摊确认。

项目采用成本对象化有两方面的考虑:一方面,通过成本对象化,项目可更精确地核算不同产品的生产成本,有利于精细化管理、提升管理效率;另一方面,不同产品的溢价、增值率不同,从土地增值税方面考虑,成本对象化有利于项目平衡产品增值、平衡税负。

成本对象化工作是一项系统性的工作,需由项目的多个部门协调配合,主要涉及成本部门、营销部门、开发报建部门、财务部门、企业税务条线,各部门的主要工作职责如下。

(1)成本部门:提供项目开发成本预算表,其中,已发生并结算的部分按实际结算金额提供,已发生未结算的部分及预计将发生的部分按预计结算金额提供;逐一复核财务部门编制的成本对象化分摊表;及时更新动态成本,为财务部门的测算提供基础数据支撑。

(2)营销部门:及时提供、更新项目已售部分的销售台账、未售部分的销售预测;销售中如涉及特殊销售形式,在正式签订销售合同前,应将合同模板报财务部审核。

(3)开发报建部门:及时提供项目预测报告、实测报告;落实项目中的特殊物业形态是否可售。

(4)财务部门:根据区域公司成本部门提供的开发成本预算表,按成本受益原则进行成本对象化分摊;按确定的成本分摊对象,设置辅助核算对象,对每笔成本入账凭证,均按确定的分摊方法分摊此笔金额,并将分摊表作为凭证附件装订入凭证中;清算相关事宜并进行备案,包括但不限于清算对象备案、成本对象化核算方式备案、成本分摊方式备案、建筑合同备案;分季度获取成本预算、销售预算,对相关税费进行测算;及时启动清算工作,完成土增税清算事宜。

（5）企业税务条线：对项目财务部门、成本部门分摊并复核的成本分摊表进行再次复核，包括但不限于项目成本总金额、分摊方法、分摊面积、各物业类型单位成本等；检查项目财务部门账面的辅助核算及附件，包括但不限于账面是否按照成本对象进行辅助核算、附件内容是否明确至各成本对象；复核测算数据，分析税负并提出建设性意见。

从税收管理角度来看，项目成本对象化的工作成果在于税收优化，因此对于项目是否做成本对象化工作的判断标准是税收是否得到优化，项目需编制税收方案对比表，以评估税收是否得到优化。税收方案对比表示例如图8-3所示。

川哲府税收方案对比表

序号	测算方案	物业类型	增值率	土地增值税税额	备注
1	原方案	普通住宅			
2		非普通住宅			
3		非住宅			
4		项目总计			
5	成本对象化	普通住宅			
6		非普通住宅			
7		非住宅			
8		项目总计			
9	税收差异	普通住宅			
10		非普通住宅			
11		非住宅			
12		项目总计			

图8-3 税收方案对比表示例

图8-3中只对比土地增值税的原因是，如果项目产品被全部售完，那么无论产品成本如何核算，对企业所得税、增值税均没有影响，成本核算方法只对土地增值税有影响。

如果通过税收方案对比，项目确定要实施成本对象化工作，那么各部门均需按上述工作分工完成各自的任务，财务部门对工作成果负责。

财务部门应结合项目的实际情况，确定可直接对象化的成本范围，如电梯、门窗栏杆、外墙、水电气工程等；对于非全项目受益，仅有某几个成本对象受益的，需确定分摊方法，将成本分摊至受益对象。

财务部门根据确定的方法，以成本部门提供的合同台账为基础，编制成本对象化明细表。成本对象化明细表示例如图 8-4 所示。

川哲府成本对象化明细表

合同编码	发票单位	成本科目	合同名称	合同金额（含税）	结算金额	待分摊金额	分摊方法	普通住宅	非普通住宅	非住宅——商业	非住宅——车位	合计	备注

图 8-4　成本对象化明细表示例

如果项目是分期开发的，那么成本对象化明细表需增加栏次，按分期划分不同业态的成本归集金额。

财务部门需定期更新成本对象化明细表中的数据，并定期测算土地增值税结果，如有不利差异，则应及时协调业务部门，采取措施，保证税收收益的实现。

8.3　房地产重点、难点问题解析

因税收政策变化较快，各地税务机关执行标准各异，所以在项目开发和经营过程中存在一些共性的重点、难点问题。本节重点讲解一些比较常见的、具有共性的重点、难点问题，供大家学习和参考。

8.3.1　增值税关于土地成本抵减收入的问题

财税〔2016〕140 号《财政部 国家税务总局关于明确金融房地产开发 教育辅助服务等增值税政策的通知》（以下简称财税〔2016〕140 号）规定："《营业

税改征增值税试点有关事项的规定》（财税〔2016〕36号）第一条第（三）项第10点中'向政府部门支付的土地价款'，包括土地受让人向政府部门支付的征地和拆迁补偿费用、土地前期开发费用和土地出让收益等。房地产开发企业中的一般纳税人销售其开发的房地产项目（选择简易计税方法的房地产老项目除外），在取得土地时向其他单位或个人支付的拆迁补偿费用也允许在计算销售额时扣除。纳税人在按上述规定扣除拆迁补偿费用时，应提供拆迁协议、拆迁双方支付和取得拆迁补偿费用凭证等能够证明拆迁补偿费用真实性的材料。"也就是说，房地产开发企业一二级联动取地的，其在一级开发阶段的支出及收益亦可抵减销售收入。

财税〔2016〕140号第八条对于房地产开发企业先由成员企业报名参加"招拍挂"，在拍下土地后，再成立项目公司，成员企业将土地出让合同的所有权益转让给新成立的项目公司的情况，规定同时符合3个条件的，可由项目公司按规定扣除房地产开发企业向政府部门支付的土地价款。对于3个条件中的"项目公司的全部股权由受让土地的房地产开发企业持有"，房地产开发企业是在项目开发全周期一直全部持有，还是在签订土地出让补充合同时全部持有，不同税务机关有不同的理解。

本书的观点更倾向于此条要求是对在签订土地出让合同补充合同时房地产开发企业全部持有项目公司股权的要求。原因如下。

（1）房地产开发企业在取得土地前后一般都会融资，融资的担保方式之一是资金方进入股权，如果在项目公司融资后，股权发生变动，就不允许扣除土地价款，于理不符。

（2）房地产开发企业以销售收入扣除土地价款后计算销项税的原因在于土地价款是开发项目的主要成本项目之一，而土地价款没有增值税发票，在增值税"以票控税"的管理要求下，国家给房地产开发企业打了一个政策补丁。

（3）之所以要求房地产开发企业要全部持有项目公司的股权，是因为国家不允许土地炒买炒卖。因此，对于房地产开发企业正常的经营行为，税务机关应以"实质重于形式"的原则，来分辨使用政策。

（4）假如房地产开发企业在取得土地后不成立项目公司，而是直接开发，房地产开发企业仍可以股权融资,此时,土地价款能否抵减?如不能抵减,税收政策依据在哪?如能抵减,为何房地产开发企业在成立了一个项目公司后,经营实质并未改变,就不行了?这在税收征管逻辑上也不通。

不论道理是否能通,征管政策都被掌握在税务机关手中,为了避免产生此类问题,房地产开发企业在成立项目时需设置 3 层股权架构,如图 8-5 所示。

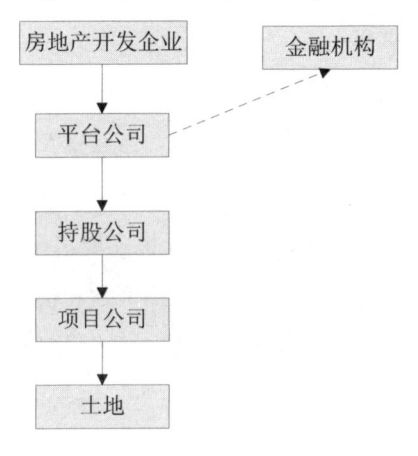

图 8-5　项目公司的股权架构

房地产开发企业预先成立一个全面持股的平台公司,平台公司设立持股公司,持股公司报名参加土地拍卖,在取得土地后,持股公司全资设立项目公司。在融资、引入合作方或其他股权操作时,项目公司的股权在平台公司层面被操作,保证项目公司的股权从始至终由持股公司全面持有。

8.3.2　土地作价投资的增值税处理问题

国家税务总局公告 2016 年第 18 号规定:"房地产开发企业中的一般纳税人(以下简称一般纳税人)销售自行开发的房地产项目,适用一般方法计税,按照取得的全部价款和价外费用,扣除当期销售房地产项目对应的土地价款后的余额计算销售额。"

从文件字面理解,此条规定仅针对国有土地出让的情况,而对土地方转让土地给房地产开发企业,或将土地作价投资设立新公司,其取得的收入在计缴增值税时是否能抵减原始土地成本,却没有规定。

在土地拍卖市场要求越来越高的情况下,"收并购"已成为很多房地产开发企业获取土地的主要方式。在"收并购"过程中,土地方对于转让土地应缴纳的税金预估对交易价格有很大的影响。

对于土地转让增值税是全额征税还是差额征税,国家税务总局公告 2016 年第 14 号《国家税务总局关于发布〈纳税人转让不动产增值税征收管理暂行办法〉的公告》做出了明确的规定。

(1)纳税人转让其取得的不动产,适用本办法。本办法所称取得的不动产,包括以直接购买、接受捐赠、接受投资入股、自建以及抵债等各种形式取得的不动产。房地产开发企业销售自行开发的房地产项目不适用本办法。

(2)一般纳税人转让其 2016 年 4 月 30 日前取得(不含自建)的不动产,可以选择适用简易计税方法计税,以取得的全部价款和价外费用扣除不动产购置原价或者取得不动产时的作价后的余额为销售额,按照 5% 的征收率计算应纳税额。纳税人应按照上述计税方法向不动产所在地主管地税机关预缴税款,向机构所在地主管国税机关申报纳税。

(3)一般纳税人转让其 2016 年 4 月 30 日前自建的不动产,可以选择适用简易计税方法计税,以取得的全部价款和价外费用为销售额,按照 5% 的征收率计算应纳税额。纳税人应按照上述计税方法向不动产所在地主管地税机关预缴税款,向机构所在地主管国税机关申报纳税。

(4)一般纳税人转让其 2016 年 4 月 30 日前取得(不含自建)的不动产,选择适用一般计税方法计税的,以取得的全部价款和价外费用为销售额计算应纳税额。纳税人应以取得的全部价款和价外费用扣除不动产购置原价或者取得不动产时的作价后的余额,按照 5% 的预征率向不动产所在地主管地税机关预缴税款,向机构所在地主管国税机关申报纳税。

(5)一般纳税人转让其 2016 年 4 月 30 日前自建的不动产,选择适用一般计税方法计税的,以取得的全部价款和价外费用为销售额计算应纳税额。纳税人应以取得的全部价款和价外费用,按照 5% 的预征率向不动产所在地主管地税机关预缴税款,向机构所在地主管国税机关申报纳税。

(6)一般纳税人转让其 2016 年 5 月 1 日后取得(不含自建)的不动产,适用一般计税方法,以取得的全部价款和价外费用为销售额计算应纳税额。纳税人应以取得的全部价款和价外费用扣除不动产购置原价或者取得不动产时的作价后的余额,按照5%的预征率向不动产所在地主管地税机关预缴税款,向机构所在地主管国税机关申报纳税。

(7)一般纳税人转让其2016年5月1日后自建的不动产,适用一般计税方法,以取得的全部价款和价外费用为销售额计算应纳税额。纳税人应以取得的全部价款和价外费用,按照5%的预征率向不动产所在地主管地税机关预缴税款,向机构所在地主管国税机关申报纳税。

8.3.3 地下车位

车位的税收处理是房地产税收管理的一个特殊问题,原因如下。

(1)车位的售价低,而建安成本高,为亏损产品;车位的销售在房地产项目经营过程的后期,且销售比例一般不高,使得房地产开发企业在进行税收清算时还持有一堆亏损资源,造成税负增加。

(2)车位是否分摊土地成本,对税收影响巨大。大多数城市的土地出让定价是以计容面积×每平方米楼面价确定的,地下空间并未计算土地成本,这就为车位不用分摊土地成本提供了一个有力的证据;一些城市对于地下空间要缴纳的地下空间补偿费,即地下空间有明确作价,则此时地下空间成本需分摊至土地成本。

(3)企业所得税和土地增值税对车位成本的规定有差异,为房地产开发企业处理车位问题提供了可能。

(4)车位根据是否有产权、是否可售,可划分为可售产权车位、可售无产权车位、人防车位等,不同情况的税收处理差异较大。

车位问题的情况较多,比较复杂,一直是房地产税收管理的重点和难点问题,下面分别说明。

国税发〔2009〕31号第三十三条规定:"企业单独建造的停车场所,应作为成本对象单独核算。利用地下基础设施形成的停车场所,作为公共配套设施进行处理。"

国税发〔2009〕31号第二十七条第（五）款对公共配套设施的规定："公共配套设施费：指开发项目内发生的、独立的、非营利性的，且产权属于全体业主的，或无偿赠与地方政府、政府公用事业单位的公共配套设施支出。"

房地产项目的地下车位符合国税发〔2009〕31号第三十三条的规定，可作为公共配套设施处理，即地下车位的建造成本可分摊至地上可售产品，这样地下车位即便在清算时未全部销售，因其成本已由地上产品承担，故不存在产品亏损未计入企业所得税清算的情况，对房地产开发企业很有利。

但国税发〔2009〕31号第二十七条第（五）款对公共配套设施的定义强调"非营利性的"，而有产权的地下车位是用于销售的，属于"营利性的"，是否适用国税发〔2009〕31号第三十三条的规定，各地主管税务机关的要求不一。笔者所在区域主管税务机关认可，地下车位适用国税发〔2009〕31号第三十三条的规定，其建造成本可一次性计入开发成本，在后期销售时，全部计入收入。同时，笔者也了解到一些区域的主管税务机关强调"收入成本费用配比"，对于可售产品，需按要求预留成本。

如果有产权的地下车位成本要预留，那么无产权的地下车位、人防车位的成本如何处理呢？判断的关键点在于是否属于"非营利性的"——如果在税收清算前，无产权的地下车位已用于营利性目的，如部分销售或出租，那么必须预留成本。因此，房地产开发企业对于无产权车位，在项目税收清算前不得对外出售或出租。

对于地下车位预留的成本是否包含土地成本的问题，各地主管税务机关的要求差异较大。有的区域的主管税务机关允许地下产权车位不分摊土地成本，原因在于土地成本的计价是以计容面积为基础的，而地下车位面积不计入计容面积。

对于地下车位成本土地增值税的处理，也存在和企业所得税的处理一样的问题。

国税发〔2009〕91号第二十一条规定："审核扣除项目是否符合下列要求：……（五）纳税人分期开发项目或者同时开发多个项目的，或者同一项目中建造不同类型房地产的，应按照受益对象，采用合理的分配方法，分摊共同的成本费用。"

对于地下车位是否分摊土地成本，各地执行各异。有的以是否有产权来区分，有的以是否销售来区分，还有的以是否缴纳地下空间使用费来区分，笔者所在区域要求在进行土地增值税清算时，产权车位按可售面积比例分摊土地成本。

因此，车位成本的构成与分摊对项目公司的企业所得税和土地增值税的影响很大，是项目税收管理的重点。项目公司需要清晰地了解所在地的税务政策要求，做到有的放矢。

8.3.4 资产重组

房地产开发企业涉及资产重组的业务主要是通过"收并购"方式获取土地。资产重组是指企业在日常经营活动以外发生的法律结构或经济结构重大改变的交易，包括企业法律形式改变、债务重组、股权收购、资产收购、合并、分立等。

在"收并购"交易中，土地转让方通常会要求收取净得收入，即交易双方的税费由房地产开发企业承担。因此，在"收并购"交易中，能否降低土地转让方的税负是项目能否获取成功的关键因素之一。在实务中，"收并购"交易主要涉及债务重组、股权收购和资产收购。

1. 债务重组

债务重组是指在债务人发生财务困难的情况下，债权人按照其与债务人达成的书面协议或者法院裁定书，就债务人的债务做出让步的事项。房地产开发企业的操作是先与土地方达成协议，然后通过司法协调的方式收取土地方债权，最后以债权转股权或以土地抵偿债务，获取土地。土地方以股权抵债权，转让了股权，对于股权溢价应缴纳企业所得税；如以土地抵债，则应对收益部分缴纳增值税、土地增值税、企业所得税。

财税〔2009〕59号《财政部 国家税务总局关于企业重组业务企业所得税处理若干问题的通知》（以下简称财税〔2009〕59号）规定，企业重组同时符合下列条件的，适用特殊性税务规定。

（1）具有合理的商业目的，且不以减少、免除或者推迟缴纳税款为主要目的。

（2）被收购、合并或分立部分的资产或股权比例符合本通知规定的比例。

（3）企业重组后的连续12个月内不改变重组资产原来的实质性经营活动。

（4）重组交易对价中涉及股权支付金额符合本通知规定比例。

（5）企业重组中取得股权支付的原主要股东，在重组后连续12个月内，不得转让所取得的股权。

对于以上比例，财税〔2009〕59号规定为75%，后财税〔2014〕109号《财政部 国家税务总局关于促进企业重组有关企业所得税处理问题的通知》调整为50%。

债务重组适用特殊性税务处理的，重组确认的应纳税所得额占该企业当年应纳税所得额50%以上的，可以在5个纳税年度的期间内，均匀计入各年度的应纳税所得额。

在增值税方面，国家税务局总局公告2013年第66号《国家税务总局关于纳税人资产重组有关增值税问题的公告》规定："纳税人在资产重组过程中，通过合并、分立、出售、置换等方式，将全部或者部分实物资产以及与其相关联的债权、负债经多次转让后，最终的受让方与劳动力接收方为同一单位和个人的……均不征收增值税。"

2. 股权收购

股权收购是指房地产开发企业购买土地方的股权，以实现土地获取的交易。

股权收购是最常用的手段，因为土地方不用缴纳高额的增值税、土地增值税，但如果土地方的债权债务复杂、成立时间久远，房地产开发企业就可能对其隐性债务无法了解清楚，这会增大房地产开发企业的风险。另外，股权收购不影响土地的原始账面成本，土地方转让土地的溢价无法计入土地成本中，对项目销售交付后的土地增值税的计算影响巨大，房地产开发企业后期的税负较重。

股权收购不属于增值税征税范围，土地方不需缴纳增值税。

股权收购不改变土地权属，只改变项目公司的股东，土地没有被转让，故土地方不需缴纳土地增值税。

土地方按转让股权溢价的 20%缴纳企业所得税。如满足特殊性税务处理的条件，则交易双方可按如下处理，无须缴纳企业所得税。

（1）土地方取得收购企业支付的股权对价的计税基础，以被收购股权的原有计税基础确定。

（2）房地产开发企业取得被收购企业股权的计税基础，以被收购股权的原有计税基础确定。

（3）房地产开发企业、土地方的原有各项资产和负债的计税基础与其他相关所得税事项保持不变。

3. 资产收购

资产收购是指房地产开发企业购买土地方的在建工程，以获取项目的交易。

在房地产资产收购中，土地方一般需要取得土地并完成总投资 25%以上的投入。

资产收购的好处在于风险易于控制，房地产开发企业只获取土地，不参与土地方的债权债务关系或其他经营业务关系。特别是对于成立时间长、股东人数多、债权债务关系复杂的项目，房地产开发企业多采用资产收购方式，或先由土地方将土地作价投资到一个新公司，再由房地产开发企业获取新公司的股权。

资产收购的缺点在于土地方的税负较重，这会直接影响项目收购的成本，影响项目的经营可行性评估。

在增值税方面，同债务重组，房地产开发企业如能满足国家税务总局公告 2011 年第 13 号《国家税务总局关于纳税人资产重组有关增值税问题的公告》的相关条件，则可不缴纳增值税；否则，应按规定缴纳增值税。

在土地增值税方面，因土地权属发生了变化，土地方需缴纳土地增值税。土地方前期投入的建设成本，可在转让时，加计 20%扣除。

在企业所得税方面，土地方需对土地溢价缴纳 25%的企业所得税。如满足特殊性税务处理的条件，房地产开发企业选择其取得土地的计税基础以土地方原有的计税基础为准，则可不缴纳企业所得税。

第 9 章
房地产资本运营管理

美国经济学家费雪认为资本是一切能在未来带来价值的物体。会计学中的资本是指企业为购置从事生产活动的资产的资金来源,包括债务资本与权益资本。资本运营是指企业管理者以利润最大化和资本增值为目的,将企业的各类资本不断地与其他经济主体重组,以实现资本增值的运作行为。

房地产资本运营是财务管理的高级阶段,包括决定企业生存和发展最重要的两个方面:投资与融资。投资决定房地产开发企业的发展潜力,融资决定房地产开发企业的生存环境。国家对房地产行业的调控除了常规的财税手段,还主要从这两个方面着手,因此资本运营对于房地产开发企业至关重要。

本章主要涉及的知识点:

- 房地产投资。
- 房地产融资。
- 财务部门的角色定位。

9.1 房地产投资

投资是一项重要的资本运营内容。企业能否发展取决于能否进行正确的决策，不断地进行好的投资。好的项目可以让一个企业迅速成长，做大做强；差的项目则可能让企业迅速衰落，甚至破产。

房地产投资是房地产经营流程中最前端的工作，负责为房地产开发企业"找米下锅"，"米"找得多不多、好不好，直接关系到房地产开发企业的规模、盈利和发展，特别是对中小型房地产开发企业而言，投错一块地可能导致企业失败。因此，投资对任何一个房地产开发企业来说，都是"一把手"工程，其重要性不言而喻。

9.1.1 企业投资分析框架

投资是对未来的预判，是对企业经营能力和土地属性的匹配。如果企业的核心能力是快速开发、快速销售，以刚性需求为主，那么投资的目标土地就不应是远郊的低密度项目。如果投资判断某一区域的住房需求量不高，企业就应采取快进快出模式。

投资如此重要，企业需要发动所有力量，让所有部门都参与进来。投资不仅仅是投资拓展部门的工作：营销部门负责市场判断与产品定位；设计部门负责产品设计与户型方案；成本部门负责成本编制与控制；财务部门负责现金流和利润管控、税收筹划；投资部门负责合作谈判、资源获取。

对土地资源属性的判断，房地产开发企业需从以下3个层面着手。

1. 整体环境

整体环境分析重在对国家、省市的财政税收环境、经济发展前景、政府规划方向、产业发展情况等进行总括分析，以明确整体环境对房地产开发的影响。

整体环境分析一般采用 PEST 模型，即 P（Politics，政治）、E（Economy，经济）、S（Social，社会）、T（Technology，技术）。通过 PEST 分析，房地产

开发企业可以掌握未来的市场及行业变化方向,这对项目能否取得成功来说非常重要。

政治方面的重点在于分析产业政策、税收法规、投资政策及财税优惠政策等。对项目来说,税收政策的变化、某一区域的产业发展政策、政府鼓励的投资政策等,会影响房地产开发企业对土地价值的判断,以及房地产开发企业对房地产项目的定位。

经济方面的重点在于分析 GDP（国内生产总值）水平及增长速度、货币与财政政策、人均消费水平及增长速度、贷款政策（包括按揭贷款、公积金贷款、项目开发贷款及其他贷款）、居民消费趋向与消费结构、居民储蓄与就业情况等。这些直接决定房地产开发企业的市场条件,非常重要。

社会方面的重点在于分析人口数量及增长速度、人口结构（年龄、性别、职业等）、人口迁入迁出情况、人均收入、城镇化率等。社会环境影响人们的消费层次,是项目定位的重要参考因素。

技术方面对房地产开发企业来说不是其在投资拓展时考虑的重点,但它应作为房地产开发企业了解行业技术发展的窗口,作为房地产开发企业未来发展方向的借鉴,如装配式施工、建筑信息模型、机器人、绿色建筑、大数据应用等。

2. 区域环境

区域环境主要是地块所在城市的环境,是在整体环境分析的基础上,对地块所在城市的经营环境进一步的细化。区域环境分析可以使用波特五力模型。波特五力模型以企业竞争能力为核心,从供应商的讨价还价能力、购买者的讨价还价能力、潜在进入者的威胁、替代品的威胁、同一行业的企业间的竞争 5 个方面分析区域市场竞争态势,帮助企业确定在特定区域的经营策略。区域环境分析的主要内容如下。

城市规划与产业研究城市概况：城市经济、城市人口、城市产业布局等。

政策与市场分析：金融政策、人口政策等。

土地市场："招拍挂"成交情况、供地情况、"收并购"情况等。

住宅市场：供应情况、成交情况、库存情况、量价情况等。

客户分析：客户来源情况、客户需求、客户特点等。

区域板块分析：城市内不同区域的配套资源、产业发展、供地情况、市场现状、区域客户特征等。

竞争分析：区域本地房地产开发企业的情况、外来房地产开发企业的情况、开发项目的情况；热点区域的竞争情况、土地供应情况、量价竞争关系等。

房地产开发企业最终得出对城市不同区域的价值预判：从区域板块、产业布局、配套情况、土地供应情况、市场情况、产品倾向及客户群体分析等方面进行价值判断。

3. **地块属性**

地块属性是对地块规划条件、规划指标、航空限高、返迁等一系列相关隐性硬性条件，土地价格和获取方式等信息进行的全面而细致的描述。地块属性分析可利用 SWOT（Strengths、Weaknesses、Opportunities、Threats，优势、劣势、机会、威胁）分析法详细分析地块的优劣，并结合房地产开发企业的情况找到机会与挑战。

地块属性包括以下内容。

土地的历史沿革（"收并购"项目）：土地的前身、历史情况、来源等。

土地的现状：土地权属现状，是否存在抵押、查封或者其他债务问题或权利负担，是否存在权属纠纷等；是否为净地，是否涉及拆迁及拆迁量；是否取得不动产权证书，未取得不动产权证书的，需说明原因，已取得不动产权证书的，需说明剩余土地使用年限；建设用地规划许可证、建筑工程施工许可证、商品房预售许可证的办理情况。

规划条件：规划指标、返迁房（是否单独建设或其他要求）、绿色建筑、日照要求、保障房配比、商住比等；若目标地块分为几个，则需说明土地指标可否平衡、能否并宗，每个地块的规划指标等。

土地属性：所处位置及所处板块的整体特征；与城市核心位置（如市政府、金融中心、商业中心）的距离；项目边界及准确定位；项目周边配套设施（重点的生活配套、公共交通线路及轨道交通配套等）；项目四至及现状；红线内外不利因素。

土地分析：通过板块梳理和地块所在板块的动静态分析，预判土地属性存在哪些变化因素，输出土地对应的分类和对应的适配客群。

在对土地进行综合分析后，营销部门需要对地块所处市场进行分析，确定目标客群及需求，确定项目定位及产品形态；设计部门需要根据营销定位与产品形态，进行项目初步设计，确定项目各项指标；成本部门需要根据产品系列与设计指标进行成本测算；财务部门需要根据项目情况提出初步财税建议及融资方案，并落实到项目测算中。房地产开发企业在根据测算结果反复讨论后，做出最终的投资决策。投资分析框架如图9-1所示。

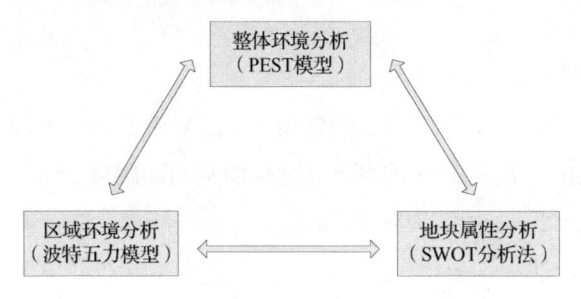

图 9-1　投资分析框架

9.1.2　房地产项目"收并购"

随着国家对房地产调控的常态化、"一城一策"政策的实行，房地产行业的整合调整、兼并重组的趋势日益明显。一方面，众多土地方在融资难、成本高的背景下，只能与品牌房地产开发企业合作，或将土地出售退出市场；另一方面，土地市场竞争激烈，各类房地产开发企业将"收并购"作为重要的土地获取方式，在此背景下，房地产项目"收并购"案例越来越多。

而"收并购"和"招拍挂"相比，优点是形式灵活、获取成本相对较低且可控；不足之处在于项目历史久远、情况复杂、经营风险大。

1. "收并购"的主要风险

被并购公司（以下简称目标公司）层面的风险主要是公司的设立是否合规、公司股东的权利是否完整。

合规性方面的主要风险点：是否足额缴纳出资；出资形式是否符合《中华人民共和国公司法》（以下简称《公司法》）的要求；以土地等非货币资产出资作价

是否评估，是否完善税收手续，权属是否转移等。

股东权利完整性方面的主要风险点：股权是否存在质押、担保等第三人权利；是否存在租赁等权利瑕疵；是否存在转让股权的限制性约定（如法律、章程对股权转让的相关约定）等。

目标土地本身的风险点更加复杂、多样，包括以下几个。

（1）土地权属风险：土地出让金是否完整支付；土地票据是否完整、齐备；土地出让合同中是否有土地转让的限制条款、有无代征地情况、土地规划指标是否有效、土地是否拆迁完毕、是否涉及土地变性、是否抵押、是否存在闲置期超2年被收回的风险等。

（2）实施主体风险：土地所属主体与政府审批的开发主体是否一致。

（3）证照审批风险：开发建设需要的各类证照是否齐全，是否存在未批先建的情况，是否超过出让合同约定的开工期限、完工期限等。

（4）项目建设风险：如项目已开建，则是否有合同纠纷、是否有违约责任、是否有工程质量问题、原项目总包清退风险是否可控等。

2. "收并购"的风险控制措施

房地产开发企业在做出投资决策前需对目标公司进行法务尽职调查和财税尽职调查，以明确投资风险，并有针对性地设计"收并购"方案。

在实务中，"收并购"的风险控制措施主要通过合作合同约定双方权利和义务的方式来落实，房地产开发企业应将所有潜在风险、或有债务、诉讼风险等各种因素都考虑进去。

在合作合同方面，房地产开发企业主要考虑：目标公司股东对尽职调查所涉及的各项风险内容在交割日前的情况进行保证；对签署合作协议后至股权交割期间的限制性约定；对目标公司已有债权和债务的处理与安排；员工安置问题；股权过户与款项支付等。

在财税方面，房地产开发企业主要通过财税尽职调查发现目标公司的风险事项，包括不限于：目标公司的资产情况、债权情况、债务情况、经营状况、税款缴纳情况、欠税及滞纳金情况等。

3. 法务尽职调查和财税尽职调查

法务尽职调查由房地产开发企业的法务部门及外聘律师组成,重点关注房地产开发企业资产权力的完整性、债权债务相关合同对目标公司权利、义务的约定,目标公司重大合同的履行情况等。

1)法务尽职调查

法务尽职调查的主要工作内容如下。

(1)资产审查。

尽职调查人员(以下简称尽调人员)应关注目标公司的资产,主要是土地使用权、房屋产权、股权等是否完整无瑕疵,是否设置抵押权,是否为目标公司合法拥有的。资产审查主要通过对相关合同进行审查,对房管局、不动产局、规划局、工商局等政府部门进行访谈,对目标公司的高层及中层管理人员进行访谈等方式进行。

(2)债权债务审查。

尽调人员应重点关注目标公司的外部借款,包括金融机构借款和民间借款。对于金融机构借款需落实:贷款文件、担保文件和履行保证书、资产抵押清单及文件、股权质押文件、贷款本息偿还情况、是否出现拖欠、被索偿或被要求行使抵押权的情况、具有强制执行力的公证债权文书、法院判决等。对于民间借款需落实:是否签订借款合同或协议、借款人清单是否完整、是否存在应披露而未披露的借款、借款偿还情况等。

(3)重大合同履约审查。

尽调人员应先确定重大合同的范围及审查重点,对房地产项目的所有土地合同、设计合同、工程施工合同、总承包合同等均应全面进行核查,对合同时效性、合同金额、履约情况、可能对目标公司产生重大影响的条款等进行审查。

(4)诉讼、行政处罚等核实。

如果目标公司、股东或实控人存在未决诉讼,目标公司存在未执行的行政处罚等,那么尽调人员应要求目标公司提供书面文件,重点说明涉案事由金额,以及对目标公司及其股东、实际控制人可能造成的重大风险等情况。

2）财税尽职调查

财税尽职调查是由房地产开发企业的财务部门组织的，因并购目标公司或其资产而对其财务状况、经营状况进行的调查、分析、评估工作，旨在识别、规避、控制"收并购"交易的风险。

在正式进行财税尽职调查前，房地产开发企业应成立财税尽职调查小组，确定小组成员（在必要时可聘请第三方专业机构加入），制订财税尽职调查计划；在开始财税尽职调查后，财税尽职调查小组需每日编制财税尽职调查日报，通报工作情况及提示重大风险；在现场工作完成后，财税尽职调查小组需在规定时间内完成财税尽职调查报告并向管理层汇报。

财税尽职调查小组在开始现场工作前，应向目标公司提供所需资料清单，要求目标公司提前准备好，为现场工作提供必要的工作条件。财税尽职调查清单主要包括以下内容。

（1）目标公司的工商资料、员工劳动关系及社保关系资料。

（2）目标公司自成立以来各年度的电子序时账。

（3）目标公司自成立以来各年年末科目余额表（电子版）、最近一期期末科目余额表（电子版）。

（4）目标公司自成立以来往来科目辅助核算明细账及余额表。

（5）目标公司最近一期银行对账单（全部账户）、现金盘点表。

（6）目标公司自成立以来各年年末财务报表、财务审计报告，最近一期财务报表。

（7）目标公司最近一期账面固定资产及无形资产金额对应的固定资产（无形资产）清单，最近一期实物资产盘点资料扫描件。

（8）目标公司主管税务机关、税种、税率及税收优惠说明和税收优惠文件。

（9）目标公司最近3年的各月度（季度）纳税申报表。

（10）目标公司最近3年年度企业所得税汇算清缴报告、申报表。

（11）目标公司自成立至今接受的税务检查、税务处罚资料。

（12）目标公司对外合作情况及资料、对外投资情况及资料、对外融资担保情况及资料。

（13）目标公司经营业务的情况说明，收入类、成本类、费用类合同清单及主要合同。

通过对上述资料进行查阅、分析，以及现场对目标公司的财务人员、管理人员、主管税务机关人员进行访谈等，财税尽职调查小组可以合理地保证对目标公司的风险识别。房地产开发企业为保证自身权益，避免出现未能识别或有风险的情况，需要在合作合同中约定目标公司信息披露的诚信义务，以及对合作合同中未列示的任何风险事项均予免责的权利。

财税尽职调查小组在完成现场工作后，在对财税尽职调查资料分析、论证的基础上，需完成财税尽职调查报告。财税尽职调查报告由以下几个部分组成。

（1）调查结论。调查结论应详细说明财税尽职调查发现的重大问题及对"收并购"项目的影响，如：①土地面积和土地成本票据问题；②地上建筑物问题；③债权和债务涉税风险，包括应收款方面、应付款方面、目标公司的账龄分析；④目标公司的贷款情况、抵押情况、保证情况；⑤税费审核情况、可在税前扣除的土地成本；⑥原股东股权转让事宜；⑦专项财政补贴收入；⑧目标公司的生产经营情况、人员情况、个人股东限制性条款。

（2）调查报告及附注。调查报告及附注应对目标公司的经营、债权和债务、抵押担保、资产状况、经营状况等进行详细说明，如：①目标公司的基本情况，包括注册登记情况、历史沿革简介、目前股东持股情况、主要税种、经营状况；②目标公司的资产负债情况，包括财务报表和资产负债情况、项目土地及房产相关事项、税收审核情况。

9.1.3 股权架构设计

在房地产项目获取过程中，房地产开发企业为了实现经营目的，需要根据实际条件合理地设置项目股权。股权架构设计是企业经营的顶层设计，财务人员需要了解、运用相关知识，为企业的经营服务。

股权架构设计的目的是根据每层股东不同的投资需要，分别设置企业层级，最终将各利益相关方的需求落实到实体企业的股权上。典型控股企业的股权架构如图9-2所示。

企业创始人及其家族成员设立控股企业1，控股企业1与联合创始人成立控股企业 2，这将创始人及其家族与联合创始人在股权结构上分开，可以规避创始人家族纠纷或联合创始人之间的矛盾对企业股权处置上的分歧问题。如创始人家族内部产生纠纷要处置股权，则可以在控股企业 1 层面进行，而不影响控股企业 2 的股权，以及与财务投资人之间的关系。

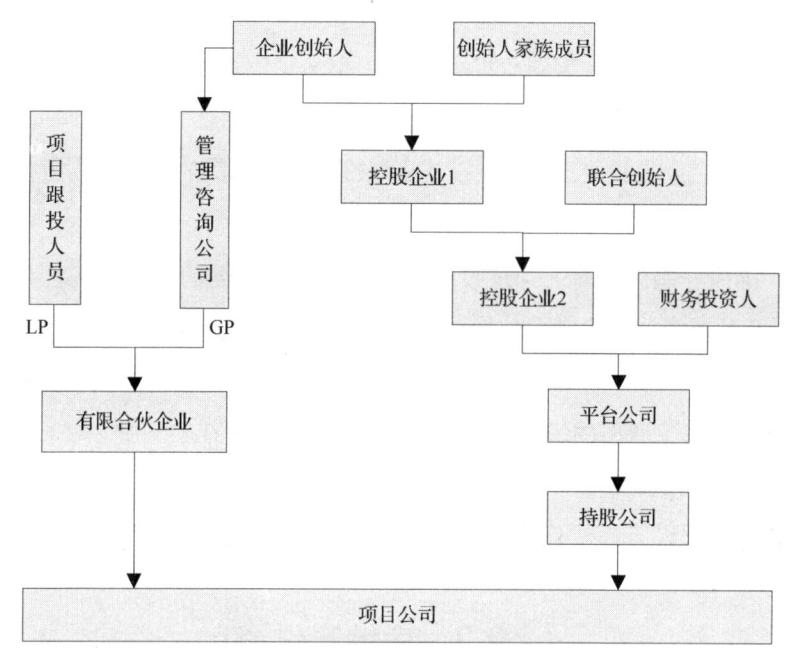

图 9-2　典型控股企业的股权架构

企业开发项目引入财务投资人，由控股企业 2 与财务投资人一并设立平台公司，再由平台公司设立持股公司，由持股公司成立项目公司，这一操作的主要目的是规避税法上对项目公司股权转让的争议。

企业为了提升项目效益，要求核心员工对项目跟投，激发核心员工的企业家精神，实现"共创、共享、共担"的利益捆绑机制。项目跟投需要企业与核心员工成立有限合伙企业，作为持股平台，企业创始人成立一家管理咨询公司，作为 GP（General Partner，普通合伙人），项目跟投人员为 LP（Limited Partner，有限合伙人）。有限合伙企业在募集完资金后，按跟投协议的约定，将 GP、LP 的投资款打入项目公司，项目公司在达到退回本金及分红条件时，按投资协议的约定对分回的红利进行分配。

以管理咨询公司作为 GP 的优点在于，如因故需变动股权，则可以在有限责任公司层面变动，这样不会影响合伙协议的执行。

跟投企业选用有限合伙企业的原因如下。

（1）有限合伙企业的经营权限归于 GP，LP 没有经营决策权、表决权。

（2）退伙方便：员工如因故退出，则在向他人转让合伙股份时，只需要提前通知其他合伙人。

（3）合伙企业是税收透明体，即其从被投资企业取得的利润不需缴纳企业所得税，只有在将分回的利润再分配给个人股东时，才需代扣代缴个人所得税。

（4）国内一些区域对在当地设立的合伙企业所缴纳的个人所得税有优惠政策，房地产开发企业在设立合伙企业时可以选择注册地，实现少缴甚至不缴个人所得税。

以上仅讲解了通用的房地产开发企业的股权架构，在实务中，为了实现特定的目的，股权架构可能比较复杂，我们要根据不同主体的法律、税务的不同要求，结合企业需求，提供有针对性的股权架构方案。

9.2 房地产融资

房地产行业资金密集的特性决定了融资是房地产经营的重中之重，也是房地产开发企业投资的基本保障。房地产融资是房地产开发企业根据其战略目标，利用多种资金渠道，采取经济、有效的融资工具，筹集企业经营发展所需资金的行为。

融资决策不仅改变了企业的资产负债结构，还对企业的经营业绩、可持续发展及价值增长产生深刻的影响。例如，房地产开发企业有息债务管控的"三条红线"对房地产开发企业的生产经营方式产生了重大的影响。融资决策主要在于确定融资规模和融资方式。融资规模为支撑企业发展目标的最低资金需求量，融资方式则因企业性质、规模、资金进入阶段等不同而不同。

9.2.1 房地产融资的主要形式

1. 房地产开发贷款

房地产开发贷款是指金融机构发放的房地产项目建设贷款,主要用于解决房地产开发企业在获取土地后项目建设的资金需求。与其他融资方式相比,房地产开发贷款具有资金成本低、使用期限长的优点,但房地产开发贷款对房地产开发企业和项目的要求高、审批条件严、审批时间长,且金融机构会要求采用土地抵押、在建工程抵押、控股股东担保等增信措施。

房地产开发企业向金融机构申报房地产开发贷款需要满足以下条件。

(1) 银行对房地产开发贷款实行名单制管理,房地产开发企业需进入名单内。如房地产开发企业未进入名单内,则应向主办银行申请准入,在完成审批后即进入名单。

(2) 办理项目准入,向银行提供:项目公司的营业执照和章程、项目开户许可证、项目立项备案证明、项目可行性研究报告、项目公司房地产开发资质证书(新办企业为暂定三级)、股东公司资质证书(房地产开发二级资质及以上)、股东公司证照资料(同项目公司)、股东公司最近3年经审计的会计报告及最近一期财务报表、股东公司介绍及开发能力介绍。

(3) 在完成项目准入后,房地产开发企业需提供不动产权证书、建设用地规划许可证及加盖规划部门公章的项目总平面图给银行,发起房地产开发贷款审批流程。

(4) 银行根据房地产开发贷款的申请额度及不同级别分行的权限进行审批。为了保证审批时限,一般房地产开发贷款的申请额度控制在省级分行权限以内。

(5) 在银行完成贷款审批后,房地产开发企业就可以办理提款手续了。房地产开发企业需办妥土地抵押(或在建工程抵押),签署贷款合同、担保合同,并提供建设工程规划许可证、建筑工程施工许可证,满足企业自有资金投入达到30%以上的条件,就可以提款了。

以上即所谓的"432"要求——"四证"齐全、自有投入达到总投资额的30%以上、房地产开发企业具有二级及以上开发资质。

项目总投资额测算表示例如图 9-3 所示。

川哲府项目总投资额测算表

序号	费用名称	估算依据 费用标准	估算依据 工程量	费用总额
一	土地价款支出			
1.1	土地出让金			
1.2	土地契税			
1.3	拍卖服务费			
二	前期工程费			
2.1	政府行政性事业收费			
2.2	规划设计费			
2.3	勘测丈量费			
2.4	"三通一平"及临时工程费			
2.5	工程建设其他费用			
三	建筑安装工程费			
3.1	主体建筑工程费			
3.2	营销工程费			
3.3	主体安装工程费			
四	基础设施配套费			
五	公共设施配套费			
六	开发间接费			
6.1	项目管理费用			
6.2	财务费用			
	开发成本合计			
七	营销费用			
八	管理费用			
九	增值税			
十	土地使用税、印花税			
十一	附加税			
十二	土地增值税			
	建设项目总投资			

图 9-3 项目总投资额测算表示例

房地产开发企业的项目可行性研究报告是银行编制贷款报告的基础。项目可行性研究报告的数据颗粒度小，有利于银行快速完成贷款报告及减少审批人员的疑问，所以项目可行性研究报告很重要。项目可行性研究报告应主要包括以下内容。

第一部分是总论，包括项目概况、项目建设单位简介、可行性研究主要范围。

第二部分是房地产开发企业的优势介绍，包括房地产开发企业简介，这部分内容要突出房地产开发企业的优势。

第三部分是房地产市场分析，包括国内经济形势分析、国内房地产形势分析、区域经济环境分析（区域经济运行状况、区域房地产市场分析、城市经济环境分析、城市经济运行分析、城市房地产市场分析)、市场分析结论。

第四部分是项目建设的依据及合法性。

第五部分是项目环境分析及定位，包括项目区位介绍、项目位置、公共配套设施分析、周边竞品分析。

第六部分是项目建设内容介绍，包括项目总体规划、项目规划理念、建筑设计风格。

第七部分是项目实施进度介绍。

第八部分是房地产开发企业的组织架构介绍。

第九部分是投资估算，包括投资估算结果、投资估算依据。

第十部分是经济评价，包括经济评价的依据、经济评价的原则、经济评价的基础、财务基础数据（项目筹建期、建设期及计算期，经营收入测算、投入成本、利润预测、现金流预测）。

第十一部分是项目可行性研究的结论。

金融机构对房地产贷款的规模由国家严格控制，2020年12月，中国人民银行和中国银行保险监督管理委员会发布了《关于建立银行业金融机构房地产贷款集中管理制度的通知》。该通知将全国的银行业金融机构划分为5档，并规定了每档银行业金融机构的房地产贷款、个人住房贷款占银行整体贷款的比例上限。

2. 并购贷款

2015年，中国银行业监督管理委员会（以下简称中国银监会）印发了《商业银行并购贷款风险管理指引》，对商业银行的并购贷款经营做了基本的要求。

《商业银行并购贷款风险管理指引》规定，本指引所称并购，是指境内并购方企业通过受让现有股权、认购新增股权，或收购资产、承接债务等方式以实现合并或实际控制已设立并持续经营的目标企业或资产的交易行为。并购可由并购方通过其专门设立的无其他业务经营活动的全资或控股子公司（以下称子公司）进行。本指引所称并购贷款，是指商业银行向并购方或其子公司发放的，用于支付并购交易价款和费用的贷款。

《商业银行并购贷款风险管理指引》规定，商业银行对单一借款人的并购贷款余额占同期本行一级资本净额的比例不应超过 5%。并购交易价款中并购贷款所占比例不应高于 60%。并购贷款期限一般不超过 7 年。

按《商业银行并购贷款风险管理指引》的规定，房地产开发企业的"收并购"项目可以申请并购贷款，从而绕过房地产开发贷款"432"的限制。而在实际操作中，很多银行要求并购贷款亦需满足"432"条件，限制了房地产开发企业对并购贷款的使用。

3. 企业债

企业债的监管机构是国家发展和改革委员会，其发行的基本条件如下。

（1）有限责任公司和其他类型企业的净资产不低于人民币 6 000 万元。

（2）发行人成立时间必须满 3 年，判断依据为是否能够提供最近 3 年连续审计报告。

（3）发行人最近 3 年没有违法和重大违规行为。

（4）发行人已发行的企业债券或者其他债务未处于违约或者延迟支付本息的状态。

（5）发行人未擅自改变前次企业债券募集资金的用途。

（6）发行人最近 3 个会计年度连续盈利。

（7）累计债券余额不超过企业净资产（不包括少数股东权益）的 40%。

（8）最近 3 年平均可分配利润（销售净利润）足以支付企业债券一年的利息。

（9）募集资金用于固定资产投资项目的，原则上累计发行额不得超过该项目总投资的 70%。用于收购产权（股权）的，比照该比例执行。

（10）资金必须按照核准的用途，用于本企业的生产经营，不得擅自挪作他用，不得用于弥补亏损和非生产性支出，也不得用于房地产买卖、股票买卖及期货等高风险投资。

2016 年，国家发展和改革委员会发布了《关于企业债券审核落实房地产调控政策的意见》。《关于企业债券审核落实房地产调控政策的意见》明确规定："严格限制房地产开发企业发行企业债券融资，用于商业性房地产项目（用于保障性住房、棚户区改造、安置性住房项目除外）"，基本上封堵了房地产开发企业发行企业债的可能性。

4. 公司债

公司债的监管机构是中国证券监督管理委员会（以下简称中国证监会），其发行的基本条件如下。

（1）公开发行公司债券，应当符合《中华人民共和国证券法》和《公司法》的相关规定，经中国证监会核准。

（2）存在下列情形之一的，不得公开发行公司债券。

① 在最近 36 个月内，公司财务会计文件存在虚假记载，或公司存在其他重大违法行为。

② 本次发行申请文件存在虚假记载、误导性陈述或者重大遗漏。

③ 对已发行的公司债券或者其他债务有违约或者迟延支付本息的事实，且仍处于继续状态。

④ 严重损害投资者的合法权益和社会公共利益的其他情形。

（3）资信状况符合以下标准的公司债券可以向公众投资者公开发行，也可以自主选择仅面向合格投资者公开发行。

① 发行人最近 3 年无债务违约或者迟延支付本息的事实。

② 发行人最近 3 个会计年度实现的年均可分配利润不少于债券一年利息的 1.5 倍。

③ 债券信用评级达到 AAA 级。

2016 年，上海证券交易所、深圳证券交易所发布了《关于试行房地产、产能过剩行业公司债券分类监管的函》，对房地产行业采取"基础范围+综合指标评价"的分类监管标准，明确了房地产开发企业的公司债券募集资金不得用于购置土地，限制了房地产开发企业募集资金的用途。

5. 资产证券化

资产证券化是指以基础资产未来所产生的现金流为偿付支持，通过结构化设计进行信用增级，在此基础上发行资产支持证券的过程。我国资产证券化根据管理机构的不同分为3类,分别是由中国银监会、中国人民银行监管的信贷资产证券化,由银行间市场交易商协会主管的资产支持票据(Asset Backed Notes,ABN)和由中国证监会、中国基金业协会监管的企业资产证券化(Asset Backed Security,ABS)。

房地产开发企业常用的是 ABS,根据证券化的资产不同,ABS 分为供应链 ABS、购房尾款 ABS、物业收费权 ABS、租金类 ABS 及商业房抵押贷款支持证券(Commercial Mortgage Backed Security,CMBS)。

ABS 的基本交易架构(以供应链 ABS 为例)如图 9-4 所示。

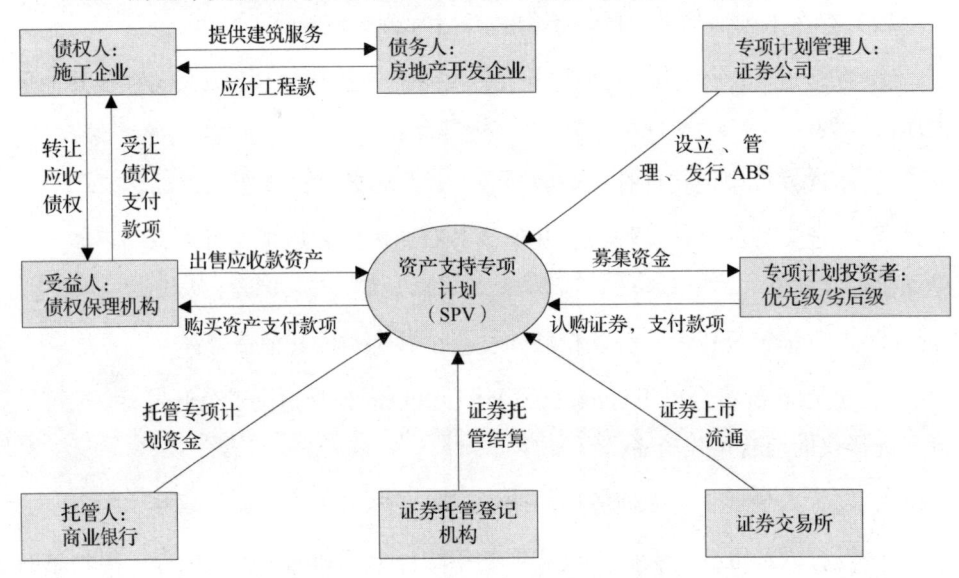

图 9-4 ABS 的基本交易架构(以供应链 ABS 为例)

对 ABS 感兴趣的读者,可以搜索并阅读以下文件:《资产支持专项计划备案管理办法》《资产证券化业务风险控制指引》《资产证券化业务基础资产负面清单指引》《上海证券交易所资产证券化业务指南》《深圳证券交易所资产证券化业务指南》《深圳证券交易所资产证券化业务问答》《关于推进住房租赁资产证券化相关工作的通知》。

6. 信托融资

信托融资是房地产开发企业依托信托公司发行集合信托或单一信托募集资

金，将其投资于房地产项目的融资行为，主要形式有债权信托、股权信托、收益权信托。

信托融资和商业银行贷款相比，优势在于：灵活度高，可以根据房地产项目的不同阶段匹配不同的融资方案；审批速度较快，资金使用相对方便。但信托融资的劣势在于融资成本明显高于商业银行贷款。但对房地产开发企业而言，资金的使用方便、灵活的特点是非常有吸引力的，因此信托融资是房地产开发企业比较依赖的融资渠道。

债权信托类似于银行的开发贷款，也需要满足"432"条件，房地产开发企业在办妥土地抵押、在建工程抵押和股东担保后才可以拿到贷款。

股权信托是指信托公司以信托资金收购房地产项目平台公司股权或增资扩股的形式进入，实现对房地产项目投资的融资方式。信托公司通过房地产项目分红、转让股权等方式实现投资收益。

在真实的股权投资中，在房地产项目完成销售实现收益后，信托资金才能退出并取得收益，这使得信托资金的流动性差、收益不确定，很难吸引投资者投资。为了解决这个问题，信托公司一般会要求房地产开发企业承诺回购股权，信托收益采用"固定收益"且定期支付的方式，这就是"明股实债"的操作方式。

收益权信托是指房地产开发企业以其资产的收益权作为信托基础财产，让渡资产的收益权给信托公司，以取得资金的融资方式。收益权主要为租金收益权、应收账款收益权、股权收益权等资产，房地产开发企业需承诺对资产进行回购并定期支付利息。

7. 委托贷款

委托贷款是指资金方作为委托人，委托银行将资金贷给房地产开发企业，银行不承担贷款风险，只收取手续费，贷款风险由委托人自行承担的贷款。

2018 年，中国银监会印发了《商业银行委托贷款管理办法》。《商业银行委托贷款管理办法》规定，本办法所称委托贷款，是指委托人提供资金，由商业银行（受托人）根据委托人确定的借款人、用途、金额、币种、期限、利率等代为发放、协助监督使用、协助收回的贷款。

《商业银行委托贷款管理办法》要求商业银行不得接受委托人下述资金发放

委托贷款：受托管理的他人资金、银行的授信资金、具有特定用途的各类专项基金（国务院有关部门另有规定的除外）、其他债务性资金（国务院有关部门另有规定的除外）、无法证明来源的资金。

商业银行受托发放的贷款应有明确用途，资金用途应符合法律法规、国家宏观调控和产业政策。资金用途不得为以下方面：生产、经营或投资国家禁止的领域和用途；从事债券、期货、金融衍生品、资产管理产品等投资；作为注册资本金、注册验资；用于股本权益性投资或增资扩股（监管部门另有规定的除外）；其他违反监管规定的用途。

上述规定堵塞了金融机构通过委托贷款投资房地产的渠道，收紧了房地产开发企业通过委托贷款获取资金的途径，委托贷款当前在房地产融资中的使用越来越少。

9.2.2 项目不同阶段融资的重点

房地产融资根据项目实施进度分为几个阶段：取得土地之前的融资（又称前前融）、取得土地未取得"四证"的融资（又称前融）、取得"四证"之后的融资（又称项目贷款）、项目经营中的融资（各类 ABS、自持物业经营贷款等）。

对于取得土地之前的融资，一般房地产融资都需要以土地抵押作为核心的担保条件。在取得土地之前的融资中，房地产开发企业和资金方需要关注以下关键点。

（1）房地产开发企业应重点关注配资比例、资金最短可使用期限、资金成本、贷款首笔提款额等。

（2）资金方应重点关注房地产开发企业的实力、项目情况（项目位置、销售价格与速度、经营现金流是否覆盖本息等）、增信措施是否充足、投后管理措施是否充分等。

对于已取得土地未取得"四证"的融资，房地产开发企业可以土地抵押，资金方的风险迅速减小，此时，房地产开发企业主要关注融资额度、资金成本、融资期限及资金使用灵活性；资金方主要关注融资方式（是债权还是"明股实债"等）、投资监管措施、项目本身素质的好坏、现金流的覆盖等。

通常，取得土地之前的融资成本大于已取得土地未取得"四证"的融资成本，已取得土地未取得"四证"的融资成本大于取得"四证"之后的融资成本，因为资金的风险不同造成风险溢价不同。

9.3　财务部门的角色定位

资本运营是决定企业生存与发展的高阶经营管理活动，是企业核心竞争力的体现。财务部门（不含融资工作）在这个阶段的作用主要体现在两个方面：一是税收规划，不同的交易结构、操作方法，对税收的影响不同，企业的经济收益不同；二是在不同的合作项目的管理模式中，企业有不同的关注点，财务部门需结合企业的关注点，动态调整财务管理方式，保障企业的利益。

9.3.1　投融资的税收规划

在投资阶段，财务部门需明确每种土地获取方式的各税种的法律法规，为企业设计交易架构。不同土地获取方式的税收分析如下。

"招拍挂"方式相对简单，其税收分析如图 9-5 所示。

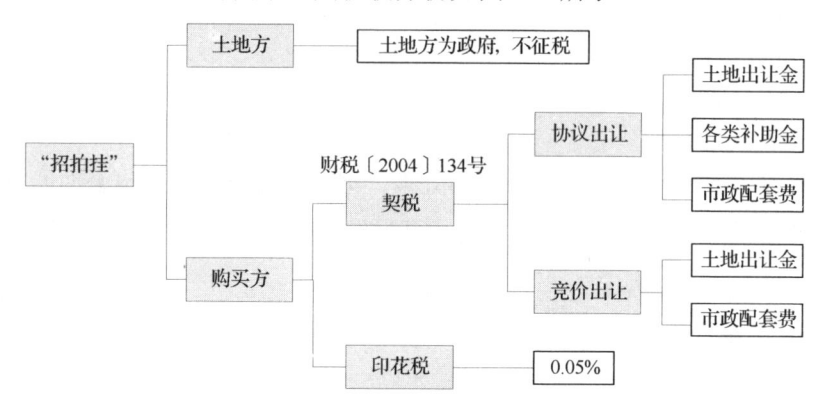

图 9-5　"招拍挂"方式的税收分析

购买方只缴纳契税和印花税，在缴纳契税时需关注市政配套设施费是否纳入计税基础一并计税。

股权交易是最常见的"收并购"方式，其基本的交易架构如图 9-6 所示。

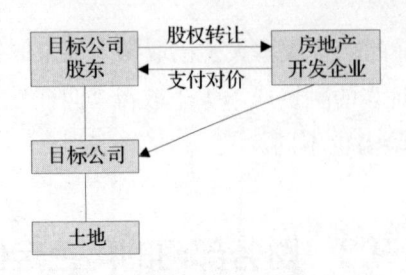

图 9-6 股权交易基本的交易架构

股权收购的税收分析如图 9-7 所示。

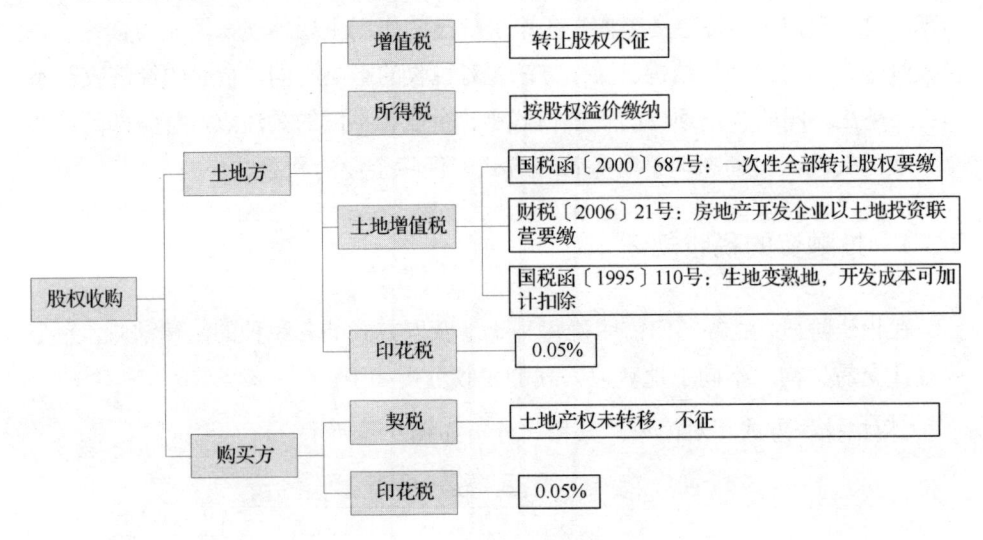

图 9-7 股权收购的税收分析

税收关注的重点在于股权溢价的处理，因为股权交易不影响土地的计税成本，高额溢价无法计入土地成本，造成开发经营期土地增值税负加重。

资产收购的交易架构与税收分析如图 9-8 和图 9-9 所示。

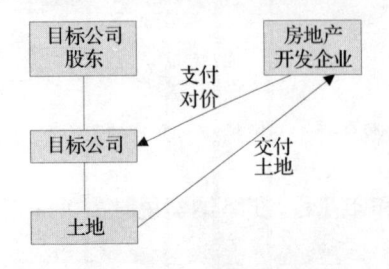

图 9-8 资产收购的交易架构

国家不允许土地倒卖。而在实务中，土地方将土地作价投资到新公司，再转让公司股权的变通方式也是可行的；将生地变为熟地再挂牌转让，也是较成熟的操作，这些操作的税收分析可以参照资产收购方式。

在"收并购"方式中，如果满足特殊税务处理，那么交易双方不需缴纳企业所得税，可以得到延迟税款的好处。对这些政策的利用都是财务部门在投资阶段发挥的作用。

在融资阶段，对于"明股实债"的税收处理，也是财务部门应关注的重点，因为"名义上"是股权，那么资金方从房地产开发企业收取的收益应该是项目分配的利润，而分配的利润是税后利润，不能计入企业所得税扣除，因此房地产开发企业的成本虚高；另外，如果是利润分配，那么应该在项目结算后，根据实际盈利情况来分配利润，而"实质上"是债务的资金却是定期收取的固定收益，不符合利润分配的条件。

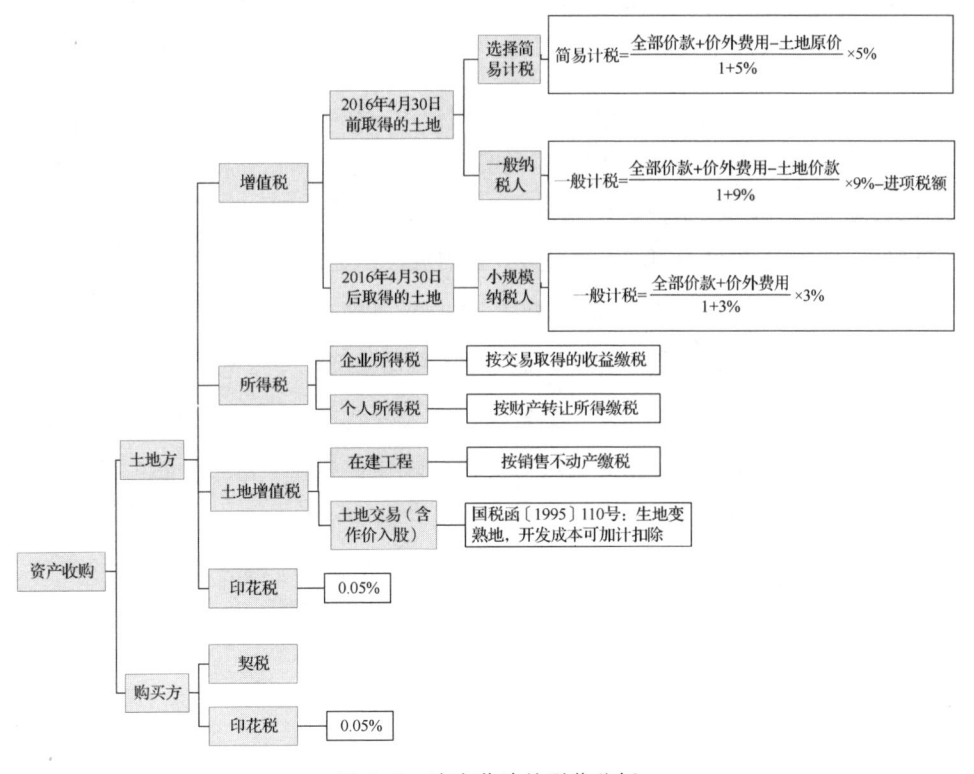

图9-9 资产收购的税收分析

增值税（2016年4月30日前取得的土地）：
- 一般纳税人
  - 选择简易计税：简易计税 = $\dfrac{\text{全部价款} + \text{价外费用} - \text{土地原价}}{1+5\%} \times 5\%$
  - 一般计税：一般计税 = $\dfrac{\text{全部价款} + \text{价外费用} - \text{土地价款}}{1+9\%} \times 9\% - \text{进项税额}$

增值税（2016年4月30日后取得的土地）：
- 小规模纳税人：一般计税 = $\dfrac{\text{全部价款} + \text{价外费用}}{1+3\%} \times 3\%$

土地方：
- 所得税
  - 企业所得税：按交易取得的收益缴税
  - 个人所得税：按财产转让所得缴税
- 土地增值税
  - 在建工程：按销售不动产缴税
  - 土地交易（含作价入股）：国税函〔1995〕110号：生地变熟地，开发成本可加计扣除
- 印花税：0.05%

购买方：
- 契税
- 印花税：0.05%

为此，国家税务总局公告 2013 年第 41 号《国家税务总局关于企业混合性投资业务企业所得税处理问题的公告》规定："一、企业混合性投资业务，是指兼具权益和债权双重特性的投资业务。同时符合下列条件的混合性投资业务，按本公告进行企业所得税处理：

"（一）被投资企业接受投资后，需要按投资合同或协议约定的利率定期支付利息（或定期支付保底利息、固定利润、固定股息，下同）；

"（二）有明确的投资期限或特定的投资条件，并在投资期满或者满足特定投资条件后，被投资企业需要赎回投资或偿还本金；

"（三）投资企业对被投资企业净资产不拥有所有权；

"（四）投资企业不具有选举权和被选举权；

"（五）投资企业不参与被投资企业日常生产经营活动。

"二、符合本公告第一条规定的混合性投资业务，按下列规定进行企业所得税处理：

"（一）对于被投资企业支付的利息，投资企业应于被投资企业应付利息的日期，确认收入的实现并计入当期应纳税所得额；被投资企业应于应付利息的日期，确认利息支出，并按税法和《国家税务总局关于企业所得税若干问题的公告》（国家税务总局公告 2011 年第 34 号）第一条的规定，进行税前扣除。

"（二）对于被投资企业赎回的投资，投资双方应于赎回时将赎价与投资成本之间的差额确认为债务重组损益，分别计入当期应纳税所得额。"

以上规定说明，如果符合 5 个条件，那么房地产开发企业支付的融资成本作为利息支出可以在税前扣除。这对房地产开发企业是非常有利的，也是实质重于形式的表现。

因此，房地产开发企业在融资时，需在合同中明确规定税法要求的 5 个条件，以保证后期利息扣除。

9.3.2 合作项目的管理模式

随着房地产整合速度加快，房地产开发企业强强联合或强弱联合开发项目的情况越来越多。在合作开发时，如何管理合作项目是实务中的常见难题。

通常来说，管理模式是与合作目的相适应的，合作开发的目的有如下几个。

（1）房地产开发企业操盘且合并报表。

（2）房地产开发企业操盘但不合并报表。

（3）房地产开发企业既不操盘又不合并报表，完全是财务投资人的角色。

对于房地产开发企业操盘且合并报表的项目，在项目管理层面，房地产开发企业需为第一大股东，在董事会等决策机构要占有过半数席位，房地产开发企业委派董事长、总经理、财务总监，且使用自己的财务系统，融资由房地产开发企业主导，合作方配合；在财务管理层面，房地产开发企业派驻的财务总监全程参与项目日常运营，并保管项目财务印鉴，控制项目公司全部财务资料。

对于房地产开发企业操盘但不合并报表的项目，在项目管理层面，房地产开发企业需委派自己的人员在关键岗位上任职，尽量争取最大的权限，争取统筹项目资金，将营运资金按股权比例投入；在财务管理层面，房地产开发企业委派财务人员管理财务印鉴、U盾等，以便可随时获取财务报表及审计报告等财务资料，定期完成项目经营情况分析、财务分析。

对于房地产开发企业既不操盘又不合并报表的项目，在项目管理层面，房地产开发企业需争取只投入注册资本，有选择退出的权利，参与重大事项的决策；在财务管理层面，房地产开发企业委派的财务人员不参与日常运营，但应要求共管银行账户，争取一定的财务收支审批权、财务报表及审计报告的查询权，并定期完成项目跟踪分析。

房地产开发企业采取以上措施的主要目的是在房地产开发企业主导时尽量拴住合作方，在合作方主导时尽量争取资金账户的管理权，以保障自身的利益。

第 10 章
房地产财务运营

房地产财务运营是财务高阶管理的重要内容之一,财务运营要求财务职能跳出财务本位,从企业运营管理的高度,铺排资源,发现经营问题,通过专业的方法解决问题,实现经营目标与企业成长。

本章主要涉及的知识点:

- 房地产运营管理。
- 房地产财务运营管理。
- 财务运营的应用。

10.1 房地产运营管理

房地产运营管理经历了项目职能管理阶段、项目计划管理阶段和企业运营管理阶段（大运营阶段）3个阶段，从最初的各职能线工作计划到单项目节点计划管理，再到企业层面的运营体系管理。房地产运营管理的发展与我国房地产行业的发展阶段相适应，特别是前几年房地产开发企业冲规模、全国化发展，使房地产运营管理体系达到一个相当的高度。

国家对房地产行业长效管控机制的建立，特别是"三条红线"及2020年12月颁布的各家商业银行房地产贷款占比和按揭贷款占比红线，宣告了房地产行业依靠金融红利大干快上时代的终结，依靠管理提升效益时代的来临。这正是发挥财务管理效能，提升财务运营能力的好时机。我们先从房地产运营管理开始讲解，以利于读者形成全面、系统的房地产经营管理知识体系，加深对财务运营的理解。

10.1.1 房地产运营管理概况

在房地产行业发展初期，房地产开发企业处于各职能条线管理由粗向精、由浅入深的发展中，这个时期的运营管理以专业职能为主，各职能条线按各自的目标制订工作计划，完成工作目标，实现工作业绩。

随着房地产行业的发展和管理成熟度的提高，以职能条线为主的运营管理体系越来越无法适应行业的发展，主要原因是职能条线管理是以专业线为主的，各职能条线的本位主义严重，横向沟通难，内耗严重。因此，房地产运营管理开始从职能条线管理向项目运营计划管理转变。

项目运营计划管理以项目经营目标为出发点，统筹各专业条线的计划节点，明确不同专业条线相互配合的节点计划，打破专业条线之间的壁垒，实现各部门的协同管理，提升管理效率。

在计划管理阶段，房地产开发企业从项目定位、交付标准、经营指标、关键开发路线直至交付入伙制订详细的节点计划。计划按重要性水平分为里程碑节点、一级节点、二级节点直至三级、四级节点，房地产开发企业根据不同级别的节点制定不同的奖惩措施，各部门的工作计划也依据项目主计划制订，按主计划的要求提供工作成果。项目需根据工作计划召开交圈会、决策会，从而保证实现项目的核心经营目标。项目运营计划管理保证了项目经营目标的实现，是房地产开发企业普遍采用的管理方式。

项目运营计划管理保证项目快速、顺利经营，满足了房地产开发企业快周转的需求。随着房地产开发企业的规模越来越大，行业集中度越来越高，国家长效调控机制的逐步形成，房地产开发企业越来越关注企业整体的财务经营指标，需要在经营全局上统筹运营管理，房地产运营管理进入企业运营管理阶段。

企业运营管理关注利润、现金流等指标，以利润、现金流为核心，以计划管理为主线，打通从投资取地到清算结转的全环节，实现全周期、全链条、全专业的高效运营管理。

企业运营管理更强调财务经营思维，经营动作形成财务结果，财务结果反映经营成果，以财务经营指标为导向，整合各职能条线的工作。

10.1.2 企业运营管理

企业运营管理以利润和现金流为导向，统筹企业从投资到结转的全过程。其广度与深度与项目运营计划管理有天壤之别。

项目运营计划管理和企业运营管理的对比如图10-1所示。

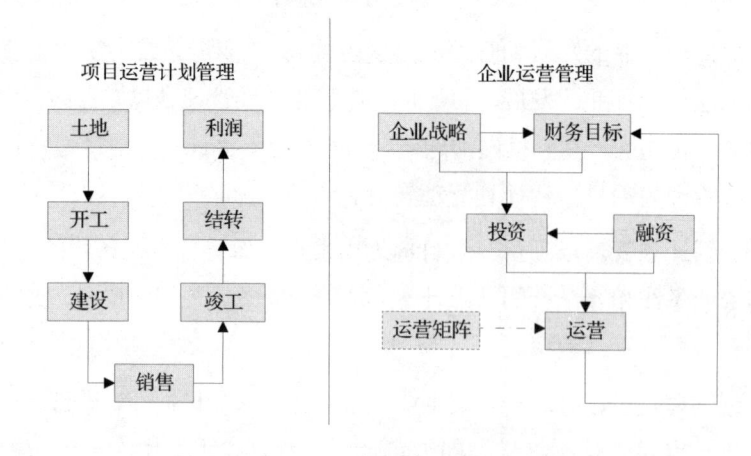

图10-1 项目运营计划管理和企业运营管理的对比

项目运营计划管理的起点是土地获取，而企业运营管理的起点是企业战略。企业根据企业战略设立财务目标，通过资本运营（投资、融资），以运营矩阵的方法进行经营管理，最终实现财务目标，从而达成战略目标。

在管理红利时代，对企业而言，最重要的不再是规模，而是利润和现金流。我们从利润与现金流角度将企业的项目划分为4类，分别是利润高现金流快的粮仓、利润高现金流慢的奶牛、利润低现金流慢的深坑和利润低现金流快的快转，如图10-2所示。

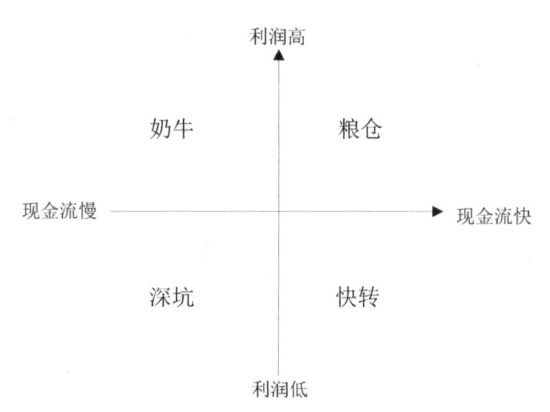

图 10-2 房地产开发企业业务的分类

针对不同类型的项目，企业需要配置不同的资源与运营策略。

对于粮仓型项目，企业需加强项目前端定位与后期品质管理，配置高溢价产品，打造企业形象，实现品质落地；平衡推货速度、销售进度和销售价格的关系，保证项目利润与资金周转。

对于奶牛型项目，企业需给项目定位及产品设计预留充分的时间，以精准的定位及充分的产品、户型设计，保障产品高溢价及客户适配。在建设阶段，企业要关注项目品质，特别是涉及客户敏感点的部分。在服务上，从销售阶段到交付运营阶段，企业都需要让客户时刻感受到高品质的服务。

对于快转型项目，企业的重点在于快开、快售、快建，速战速决，以资金的快周转为经营核心。在开盘前，企业管控的重点是让各专业条线密切配合，以保证早销售；在平销期，企业管控的重点是"应售尽售、应回尽回"；在尾盘期，企业管控的重点是尾盘去化，甚至不惜降价以加速去化。

深坑型项目在经济上是失败的,但在战略上可能有意义,如首次进入某个区域或看好某个区域的发展而提前布局等。对于深坑型项目,一个方法是企业以加快资金回收为目的进行经营,收回资金获取新项目,以新项目的盈利弥补深坑型项目的亏损;另一个方法是"以时间换空间",降低开发速度、减少资金占用,给深坑型项目所在区域以成熟的时间,待成熟后再开发销售,实现盈利。

企业需要根据企业战略规划,确定布局城市;根据城市能级,确定项目类型;根据项目类型,确定客户群体;根据客户群体,确定产品业态。以此(以上流程不绝对)设立投资标准,筛选项目。

企业不同阶段的经营活动对项目价值的贡献是不同的,越靠近前端的活动,对项目价值的贡献越大,如图10-3所示。

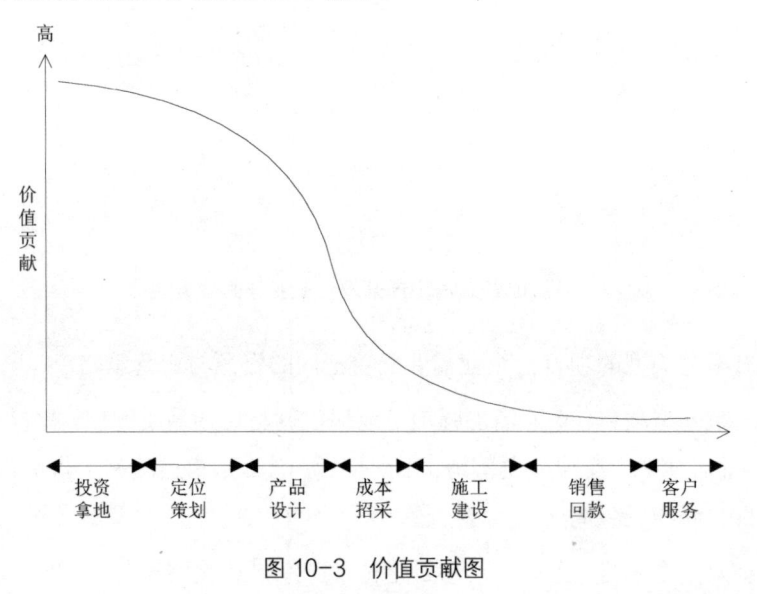

图10-3 价值贡献图

在运营管理方法上,企业需建立运营矩阵,以企业经营链为主线,串连所有职能,使各职能工作服务于企业战略,不至于偏离经营方向。运营矩阵如图10-4所示。

因为企业在运营管理阶段更关注利润与现金流指标,所以企业应建立以ROE或ROIC为核心的利润监控和以IRR为核心的现金流监控体系,以日、周、月、季、年不同的颗粒度推进管理循环,对相关指标进行监控,以财务指标反映经营成果,倒推经营动作,以财务运营提升经济效益。

	投资	施工建设	融资管理	供销管理	回款管理	存货管理	清算结转
投资职能							
设计职能							
工程职能							
营销职能							
成本职能							
财务职能							
人力职能							

图 10-4　运营矩阵

10.2　房地产财务运营管理

财务运营管理是将财务活动整合到经营业务活动中，以财务指标为核心，以"以财务指标反映经营成果，以经营过程管理实现财务目标"的管理逻辑，从财务指标出发，跟踪经营动作是否到位，进而铺排经营活动，最终实现财务目标的管理活动。

10.2.1　业财融合

财务运营管理要求财务活动必须与经营活动合二为一，财务职能也被划分为以传统的反映监督职能为主的共享财务和以业财融合为主的业务财务。业务财务是经营作战一线团队的支持线、保障线，为一线作战提供"弹药"，其工作重点是业务发展。

1. 什么是业财融合

所谓业财融合，简单地理解就是业务和财务的一体化，即利用信息技术，将业务流与财务流融为一体，以"以财务指标反映经营成果，以财务结果反推经营动作"的财务运营逻辑，建立财务指标监控跟踪体系，在企业资源有限的情况下，以实现财务经营指标为目标做好业务规划并实施，最终达成目标。

2. 为何要业财融合

业财融合成为近几年财务管理的热门话题，主要因为它是社会经济技术发展到一定阶段，市场选择的结果。

之所以现在提融合，是因为之前有分工。工作分工是为了提升效率。亚当·斯密在《国富论》中讲到了缝衣针的生产：如果一个人从钢铁拉丝开始，到最后生产出合格的针，那么他一天最多可生产20根；如果进行专业化分工生产，将针的生产按流程分解为十几个工序，每个工序由一个人专门生产，通过协作，十几个人一天可以生产几千根针，劳动生产率和社会财富得到大幅提升。这就是专业化分工的"魔力"。

从工业革命开始，人类的专业化分工越来越精细，规模越来越大，极大地提升了生产效率，创造了巨额的社会财富，人们的生活水平也越来越高。

随着信息技术时代的来临，第三产业快速发展。原来适用于大规模生产的专业化分工的作业方式越来越不适应时代发展的需要了。专业化分工存在的最大的问题在于，专业化虽然提高了人的专业水平，但也造成条块分隔——每个人、每个部门都只关心自己的事情，对他人或其他部门的事情漠不关心。我们可以想象，有很多人在挖井，随着井越挖越深，人与人之间交流的可能性越来越小，隔阂越来越大。

而如今商业社会的发展越来越快，新赛道、新事物越来越多，信息流通越来越快，企业面临的经营环境要求企业必须加强信息交流，加强部门协作，以应对快速变化的世界。因此，业财融合成为当前一个热点话题。

3. 业财融合的关注点——两个利润

企业经营的结果是利润，利润的会计公式为

$$利润 = 收入 - 成本费用$$

从业财融合的角度来看：

$$利润 = 客户收入 - 客户成本$$
$$= 客户数量 \times 客单价 - 每客变动成本 - 固定经营成本$$

利润的会计公式反映的是结果，而利润的业财融合公式反映的是路径。

以业财融合的观点来看，企业要创造利润，首先应该从客户角度进行分析，增加客户数量和提升客单价。

1）客户数量

企业拥有的客户数量越多，利润越高，评价指标是市场占有率。这就解释了为何房地产开发企业很看重行业排名。每年房地产业行都要发布各类排名，房地产开发企业为了竞争排名各出奇招，努力靠前。一方面，房地产开发企业的排名越靠前，越被银行喜欢，融资越方便；另一方面，房地产开发企业的排名靠前，说明其市场占有率高，客户数量多，企业利润有保证。

企业所在行业的发展阶段对利润的影响也很大，企业所在行业的发展阶段即我们通常所说的赛道。如果企业在"夕阳"赛道，那么企业即使再努力，也会被行业的"下坡"趋势拖累。因此，房地产开发企业会对国家政策、地方政策、人口、金融、土地、城市化率等进行专门研究，以期看清赛道方向。

2）客单价

房地产开发企业的客单价很高，动辄几十万元。高客单价要求房地产开发企业高度关注满足客户需求。从公式来看，客单价越高，利润越高。但高客单价对应的是高品质、高客户匹配度、高客户满意度，这对房地产开发企业的要求很高。为何在同样的地段，有的房地产开发企业的楼盘的价格可以高出周边楼盘 1 000 元甚至 2 000 元？这是因为企业竞争优势的价值化。房地产开发企业应从这个指标进行分析，找到客户的敏感点，思考项目定位、设计、管理、销售等，提升自身的竞争力。

4. 成本结构

我们说业务流程是成本结构的原因是，业务流程是企业资源的分配过程，如同产品生产线，企业的资源在这条生产线上流动，在哪里停留、在哪里多留一点，在哪里少留一点，到最后就是我们呈现给客户的产品。这个生产线怎么布置，哪些点应布置得好一些，让资源多留一些，哪些点满足基本需要就行，少投入资源，就是成本结构。

什么样的成本结构才是合理的呢？降本增效该如何做呢？

要回答此类问题，我们还是要以终为始，回到原点，询问企业存在的意义。

企业存在的意义在于生存和发展，而这取决于经营利润。

从这一点出发，我们深入一步想，应如何赚取利润？当然是把生产出来的产品以一定的价格卖掉。

产品卖给谁？当然是客户。

客户为何要买你的产品？因为需求。

客户为何非得买你的产品，而不是买别人的产品？因为你的产品性价比高或独此一家。

因此，合理的成本在于以经济的方式满足客户需求。什么才是合理的成本呢？

$$成本 = 收入 - 利润$$

当收入一定时，成本的高低取决于目标利润。按通常的理解，利润越高越好，成本越低越好。因此，成本的合理性取决于客户需求的满足与企业花费的总成本。

5. 护城河

利润真的是越高越好吗？

企业生存和发展的根基是企业拥有的护城河足够宽、足够深。如果企业在一个行业中拥有核心竞争优势，其他竞争者很难在短期内超越，企业就拥有足够宽、足够深的护城河，可以安心地追求高利润。反之，如果企业在没有建立起核心竞争优势时就追求高利润，那么企业要么会被淘汰，要么就像在黑夜里亮起了一盏明灯，吸引着四面八方的竞争者进入同一行业，进行惨烈的市场厮杀，从而拉平行业利润。

从财务角度来说，房地产开发企业的出路是低成本和产品差异化。近年来，行业内发展得好的房地产开发企业都在追求快周转，其核心是提升运营能力，加快资金周转，节约资金成本，从而提高效益。

然而，随着国家对房地产行业长效管控机制的建立，市场逻辑在发生变化。房地产开发企业除了要关注产品差异化，还需要将重心放在降低生产成本、提高毛利率上。房地产开发企业需向工业生产企业学习成本管理，将房屋建造工业化、标准化。房地产开发企业的成本管理要向工业生产企业看齐,因为行业竞争会越来越激烈,利润会越来越低,这会倒逼活下来的房地产开发企业管好成本。

财务职能在业财融合的过程中是主力军,它是企业经营的总规划师,通过建立财务指标体系,跟踪企业的发展状况,铺排企业的经营动作,指明业务工作方向,以数据为依据,推动企业的生存和发展。

业财融合的结构框架如图 10-5 所示。

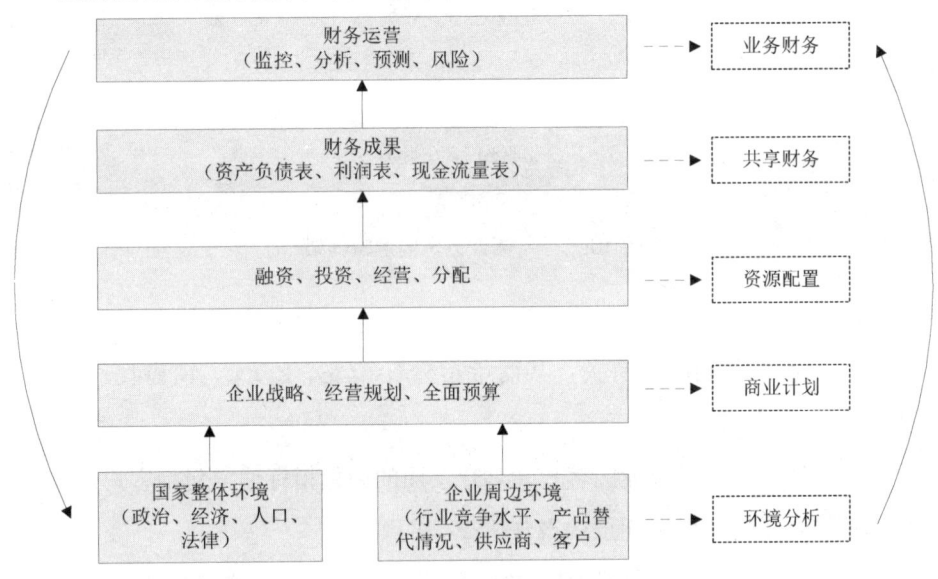

图 10-5 业财融合的结构框架

10.2.2 平衡计分卡

财务运营的逻辑框架是平衡计分卡。平衡计分卡从财务、客户、内部流程、学习与成长 4 个维度反映企业的短期和长期目标、财务和非财务指标、滞后和领先指标、外部和内部业绩视角等多种平衡关系。它是由罗伯特·卡普兰和大卫·诺顿共同创造的。

平衡计分卡采用来自企业愿景和战略的衡量未来业绩的驱动因素指标,从财务、客户、内部流程、学习与成长 4 个维度来考察企业的业绩,把经营单位的一系列目标拓展到财务指标之外。平衡计分卡的逻辑框架如图 10-6 所示。

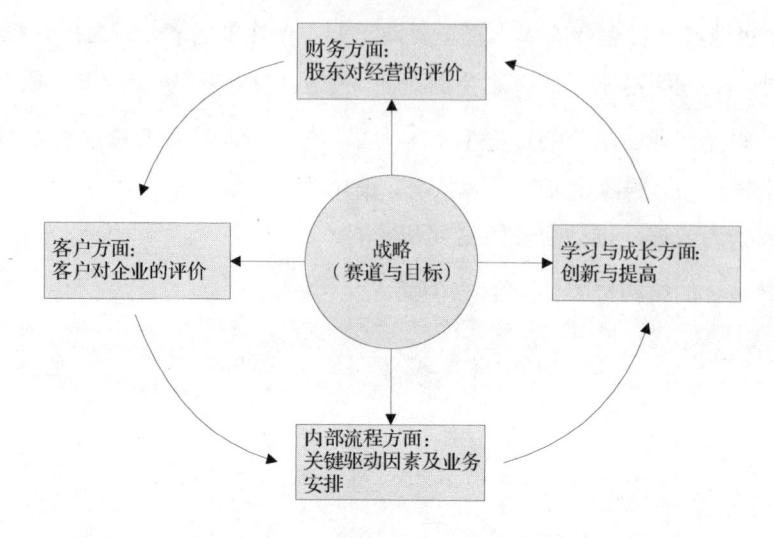

图 10-6　平衡计分卡的逻辑框架

财务业绩指标用于展示企业战略的执行是否为提升企业盈利做出贡献。财务目标通常与获利能力有关，其衡量指标有 ROE、ROIC、销售收入、现金流等。

企业的赛道决定了企业的客户。客户层面的衡量指标通常包括客户满意度、客户保持率、客户获得率和市场占有率等。

内部流程是企业的关键经营动作，是实现企业战略的业务策略与方法，是企业成本的动因。

学习与成长确立了企业要创造长期的成长而必须建立的基础体系，它来源于人、系统和组织程序，其衡量指标有员工满意度、员工保持率、员工培训和技能等。

平衡计分卡是将企业愿景、战略转变为目标和指标的方法。企业首先基于战略目标绘制战略地图，通过战略地图制订经营规划，再确定年度经营目标。企业各级管理单位根据企业的年度经营目标确定本单位的关键绩效指标及财务目标，将企业的经营活动与战略意图密切关联起来。

平衡计分卡各维度与财务指标关系的示意图如图 10-7 所示。

财务方面	利润=收入-成本=（客户收入-客户成本）×客户数量		
客户方面	客户收入	客户成本	客户数量
内部流程方面	开发流程	营运流程	客户管理流程
	国家法律法规与企业政策流程		
学习与成长方面	人力资本		
	知识积累		
	企业组织		

图 10-7　平衡计分卡各维度与财务指标关系的示意图

10.2.3　财务运营体系

第 7 章系统讲解了 ROE 的优缺点及 ROIC 的经营含义，从企业运营角度来看，这两个指标没有根本的区别，都是对企业盈利能力的评价指标。毛利率是销售净利润和息前税后利润的基础，反映企业基本的盈利能力；周转率反映运营效率；负债率反映企业的风险偏好及借贷能力。

在财务运营方面，我们需要搭建以 ROE（或 ROIC）为核心指标的财务指标体系，以指标的动态变化反映经营的效果，第 7 章已讲述过这部分内容，本节不再赘述。

房地产开发企业以 ROE 为核心的指标体系如图 10-8 所示。

毛利率反映企业基本的盈利能力，通过行业对比、趋势对比，跟踪企业盈利能力的变化。

转签约反映客户从认购转化为签约的能力。

去化率是签约面积占推售面积的比例，是反映产品销售情况的关键指标。

地货比是项目总货值与土地价格的比值，反映区域地价水平及项目投资端的业绩。地货比越大，项目盈利空间越大。

供货率是已取得商品房预售许可证的面积与总可售面积的比值，反映企业的开发流程、供应商管理能力、设计能力、报批报建能力、工程建设能力。供货是销售的基本保障。

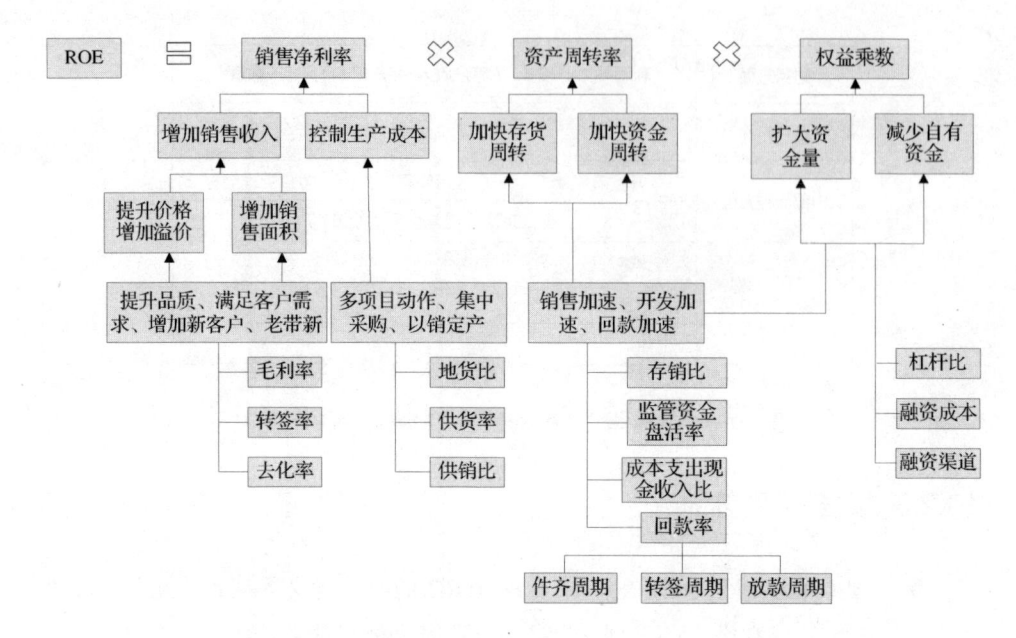

图 10-8　房地产开发企业以 ROE 为核心的指标体系

供销比是已供货产品可售面积与一定期间平均销售面积的比值,反映已供货产品的销售情况,是以销定产的关键指标。

存销比是已供货未销售产品面积与一定时期平均销售面积的比值,反映存量的去化速度,是评价存货周转率的关键指标。

监管资金盘活率是盘活资金金额与监管资金总额的比值。政府对预售资金的监管造成企业回款滞留,减少了企业可用的运营资金,它是拖慢企业资金周转速度的重要因素之一。因此,监管资金的盘活也是企业资金管理的重点。监管资金盘活率反映企业的开发报建能力。

成本支出现金收入比是当期工程成本现金支付总额与当期销售回款额之比,反映销售回款覆盖工程支出的能力。

回款率是当期回款金额与当期签约金额的比值,是反映企业资金运营能力的关键指标。

杠杆比是项目贷款金额与项目总投资额的比值,反映区域金融环境、企业融资能力。

融资成本是指企业融资的年化利率,包括砍头息、企业给金融机构支付的各类费用，反映企业的行业地位与经营实力。

融资渠道是指企业融资的方式与资金来源，反映企业的融资资源管理能力。取得土地之前的融资、取得土地未取得"四证"的融资、开发贷款、流动资金贷款、资产证券化、物业经营贷款等各类资金渠道越丰富，企业的资金越充裕。

企业的财务运营能力主要体现在资金周转率和回款能力上。

资产周转率和资产规模的关系：资产规模大，资产周转率低；资产规模小，资产周转率高。因此，企业需平衡资金周转率和资产规模的关系。如果资产规模大，资金周转率低，那么项目利润要高；如果资产规模小，周转率高，那么项目利润可低。

房地产开发企业的周转率主要由两个方面决定：建设速度和去化速度，而按以销定产的要求，建设速度以去化速度为基础。因此，去化速度决定了周转率，而去化速度受制于房地产开发企业的策划定位、开发流程、设计、报建、供应商资源与管理及工程建设能力等，是房地产开发企业核心竞争力的体现。

回款能力在金融政策收紧的前提下对企业经营的重要性越来越大。回款能力同样基于销售能力，一方面，企业回款要做到"只要卖得出，就要回得来"；另一方面，财务运营要做现金流统筹管理工作，对不同区域、不同项目的经营现金流回正周期提出要求，对长期库存产品的销售、认购转签约的时效性等都要制定详细的规范，让项目经营围绕现金流运转。

在管理机制上，财务运营要结合企业运营管理的要求，建立不同层级的会议体系和经营分析预警体系，动态监控经营成果。

（1）企业需建立企业及项目两级财务运营会议体系。在企业层面，决策层主要关注核心指标整体及分区域、分项目的完成情况和变化趋势，与目标的差距及经营策略与措施；模拟在不同环境假设下经营指标的变动情况，进行敏感性分析，提供经营预判结果。在管理循环上，以月、季、年为主。

在项目层面，经营层主要关心经营策略措施的执行情况、问题卡点及解决方案、工作计划与进度情况。在管理循环上，以日、周为主。

（2）企业需建立符合自身战略的核心指标体系，如以 ROE 为核心的指标体系。

企业的财务指标可以从 3 个维度来设置。

① 效益类指标是体现企业价值创造的财务指标，如 ROE、ROIC、经营净现金流、息税前利润等。

② 营运类指标是实现企业业绩增长的主要营运结果与驱动因素，如管理费率、成本达标率、市场占有率、签证变更率等。

③ 组织类指标是实现企业文化与健康工作环境的人员管理指标，如员工满意度、培训覆盖率、人均能效等。

（3）企业要通过横向的行业对比及纵向的历史数值对比，确定各项指标的标准值，如完成比例、时间期限、数据对比等。

（4）企业需定期对其经营状况进行监控，对超过标准值的不利变化，需及时预警，并分析原因，将问题层层分解，直至找到问题根本。

10.3　财务运营的应用

销售和回款，一个由营销部门负责，一个由财务部门负责。但回款以销售为基础，从财务运营管理的角度来看，财务部门需要把二者结合起来。因此，本节以销售管理和回款管理为例，讲述财务运营在企业经营中的应用。

10.3.1　销售管理

企业在完成设计方案并报政府规划部门审批通过后，需要对项目进行全周期测算，确定项目整体货值。营销部门需结合推售计划，将整体货值分解到每一类产品及每一个楼栋上。同一类产品的不同楼栋的销售均价会随着营销部门的销售策略变动，但不管怎么变动，最终各类产品所有楼栋的货值总额都需与方案版的项目全周期货值保持一致。

营销部门排布的各栋楼的各类产品的销售均价是财务部门进行销售管控的基础。营销部门在每次推售新货时，都需要向企业申报本批次产品的销售价格，财务部门需从全周期货值总量的角度对每批次产品的销售均价进行审核。

营销部门是业绩驱动的部门，为了完成销售任务，天然有冲动将客户接受度高、客户喜欢的楼层、户型等全部推出，而对客户接受度低的产品或楼层、户型等，则因费时费力、成交效率低而用力较少。这就造成项目旺销的产品全部出清，而品质相对较差的产品累积到后期，形成长期库存，侵蚀企业利润。

因此，财务部门在进行销售管理时，需特别关注各类产品的去化及定价情况、每批次销售价格对项目全周期的影响，重点关注以下几个方面。

（1）本批次申报价格后的项目总货值不得低于方案版的全周期总货值：对于之前已审批推售的批次销售情况进行回顾，确定已售价格、去化货量是否达到之前审批的条件；本批次推售的产品价格及去化速度不得低于方案版的分业态的销售均价与去化速度；未推售的产品价格则按同类产品已售均价与方案版的均价孰低的原则确定。

（2）回顾成本执行情况，动态成本不能超过方案版的成本，或如成本超标，则应从销售价格中找补回来，或报企业经营决策会，使其对项目经营目标重新进行决策。在审核推售价格的同时复核成本的主要目的在于及时发现问题，采取措施，倒逼项目经营，确保项目利润不受损。

（3）对项目动态全周期货值、成本、税金、利润等进行全面回顾，并与方案版的全周期数据进行对比，确保结果优于方案版的全周期数据。

（4）产品价差回顾。价差是指同类产品不同推售批次均价的差异，以及同一批次同一产品不同楼层、朝向等单户产品的价格差异。此步的主要目的在于避免出现营销部门为加快销售，以不平衡价格来保证总货值的情况。对于各批次价差超过10%，以及本批次同一产品定价最低的10%户型的情况，营销部门需进行专项说明，财务部门需进行审核，如双方无法达成共识，则需上报经营管理层决策。

10.3.2 回款管理

"回款"应该是房地产行业2020年的年度词汇。2020年是自2017年开始的房地产调控的第4个年头，叠加新冠肺炎疫情的影响，注定了2020年对房地产行业来说是不平凡的一年，这一年，国家对房地产行业提出了"三条红线"；2020

年12月,国家又按银行类别划定了各类银行业金融机构的房地产贷款、个人住房贷款占比上限设置了红线,并对不达标的银行给出了整改期限。回款是各类房地产开发企业自我造血的主要渠道。

财务部门是在回款管理中连接营销部门与银行的核心部门,是推动回款达标的中坚力量。完成企业的回款任务是财务部门义不容辞的责任。

当企业下达的回款任务摆在我们面前时,我们应该怎么办呢?从哪里着手呢?是埋头苦干,还是梳理每个客户的情况给相关部门下任务,又或者拜访合作银行,请银行加快审批速度呢?

以上这些手段是保证回款达标的必要动作,但保证回款达标的第一步应该是做结构化。结构化的思考方式是从不同的维度对问题进行分类解构,以找到解决问题的方法。回款工作一方面需要关注企业外部的客户和银行的问题,另一方面需要关注企业内部的流程问题。我们从企业流程和客户资料两个维度可以将回款工作划分为4种情况,如图10-9所示。

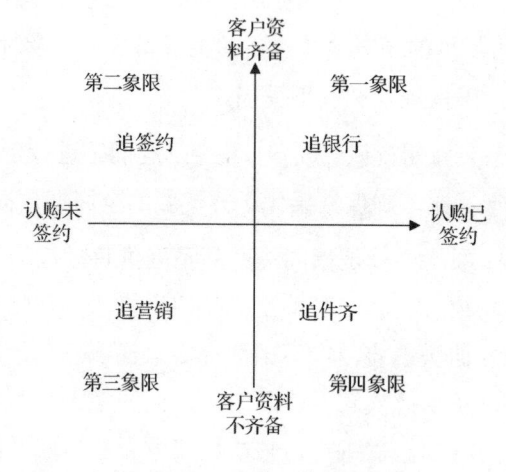

图10-9 回款工作的划分

回款工作从客户认购就已经开始了,财务部门要对从客户认购到正式签约的间隔时间提出要求,一般要求营销部门在3天内完成签约,从认购未签约转变为认购已签约,客户在正式签约时需要交首付款,这时企业实现首笔回款。

在客户层面,营销部门需在认购时,确认客户付款方式,如为银行按揭贷款或公积金贷款,则应给客户提供银行或公积金中心要求的资料清单,保证客户在签约时资料齐备。在客户从认购到签约的 3 天时间内，置业顾问需提前获取客户基本资料，交银行提前审核客户贷款资质。如银行反馈客户需补充证明文件，则置业顾问应于 3 天内通知客户，要求客户在签约时一并备齐。

在客户正式签约时，置业顾问应按资料清单收齐客户资料，并交银行审核。因银行已提前审核客户资料，所以客户在签约时如资料齐备，则应同时完成银行借款合同等的签订。

如以上流程存在问题，则我们应根据图 10-9 所示的情况，采取不同的措施。

处于第一象限的客户属于正常客户。对于此类客户，企业的工作重点在于追踪合同备案、预告预抵、银行审批及银行放款的情况，保证按揭贷款及时到位。通常，从客户资料齐备到银行放款的时间为 15~30 天。

处于第二象限的客户属于未按时签约的客户，财务部门需催促营销部门联系客户尽快签约。在手段上，企业可给予按时签约的客户一定价格折扣或礼品，同时要对置业顾问进行考核。

处于第三象限的客户是比较麻烦的客户，他们不按时签约也不备齐资料，问题客户多出现在此类客户中。企业需让营销部门加快对此类客户的处理速度，一方面，选取部分客户，严格按认购协议的要求没收认购定金；另一方面，对营销部门进行考核，督促营销部门努力解决问题。

处于第四象限的客户大多数是因其资料未通过银行初审，需要补充资料（如银行流水单、征信证明等）的客户。对于此类客户，企业一方面需要求营销部门催促客户补充资料；另一方面需要求征信结果较差的客户改变付款方式，转为一次性付款或分期付款，以保证回款的效率。

在以上基本分类的基础上，财务部门还应根据产品、客户、付款方式、资金渠道的差别，进一步进行结构化工作，划细颗粒度，保证回款效率。

产品可被进一步划分为住房按揭、公寓按揭、商业按揭等。

客户可被进一步划分为资料不齐客户、内部员工、外部关系客户、资质客户、拖延客户、工抵房客户等。

付款方式可被进一步划分为一次性、全款分期、首付分期（现已明令禁止）等。

资金渠道可被进一步划分为各商业银行按揭（按每家银行）、公积金贷款、第三方贷款等。

在解决了客户端的问题后，财务部门的工作重点在于推进银行端的放款速度。从客户资料齐备交给银行至银行放款，中间一般会经历银行审核、房管局合同备案、不动产局房屋预抵押、银行待放款等几个阶段。

财务部门应建立回款跟踪的回款日报、周回款会制度，按日、周、月的管理颗粒度推进管理循环。

回款日报由现场出纳和营销秘书一并编制，以销售日报为基础，销售经理需每日和每一个置业顾问梳理客户情况，按日更新并发送给财务部门负责人、营销部门负责人及回款岗位人员。财务部门的资金负责人应关注每日客户资料齐备、银行审核情况，每日与各按揭银行沟通客户资料问题、银行审核问题等，督促相关人员解决问题，如遇重大情况，则需及时向财务部门负责人报告。

周回款会由财务部门组织项目负责人和营销部门召开。在周回款会上，相关人员汇报当月回款任务完成情况、提出任务缺口补足的建议、制定财务部门及营销部门下一周的工作任务等。周回款会的数据以回款周报为依据。回款周报的汇报内容示例如图10-10～图10-12所示。

川哲房地产公司2020年12月回款完成情况分析表

项目	本月回款任务(1)	截至12月19日本月已回款(2)	12月20—30日可回款(3)	12月预估可回款(4)=(2)+(3)	缺口(5)=(4)-(1)	回款比例
总计						
川哲府						
项目2						
……						

图 10-10　月度回款完成情况分析表示例

月度回款完成情况分析表主要用于回顾当月各项目回款任务的完成情况，以及距离目标的缺口有多大。

川哲房地产公司2020年12月回款目标缺口表

项目	本月回款完成情况			已签约应收账款未回		新增签约回款缺口		预估实际可完成签约及回款	
	目标	已完成	本月目标完成率	应收合计	可回合计	回款缺口	签约缺口	预估可完成签约	预估可完成回款
川哲府									
项目2									
……									
合计									

图 10-11　月度回款目标缺口表示例

月度回款目标缺口表主要用于铺排在充分考虑在途应收款回款的情况下，营销部门需完成的新增签约的任务，以补足当月回款缺口。

川哲房地产公司2020年12月按揭银行分单计划表

按揭银行	川哲府		项目2		平均放款时间	备注
	本月派单量	本月份额占比	本月派单量	本月份额占比		
工商银行		0%		0%	12天	额度紧张
农业银行		30%		10%	4天	额度紧张
交通银行		60%		80%	3天	有额度
建设银行		0%		0%	4天	额度紧张
中国银行		10%		10%	3天	额度紧张
合计	0	100%	0	100%		

图 10-12　月度按揭银行分单计划表示例

月度按揭银行分单计划表主要用于营销部门按财务部门的计划对按揭银行接单进行管控，财务部门需根据各银行的放款速度、贷款额度等情况对银行按揭单量占比提出要求。营销部门需按财务部门的计划进行日常派单管控，这样财务部门可以据此对银行进行管理，要求银行将按揭资源向本企业倾斜，并优先审核本企业的按揭件。

应收账款分析表主要反映各类在途应收款在各明细步骤的情况（明细步骤以

公积金贷款为例,其他各类情况也应根据实际情况分别按项目列示),并根据职责区分营销部门、财务部门的职责与任务铺排。应收账款分析表示例如图10-13所示。

川哲房地产公司应收账款分析表(数据截至2020年12月19日)

	项目		合计		12月可回	川哲府		12月可回	备注
			户数	金额		户数	金额		
	合计应收款								
一	公积金								
1	营销部门	待网签备案							
2	营销部门	问题客户							
3	营销部门	特殊客户							
4	营销部门	转商贷、一次性							
5	营销部门	待房管局备案							
6	营销部门	待客户提交资料							
7	营销部门	公积金预审中							
8	营销部门	客户面签中							
9	财务部门	银行审批用印中							
10	营销部门	办理预告登记							
11	财务部门	待放款							
二	公寓按揭								
三	住宅按揭								
四	商铺按揭								
五	车位分期								
六	分期未回								

图10-13 应收账款分析表示例

在当前的市场环境下,回款是房地产开发企业的生命线,财务部门是回款的核心,它前推营销部门签约、补件,后推银行审批放款。"回款轮"转得越快,效率越高,房地产开发企业的现金越安全。财务部门就是转动"回款轮"的核心,财务部门越强,资金周转越快,财务运营的价值就越高。